Friedrich-Wilhelm Haack

Europas neue Religion

HERDER / SPEKTRUM

Band 4221

Das Buch

Europa wächst zusammen, doch alte Werte brechen weg. Friedrich-Wilhelm Haack ist überzeugt: Die religiösen Wandlungen am Ende dieses Jahrhunderts werden das Abendland stärker verändern, als selbst die revolutionären politischen Umbrüche es vermochten. Einer der kompetentesten Kenner der neuen Religionen macht den Kirchen und den Gesellschaften den Vorwurf: Sie haben versagt. Sie haben gegenüber aggressiven und antidemokratischen weltanschaulichen Gruppierungen nicht die richtigen Konsequenzen gezogen und nicht angemessen auf das offenkundige Faktum reagiert, daß der christlich-abendländischen Kultur längst Konkurrenten erwachsen sind, die auf psychische Unterdrückung, auf Manipulation und Beutelschneiderei aus sind. Ob es sich um Satanismus oder um die New-Age-Bewegung handelt, um die Scientologen, die Mun-Sekte oder neue völkische Gruppierungen – Wachsamkeit ist in jedem Fall geboten: gegenüber raffinierten psychologischen Methoden, die Menschen in ihren Bann schlagen, unterdrücken und ausbeuten; gegenüber einer persönlichkeitszerstörenden Ethik, mag sie auch in einem noch so abstrusen religiösen Gewand daherkommen. Engagiert, voller Detailkenntnis und deutlich in der Sprache wird hier ein Szenario beschrieben, das uns alle angeht. „Aufrüttelnd und sachlich äußert fundiert" (Büchereinachrichten). Ein Standardwerk zum Thema neue Religionen und Sekten in Europa aus der Feder eines der kompetentesten Kenners der Szene.

Der Autor

Friedrich-Wilhelm Haack, 1935 bis 1991, hat sich als engagierter und kompetenter Beauftragter für das Sektenwesen einen Namen gemacht. Seine Publikationen auf dem Gebiet der modernen Religionen sind nicht nur durch ihre unverblümte und mutige Sprache bekannt geworden. Sie zählen zum profundesten in diesem Bereich. Dieses Buch kann als sein „Vermächtnis" angesehen werden (Hans Gasper).

Friedrich-Wilhelm Haack

Europas neue Religion

Sekten – Gurus – Satanskult

Herder
Freiburg · Basel · Wien

Verlag Herder Freiburg 1993
Lizenzausgabe mit freundlicher Genehmigung des
Orell Füssli Verlags Zürich und Wiesbaden 1991
Herstellung: Freiburger Graphische Betriebe 1993
Umschlaggestaltung: Joseph Pölzelbauer
Umschlagbild: Richard Vogel/Wheeler,

ISBN 3-451-04221-5

Inhalt

Vorwort

Durch persönliche Lebensumstände hat diese Publikation für mich ein anderes Gewicht gewonnen, als sie es ursprünglich hatte. War zunächst ein rein faktenorientiertes Sachbuch geplant, dem irgendwann einmal in einem besinnlichen Lebensabschnitt eine alles bedenkende Deutung folgen sollte, so ist dieser Gedanke an den Lebenswirklichkeiten zersplittert. Als die ersten Gespräche über dieses Buch geführt wurden, war eigentlich schon absehbar, daß ich es vielleicht gar nicht mehr würde schreiben können. Denn zwischen dem Willen zur Tat und die Möglichkeit seiner Verwirklichung war eine Lebensbedrohende Krankheit getreten, die, das ist für mich eine Glaubenswirklichkeit, durch eine wunderbare Fügung Gottes und die Kunst der Ärzte noch einmal zurücktrat und die Tür zu einem weiteren Lebensabschnitt freigab. Wieviel Zeit darin bleibt, steht für mich in Gottes Hand.

Es ist meines Erachtens nicht möglich, über Sachzusammenhänge außerhalb mathematischer oder physikalischer Formeln in der Weise objektiv zu schreiben, daß eigene Ansichten und Meinungen nicht in das Beschriebene einfließen. Richtig ist, daß wir alle unsere Standpunkte haben und daß viele auf ihre Weise objektive, das heißt nicht die Wahrheit verzerrende Sachbücher im meinungsbestimmten und meinungsbildenden Engagement geschrieben worden sind. Dazu bekenne ich mich. Das «Sachliche» an diesem Sachbuch ist unter anderem auch die Art, wie der Autor die von ihm beobachteten und analysierten Tatsachen sieht.

Über Religion und religiös-weltanschauliche Entwicklungen zu schreiben, ohne die herkömmlichen christlichen Kirchen mit einzubeziehen, ist nicht möglich. Erstens sind sie in ihrer heutigen Form ebenfalls ein Stück von Europas neuer Religiosität. Zweitens gibt es in der menschlichen Gesellschaft keine Freiräume für Religion – wenn auch manche der modernen Verfassungen diesem Irrtum erlegen zu sein scheinen. Und drittens ist ein Begriff wie «Europa» ohne einen

Einbezug der Religion, auf der dieses Phänomen gewachsen ist, unhandlich. Geographisch gibt es Europa gar nicht. Es ist ein Ausläufer des asiatischen Zentralkontinents. Europa ist eine Ausgeburt unserer Vorstellungen. Es ist durch Geschichte und Kultur, durch Glauben und Orientierung eine Sonderheit. Europa, das ist auch der selbst mitproduzierte Lebensgrund der christlich-abendländischen Zivilisation, die den Rest der Welt auf ihre Weise erheblich mitgeprägt hat.

Für mich ist Europa auch und insbesondere ein Kind der christlichen Kirchen auf dem Gebiet und in Verbindung mit dem Geist des alten römischen Reiches.

Als ich als junger Theologe meinen Dienst als Pfarrer antrat, hatte ich zu diesen Kirchen, insbesondere zu meiner evangelisch-lutherischen, ein nahezu ungebrochenes Verhältnis. Das hat viel mit den Männern zu tun, die damals die Kirche führten und geprägt haben. Einige hatten den Kirchenkampf des Dritten Reiches mitgemacht und ein gutes Stück Wissen über ideologische Religionismen in ihrem Lebensgepäck. Vielleicht ist man gegenüber denjenigen, die danach antreten und einem auch altersmäßig weniger Hochachtung abverlangen, dann automatisch kritischer. Ich muß aus Gründen der Ehrlichkeit – und um manches, was in den folgenden Seiten seinen Niederschlag gefunden hat, verständlich zu machen – gestehen, daß diese ursprüngliche ungebrochene Liebe zur Kirche und Achtung vor ihren Leitern mit der Zeit erhebliche Wandlungen erfahren hat. Noch immer liebe ich meine Kirche und bin froh, daß mein Leben mit ihr in einem besonderen Dienst verbunden war. Aber ich vermag in ihrer gegenwärtigen Ausprägung zunehmend weniger die Kirche zu sehen, der meine Liebe gilt und mein Glaube verpflichtet ist. Es scheint mir, als wären in der Führung an manchen Orten Ideologen einer Organisationsfrömmigkeit am Ruder, denen Mittelmäßigkeit ein Ziel und Vermeidung von Spannungen ein Glaubensanliegen ist. Aus der Anstößigkeit des Evangeliums wird die Leitlinie der allseitigen Abwiegelung und der Herstellung konfliktfreier und verwaltungsfreundlicher Zustände. Manchmal scheint mir, daß das biblische «Eure Rede sei Ja, Ja und Nein, Nein» in «Eure Rede sei sowohl ja als auch nein» übersetzt wird.

Die Kirchensteuer war lange Zeit ein Segen für die Kirchen. Sie hat auch mir ein relativ gutes Gehalt und materiell sorgenfreies Familienleben beschert. Ich halte sie für eine grundsätzlich in unserer Zeit gute Sache. Sie macht die Kirche auch frei gegenüber der Erpressung durch einzelne Großspender. Sie kann aber andererseits auch zur indirekten Erpressung werden, wenn sie dazu führt, daß die Hauptsorge der finanziellen Bestanderhaltung gilt. Vielleicht liegt hier die Wurzel jenes merkwürdigen Trends zur Konfliktvermeidung gegenüber dem Zeitgeist und zum Dogma des konfliktvermeidenden Dialogs.

Natürlich ist dies nicht eine Wahlrede für jene ultrakonservativen Eiferer und fundamentalistischen oder aktionsfrommen Blindgänger von rechts und links, die im ständigen Konflikt mit allem liegen, was sie als «die Welt» oder als das «ewig Gestrige» ausmachen und verteufeln.

Die Kirchen haben ja in der Tat einige Aufgaben übernommen, die sie zu festen Einnahmen zwingen. Dazu gehört jener Dienst an der Gesellschaft, der sich finanziell allemal auf der Minusseite niederschlägt. Hier würden die Fundamentalisten und die Randgruppen-Fuzzies jede auf ihre Weise und nach jeweils ideologieverengtem Blickfeld am liebsten durch Abstriche und Totalbeschneidung reagieren. Was dem einen sein Bibelquiz, ist da dem anderen seine Lesben-Trauung, und jeder glaubt gut und gerne ohne den anderen, und vor allem ohne Finanzzuwendungen an den anderen, auskommen zu können.

Ich meinerseits halte jede dieser Positionen zwar für verständlich, aber – und darin gleiche ich ihnen irgendwie – beide auch für verzichtbar und glaube, daß sie sich jeweils von ihren Sympathisanten selbst finanzieren lassen sollten. Daß die Bibelquizler das für eine leichte Übung halten (und auch belegen können), steht auf einem anderen Blatt. Die Tagesfragen unserer Zeit liegen meines Erachtens außerhalb von beiden.

Für mich ist es ausgemacht, daß die christlichen Kirchen zu einer Normalität zurückfinden müssen, die sich ihres Gewichtes und ihrer möglichen Grenzen bewußt ist. Sie wird sich wohl nicht in ideologieanfälligen Stellungnahmen zu beweisen haben, wie beispielsweise die der langjährigen Swapo-Frömmigkeit mancher Kirchenführer oder der linksblinden Friedenstouristen und der sexistischen Pro- und Anti-Feministen/Feministinnen im Talar.

Daß jede dieser Interessengruppen eine Art ewiges Recht ihrer «gerechten menschlichen Grundanliegen» gepachtet hat, ist natürlich klar. Aber daß die Welt davon schöner, besser und menschlicher wird, kann nur der glauben, der die Natur des Menschen nicht ähnlich beschreibt wie das erste Buch der Bibel. Sich aus den Tagesgeschäften der Welt zurückzuziehen und einer kuscheligen Frömmigkeit zu huldigen, geht jedoch auch nicht.

Die christlichen Kirchen werden sich der geistigen Auseinandersetzung auf jeden Fall stellen müssen. Die alte Kunst der Apologetik, der Verteidigung des christlichen Glaubens und – das ist nun einmal als geschichtliches Erbe dazugewachsen – einer auf dem judäochristlichen Menschenbild basierenden Kultur, bis hin zu dem, was wir «allgemeine Menschenrechte» nennen, wird den Kirchen wie in den ersten Tagen ihrer Geschichte wieder zur Lebensaufgabe werden.

Hier verstehe ich mich als Chronist, als Beschreiber und nicht als Wunderdoktor mit heilenden Rezepten. Wo gerade erst der Zustand beschrieben werden kann, liegt das Heilmittel normalerweise noch in einiger Ferne. Bücher, die Probleme aufzeigen, gehören bestimmt nicht zur allgemeinen Konsumliteratur. Auch im Privaten sind die meisten von uns es ja gewohnt, Problemen lieber aus dem Weg zu gehen und/oder sie durch Wegsehen und durch die Erklärung ihrer vermutlichen Nichtexistenz zu bewältigen oder sie durch eine «Abwarten-und-Teetrinken»-Haltung zu lösen.

Ich glaube, nein befürchte eher, daß wir Zeitzeugen des Heraufdringens einer neuen Religion werden, einer Art von «westlichem Hinduismus», der auf einem Menschenbild basiert, das dem des christlichen Glaubens ebenso zuwider ist wie dem unserer herkömmlichen graeco-lateinischen Kulturwurzeln. Es ist der Mensch, der einerseits sich selbst autonom setzt, an die Stelle eines außerhalb seiner selbst stehenden Gottes tritt und sich selbst verherrlicht, auf der anderen Seite seinesgleichen nicht achtet und sich rücksichtslos gegen Ärmere, Schwächere, weniger Glückliche durchsetzt. Diese Religion wird nicht zu greifen sein, sondern sich aus unzähligen Religionismen und Religiositäten zusammensetzen. Sie wird so indifferent und im Letzten, in ihrer alles gleichmachenden Rücksichtslosigkeit so uniform sein, daß der Hinduismus dagegen weitaus weniger atavistisch erscheint, als es diese moderne Religiosität in ihrer unmenschlichen Rücksichtslosigkeit letztlich ist. Ebenso wie beim Hinduismus aber scheinen philosophische Versatzstücke einen hohen

Stellenwert zu haben. In manchen Philosophien der Neuzeit kann durchaus eine Art «westlich-vedischer Brahmanismus» seinen Anfang nehmen, wobei der «Veda» dieser Religiosität durchaus naturwissenschaftlich und technokratisch gestilt sein kann.

Es ist vermutlich letztlich richtiger, von *«Europas neuer Religion»* als von «Europas neuen Religionen» zu sprechen.

Ich widme dieses Buch jenen führenden Mitarbeitern meiner Kirche, durch die ich auch in den eher düsteren Tagen Zuspruch und Unterstützung erfahren habe. Es sind überwiegend, jedoch nicht ausschließlich, sogenannte «weltliche» Verantwortungsträger der Kirche. Bei ihnen habe ich auch am ehesten jenes Denken erlebt, daß über die «kirchenpolitisch» (je nach Standpunkt und Interesse) «gebotenen» Sicht- und Reaktionsweisen hinausführt.

München, Juni 1990 *Friedrich-W. Haack*

1. Europas neue Religionen

Wir leben mitten in einer Welt rasanter Veränderungen. Das ist ein banaler Satz, und jedermann wird dazu mit dem Kopf nicken und dabei an wirtschaftliche, technische und politische Veränderungen denken. Vieles, was heute geschieht, schien noch vor zehn Jahren undenkbar. Unzählige Produkte, die heute verkauft werden, waren vor einem Vierteljahrhundert nicht bekannt. Es waren noch nicht einmal die Grundlagen zur Erzeugung dieser Produkte geschaffen.

Was heute moderne Technik ist, gehört schon morgen in Großvaters Museum. Landkarten sind veränderbar, und politische Verhältnisse unterliegen wirtschaftlichen Bedingungen. Der Verzicht auf den Rohstoff Erdöl kann die wirtschaftliche und politische Landschaft der Welt tiefgreifender verändern, als wir uns das je träumen ließen. Und doch umschreiben die genannten Stichworte nicht die wesentlichsten und nachhaltigsten Veränderungen, denen wir uns am Ausgang des zweiten Jahrtausends der Menschheitsgeschichte gegenübersehen. Auch die unerwarteten politischen Umwälzungen der Jahre 1989/90 sind nicht auf lange Sicht das Einschneidendste.

Die schwerwiegendsten Veränderungen vollziehen sich an der Wende vom zweiten zum dritten Jahrtausend unter den Stichworten Religion und Weltanschauung. Um es hier gleich vorweg zu sagen und ein – überflüssiges – Diskussionsthema auszugrenzen: Die Ideologien, die Ausgeburten und Technologien der Weltanschauungen, ändern sich mit den wirtschaftlichen Verhältnissen. Sie können zumindest in dieser Arbeit außer acht gelassen werden.

Die religiösen Wandlungen im letzten Drittel des 20. Jahrhunderts werden das frühere Abendland stärker verändern als es selbst die politischen Neuordnungen im sogenannten Ostblock vermochten. Diese Wandlung der westlichen Kultur hat in den sogenannten westlichen Staaten schon teilweise begonnen. Sie ist dabei, sich auf den ehemaligen Ostblock auszudehnen. Mit Riesenschritten, trotzdem jedoch weitgehend unbeachtet und unbegriffen.

Da Religion in der westlichen Zivilisation ohnehin immer mehr zur Privatangelegenheit im Stile des guten oder schlechten Geschmacks oder der persönlichen Lebensgestaltung geworden ist – ein Trend, der anhält und ständig an Boden gewinnt –, wird all dem keine allzu große Bedeutung beigemessen.

Nun hängt aber das allgemeine Lebensgefühl einer Kultur oder Zivilisation weitgehend von dem dort herrschenden Menschenbild ab. Das Menschenbild bestimmt den Stellenwert des Individuums und regelt das Verhalten des einen gegenüber dem anderen. Es ist die Grundlage der Ethik und der geheime Dirigent der Verhaltensnormen.

Die abendländische Kultur baut auf dem judäo-christlichen Menschenbild auf und ist von ihm geprägt. Der Begriff Abendland soll hier als sachgerechte Bezeichnung des einstmals geschlossen christlich bestimmten europäischen Kulturkreises verwendet werden. Dieser Kulturkreis hat sich kolonisatorisch und kolonisierend ausgebreitet, so daß in das «Abendland» vor allem auch Nordamerika einbezogen wird. Als Oswald Spengler zu Beginn des 20. Jahrhunderts den Untergang des Abendlandes an den Bücherhimmel malte, gehörte dieses Abendland schon der Vergangenheit an und war nur noch in Restbeständen präsent. Die inzwischen aufgekommene Ideologie des sich religiös verhaltenden Rassismus, der dialektische Materialismus und der theosophisch-anthroposophische Okkultismus hatten neben der schon im 19. Jahrhundert Raum gewinnenden technischen Zivilisation diesem Abendland den Garaus gemacht. «Abendländische» Nationalisten, wie etwa der «Alldeutsche Verband», hatten mit diesem Abendland nichts gemein.

Wenn nach dem 2. Weltkrieg ein rechtsorientierter Dichterling Verse schreibt wie:

«Rings um den Erdball steigt auf Sonnenrossen,
das Abendland, das fast verlorenging»,[1]

dann ist dieses Abendland ein Tarngespenst neuheidnischer Reichsmystik. Denn im gleichen Vershaufen heißt es:

«Das Reich ist Sicherheit und Saat und Brot,
umfriedet hütet es Geburt und Tod –
es ist vom All gepflanzter Lebensraum.»

Das ist ein neuheidnisches, bei genauerem Hinsehen auch wohl rassistisches Reich, von dem es am Ende der Dichtelei heißt:

«niemals wird es vergeh'n!»

Es ist nicht das nach neuzeitlichen Maßstäben multinationale Abendland.

Die abendländische oder christliche Zivilisation war vom judäochristlichen Menschenbild geprägt. Auch das, was wir so gemeinhin als Menschenrechte bezeichnen, ist ja nicht angeborene und überall von jedermann als normal empfundene Natur des Menschen.

Wir eignen die Menschenrechte zwar der Natur des Menschen zu. Aber das nur, weil es unser Menschenbild so sieht und so will.

Vor dem Hintergrund des Reinkarnations- und Karma-Glaubens hinduistischer Provenienz oder der islamischen Kismet-Vorstellung ist die geburtsrechtliche Gleichheit aller Menschen nicht ohne weiteres verständlich.

In den letzten 30 Jahren hat im ehemaligen christlichen Abendland nun eine religiöse Revolution stattgefunden, die in vielen Bereichen die dort historische christliche Religion und das von ihr überlieferte Menschenbild stark zurückgedrängt hat.

Es handelt sich um eine weitgehend stille Revolution, die allerdings in ihrer islamischen Komponente auch starken sozialen und politischen Sprengstoff birgt. In diesem Bereich besteht die Möglichkeit, daß sie in eine gewaltsame Form umspringt. Islamischer Fundamentalismus wird die nichtislamische Welt immer als zwingend zu missionierende Umwelt betrachten. Religionsfreiheit ist da nicht vorstellbar, bestenfalls als ein Nochgewährenlassen eines noch unverständigen anderen. Khomeinis islamische Revolution ist nicht die einzige Form dieses islamischen Fundamentalismus.

Die Militanz des religiösen Fundamentalismus ist keineswegs eine islamische Absonderlichkeit. Hinduistischer und christlicher Fundamentalismus haben die gleiche Fähigkeit zur Intoleranz und zur zwanghaften Weltbeglückung durch Verbreitung der eigenen Vorstellungen und Verstehensmodelle als absolute Wahrheit.

In Indien sind hinduistisch-fundamentalistische Gruppen immer wieder die Ursache von Religions- und Kasten-Auseinandersetzungen. Die RSS[2], in ihrem Gefolge auch Vishwa Hindu Parishad[3] und Shiv Shena, sind mehrfach auffällig geworden im Zusammenhang mit Kastenunterdrückung, mit Anti-Muslim-Kampagnen und durch Massendemonstrationen mit dem Ziel, die Regierung in Indien auf den Kurs der religiösen Fundamentalisten zu zwingen.

P. R. Sarkar, hinduistischer Fundamentalist und als «Shri Anandamurti» Gründer und Führer der «Ananda Marga», hielt «gewaltsame» Revolution für gerechtfertigt und friedliche Revolution für ein «imaginäres Konzept».[4]

Doch auch christliche Fundamentalisten stehen zumindest in ihrer ideologischen und verbalen Aggressivität hinter denen anderer Religionen nicht zurück. Die vernunftfreie Kampfbereitschaft religiöser Extremisten haben schließlich nordirische Christen genauso unter Beweis gestellt wie die iranischen Kinder-Soldaten.

Obskurantismus und eine an Sklaverei erinnernde Abhängigkeit, Megalomanie und Weltverbesserungs-Zwangsvorstellungen treten mit und neben dem Fundamentalismus in der neureligiösen Szene auf.

Der kategorische Imperativ religiöser Machthaber, die sich und ihre Ideen selbst zum Gesetz erheben, übersteigt gerade im letzten Drittel des 20. Jahrhunderts, als man derartiges längst für überwunden und für historische Vergangenheit halten zu können glaubte, alles, was in den letzten Jahrzehnten auf dem Markt der Religionen und Quasi-Religionen zu finden war.

Im Gefolge der Neureligionen sind Wirtschafts- und Polit-Imperien entstanden, die mit den führenden Kräften der «Normalwelt» konkurrieren. Politische und wirtschaftliche Macht aber war in den Händen selbsterwählter Messiasse immer eine tödliche Gefahr.

Die westliche Zivilisation nahm ihren Anfang als christliche Zivilisation. Sie ist durch die christliche Religion entstanden und leitete ihre Begründungen, ihr Menschen- und Weltbild aus dieser christlichen Religion her. Auch von außerhalb kommende Anstöße wurden von dieser Grundgegebenheit aus verarbeitet und integriert. Das gilt für die Folgen der Begegnung mit dem Islam, besonders auf der Iberischen Halbinsel, wie für die Begegnung mit der Antike in der Renaissance.

Unser Umgang mit den Menschen und Dingen und unserem Lebensraum, die Entwicklung der Wissenschaften, Reformation, Aufklärung und Marxismus – all das sind legitime Kinder dieses christlichen Ursprungs.

Das gilt letztlich auch für den Umgang mit der Natur, der nach der – aus den gleichen christlichen Wurzeln erwachsenen – angeblichen Selbstbefreiung des Menschen von Gott und Gottes Anspruch ihm gegenüber zu erheblicher Bedrohung und Zerstörung der Natur geführt hat.

Und auch die technische Zivilisation des ausgehenden 19. und des 20. Jahrhunderts ist ein Bastard der christlichen Zivilisation.

Nahm jene ihre Normen aus der christlichen Religion, so war diese dem «Ziel der Technik» und den daraus folgenden Normen unterworfen: bestmögliche Lebensumstände auf schnellst- und billigstmöglichem Weg für eine größtmögliche Anzahl von Menschen zu erzielen.

Der Mensch verstand sich in der technischen Zivilisation als religiös emanzipiert und verhielt sich danach. Doch die technische Zivilisation hat zum Ausgang des zweiten Jahrtausends einer neuen Zivilisations-Dominante zu weichen begonnen.

Nicht das, was von manchen als «New Age» bezeichnet wird, nicht jene religiöse Verdauungsstörung, die sich mit psychedelischen Einlullungen, Guru-Salbadereien und bedeutungsbeladenen Existenzkonzepten auf esoterischen Jahrmärkten feilbot, ist der neue Leitton im Zivilisationsorchester der westlichen Welt. Dieses «New Age» war ein Krankheitssyndrom. Darüber wird noch zu reden sein.

An die Stelle der technischen Zivilisation ist in den letzten zwei Jahrzehnten dieses Jahrhunderts beziehungsweise Jahrtausends die nachtechnische oder kybernetische Zivilisation getreten.

Kybernetische Zivilisation?

Der Begriff Kybernetik entstammt der griechischen Sprache. «Kybernein» heißt «steuern, regieren». Der «Kybernetes» ist der «Steuermann», lateinisch «gubernator», woraus der «Gouverneur» wurde.

Laut Lexikon[5] führte Norbert Wiener 1948 den Begriff in die Wissenschaftssprache ein. Es ging dabei um die Gesetzmäßigkeiten der Vorgänge, die technische Abläufe steuern «in Beziehung [...] zu ähnlichen Vorgängen in Medizin, Biologie und Soziologie».

Aus dem Lexikon erfährt man weiterhin:

> «Die wichtigsten Disziplinen der Kybernetik sind: Kybernetische Systemtheorien, Informationstheorie, Regelungstheorie, Spieltheorie, Algorithmentheorie. Zu den wesentlichen durch die Kybernetik entwik-

kelten wissenschaftlichen Methoden gehören die black-box-Methode, die Modellmethode und das trial-and-error-Verfahren.»[6]

Aus der Einbeziehung der Biologie entstand ein neuer Wissenschaftszweig, die Bionik.

Hauptgebiet der Kybernetik wurde jedoch die Computer-Entwicklung, bis hin zur «künstlichen Intelligenz».

Hatte in der technischen Zivilisation der Mensch die Steuerungsvorgänge noch weitgehend in der Hand, so ist ihm in der nachtechnischen Zivilisation und im Gefolge ihrer kybernetischen Revolution(en) diese Steuerungsfunktion weitgehend entzogen.

Gorbatschows vielzitierter Satz: «Wer zu spät kommt, den bestraft das Leben» hat hier seine Begründung. Er müßte jedoch genauer lauten: «Wer zu spät kommt, den bestraft die Entwicklung.» Denn es ist nicht «das Leben», das die Gesetze des Handelns diktiert, sondern ein Automatismus, der, einmal in Gang gesetzt, sich alles unterwirft und es beherrscht: Geldverkehr, wirtschaftliche und politische Lebensgestaltung, Freizeitverhalten und vor allem die Informationsstrukturen.

In der nachtechnischen oder kybernetischen Zivilisation tritt der einzelne Mensch im wesentlichen nur noch als Einsatzgröße oder als Produktverbraucher auf.

In vielen Berufen geben kybernetische Abläufe und Gesetzmäßigkeiten den Betroffenen sowohl Arbeitsinhalte als auch Arbeitszeiten, -methoden und -ziele vor.

Bei vollautomatisierten, computergesteuerten Produktionsabläufen bleibt für das Gros der Zeitgenossen letztlich nur noch die Verbraucherfunktion. Und auch der Verbrauch ist schließlich gesteuert und geregelt. Es herrscht nur vordergründig freie Wahl.

Studien- und Ferienplätze sind ohne kybernetische Abläufe kaum mehr erreichbar. Der Bahn- und Flugverkehr, das Nachrichtenwesen, die meisten größeren Produktionsstätten, Geldverkehr und Bildungswesen sind ohne kybernetische Abwicklung nicht mehr denk- und handhabbar und werden mehr und mehr von dieser kybernetischen Gestaltung durchdrungen.

Dem ordnen sich in unserer Welt auch andere Bereiche unter: zuerst die allgemeinen Verhaltensregeln, später auch die Gesetze.

Es ist wohl allgemein bekannt, daß selbst das Recht nachgebessert werden muß, wenn neue Bedingungen eintreten. So waren Automaten weder natürliche noch juristische Personen. Um an ihnen das rechtlich zu würdigende und zu ahndende Delikt des Betrugs begehen zu können, mußte das Recht in diesem Teilbereich erweitert werden.

Ein Recht auf freie Information gibt es noch nicht. In den USA kann allerdings mittels eines «Freedom of Information Act» von den Behörden schon vieles in Erfahrung gebracht werden, was in Europa als Amtsgeheimnis strikt gehütet wird. Informationsverweigerung ist de facto in der nachtechnischen oder kybernetischen Zivilisation eine schlimme Strafe. Informations-Selbstverzicht kann leicht zur Selbstzerstörung werden. Wer zu spät kommt, oder wer etwas gar nicht zur Kenntnis nehmen will, den bestraft die Entwicklung. Die nachtechnische oder kybernetische Zivilisation verträgt da keinen Spaß und wenig Individualismus.

Der Mensch in der nachtechnischen Zivilisation

In der nachtechnischen oder kybernetischen Zivilisation droht dem Menschen die Gefahr, daß er selber zur Informationseinheit wird. Er ist datenmäßig aufgeschlüsselt und verarbeitet. Orwells *1984* ist technisch möglich und in einigen Bereichen sogar schon überholt. Science-Fiction-Romane mögen diese «schöne neue Welt» vorerst in der Phantasie Gestalt werden lassen. Hier soll dem nicht weiter gefolgt werden.

Doch ohne Zweifel wird Demokratie dort unmöglich, wo Informationen entzogen oder/und manipuliert dargeboten werden.

Selbst die eigene Haushaltsführung wird angesichts kybernetisch einwandfreier, für den Nichtmathematiker jedoch manchmal unverständlicher Bank- und E-Werk-Auflistungen, Gehaltszettel und Rechnungen schwer.

Der Mensch wird immer mehr gefordert. Die Ausbildungsanforderungen steigen. Berufe, die früher nur Volksschulabschluß verlangten, sind zum Teil nur noch mit Mittlerer Reife, wenn nicht mit Abitur zugänglich.

Arbeitslosigkeit trifft am ehesten und schwersten die, die in der Ausbildung nicht mitgekommen sind. Nie zuvor wurden Umstände und Lebensbedingungen, für die der Betroffene nichts kann, so belohnt oder bestraft. Weniger denn je sind heute durch Geburt alle gleich. Hoher IQ und große Lernfähigkeit werden belohnt. Körperliche und geistige Fitneß stehen extrem hoch im Kurs. Wehe dem, der nicht mithalten kann. In der nachtechnischen oder kybernetischen Zivilisation droht die Gefahr einer Entwertung des Individuums Mensch.

Da hilft es auch nicht, wenn Ideologen und Politiker in ihren Reden das Gegenteil beschwören wollen.

Nicht durch die Tatsache, als Mensch geboren zu sein, wird der Wert des Menschen bestimmt. Der Wert des Menschen wird in der nachtechnischen oder kybernetischen Zivilisation durch Partizipationswilligkeit und -fähigkeit geregelt.

Und zu dieser Fähigkeit gehört in der Hauptsache nicht die intellektuelle Ausrüstung, sondern die rein sachliche Möglichkeit, zu den Informationen Zugang zu gewinnen.

Die allgemeinen Menschenrechte sind ein Ausfluß des judäochristlichen Menschenbildes. Für die nachtechnische oder kybernetische Zivilisation sind sie keinesfalls zwingend, ja sie scheinen sogar eher hinderlich.

Das muß nicht zwangsläufig zur kybernetischen Diktatur führen. Es wird darauf ankommen, die Entwicklung im Griff zu behalten und dorthin zu dirigieren, wo wir sie als wünschenswert sehen. Das aber hängt wieder von unserem Menschenbild ab. Hier können religiöse Entwicklungen wirkungsstarke Veränderungen bringen. Zum Guten wie zum Schlechten. Doch auch diese Wertung ist wieder den eigenen Grundvorstellungen unterworfen.

2. Was bedeutet Ethik in unserer Gesellschaft?

Ein derzeit gebräuchliches und sehr informatives Lexikon erklärt:

> «**Ethik** (grch. ethike, «Sittenlehre») 1. *Philosophie:* die Lehre vom rechten, sittlichen Handeln, zumeist gleichbedeutend mit Moralphilosophie und schon in der Antike ganz oder z. T. mit praktischer Philosophie zusammenfallend, wozu nach Aristoteles, dem Begründer der Ethik als Disziplin, aber noch Politik und Ökonomie gehören. Die Ethik selbst umfaßt die Beschreibung der herrschenden Vorstellungen von Sittlichkeit, der Tugenden sowie die Bestimmung der sittlichen Klugheit oder der ethischen Wahl, der später so genannten Moralität und schließlich die Angabe des Ziels des ethischen Handelns, in der Antike als Glück verstanden, in der christlich geprägten Zeit als Liebe zu Gott und von der Aufklärung an (bes. Kant) als Freiheit. Je nach der Bestimmung des Ziels der Ethik unterscheidet man eine *autonome,* d. h. selbständige und eine *heteronome,* in Metaphysik und Theologie eingebundene Ethik. Je nachdem, ob mehr die Vorstellungen von Sittlichkeit im Vordergrund stehen oder das Kriterium der ethischen Entscheidung, trennt man eine *materiale* von einer *formalen* Ethik; entsprechend auch eine *Verantwortungs-Ethik* (für die das materiale Handeln und seine Folgen entscheidend sind) von einer *Gesinnungsethik* (bei der es nur auf den guten Willen ankommt [...].»[1]

In einem theologischen Lexikon heißt es:

> «**Ethik** als die Theorie vom guten menschlichen Handeln hat es zu tun mit dem gelebten Ethos, den Normen und Gewohnheiten des Handelns, die im konkreten geschichtlichen Leben in Geltung stehen, und also auch mit dem Ort und der Zeit, denen dieses Ethos angehört.»[2]

Beide Definitionen verweisen auf ein «gutes» oder «richtiges» Handeln, das aber abhängt von den Normen, auf die es bezogen wird.

Ethik ist korrektes Verhalten im Hinblick auf das zugrunde liegende Wertesystem. Ethisches Verhalten ist von diesem Wertesystem abhängig und von ihm her zu bewerten. Das bedeutet allerdings nicht, daß dieses Wertesystem damit an sich schon gerechtfertigt wäre.

Bei der sich als Kirche darstellenden Bewegung des Science-Fiction-Autors Lafayette Ronald Hubbard (1911–1986) versteht man unter «Ethik» etwas anderes als in den Definitionen von Ethik, die in der christlichen Zivilisation gang und gäbe waren und die auch heute noch zumindest die Gesetzgebung sowie die sogenannte «öffentliche Moral» bestimmen. Auch hier würde die Aussage «Ethik ist korrektes Verhalten im Hinblick auf das zugrunde liegende Wertsystem» zutreffen. Das Wertesystem ist jedoch sichtlich ein anderes, als in den obigen Zitaten durchscheint.

> «**Ethik** – Ethics – 1. [...] Ethik ist die Vernunft und Erwägung in Bezug auf optimales Überleben. 2. Der Begriff wird verwendet, um Ethik als Fachgebiet [...] oder jene Sektion in einer Scientology-Kirche, die Ethikangelegenheiten handhabt, zu bezeichnen.»[3]

Sieht man sich nach dem Zweck und der Anwendung von «Ethik» in der Hubbard-Bewegung um, so macht man eine überraschende Entdeckung:

«Der Zweck von Ethik ist: *Gegenabsichten aus der Umwelt zu entfernen*. Nachdem das erreicht ist, hat sie zum Zweck, *Fremdabsichten aus der Umwelt zu entfernen*. Dadurch ist Fortschritt für alle möglich.»[4]

Was «Fremdabsichten» sind, erfährt man in der gleichen Quelle eine Seite später:

«Jemand, der in Scientology-Gruppen eintritt, um andere Antworten zu verkaufen, ist natürlich ein Feind.»

Der Autor dieser Worte, der Religionsgründer Lafayette Ronald Hubbard, hat auch ein Bewertungssystem für das geschaffen, was er unter Ethik versteht. In einem der gruppeninternen Papiere, betitelt «Strafen und Zustände für neue Angestellte und Leute, die neu auf ihrem Posten sind» zählt er diese Zustände und die dazugehörigen Belohnungen und Strafen auf:

1. «Power» (Macht) wird der erste Zustand genannt. Es gibt «Bezahlung und volle Bonusse» sowie einen Kredit von $25, der aber nur für Dienstleistungen der «Kirche» verwendet

werden kann. Ein «Goldener Stern» wird dem Namen des Betreffenden auf dem «Org Board» und am «Comm Basket» zugefügt.[5]

2. «Affluence» (Überfluß): «Bezahlung und halbe Bonusse» sowie $15-Kredit und «Blauer Stern».
3. «Normal operation» (normale Tätigkeit): Bezahlung ohne Bonusse und $5-Kredit, keine Hervorhebung.
4. «Emergency» (Notstand): wie 3., jedoch ohne den $5-Kredit. Dafür müssen zweieinhalb Stunden Strafarbeit («Amends-Project» = «Wiedergutmachung») geleistet werden. «Roter Streifen auf dem Comm Basket und rotes Fähnchen am Org Board».
5. «Danger» (Gefahr): Fünf Stunden Strafarbeit sowie reduzierte «Dienstleistungen» seitens der «Kirche» (die der Betroffene allerdings bezahlt hat, beziehungsweise die die Gegenleistung für seine Arbeit darstellen). Streifen und Fähnchen in Gelb.
6. «Non-Existence» (Nichtexistenz): Siebeneinhalb Stunden Strafarbeit sowie Dienstleistungsminderung. «Minimale Essenspausen. Keine Unterhaltungen, Partys, Gruppenveranstaltungen. Einfache Arbeitsuniform oder Kleidung.» Außerdem erhält man in diesem «Zustand» weder freie Tage noch Urlaub. Streifen und Fähnchen in Schwarz.
7. «Liability» (Verpflichtung): Zehn Stunden «Wiedergutmachung», ansonsten wie 6. Außer Streifen und Fähnchen in Grau muß man auch noch «ein graues Armband am linken Arm tragen».
8. «Doubt» (Zweifel): «Keine Bezahlung», Arbeiten außer Haus oder «in einem besonders gekennzeichneten Bereich unter strenger Überwachung», 15 Stunden Strafarbeit. Rückgabe aller (von ihm bezahlten) Unterlagen. Strafkennzeichnungen: Orange.
9. «Enemy» (Feind): Ausstoßungsschreiben, «Aufhebung aller Zeugnisse und Anerkennungen». Kommunikation nur mit dem «Ethics Officer». Bericht an das Guardian Office.
10. «Treason» (Verrat): wie 9. «Fällt nicht unter Amnestien. Muß an das Guardian Office berichtet werden, falls Weiteres zu unternehmen ist.»

Bei dem «Guardian Office» handelte es sich um eine gruppeninterne Art Geheimpolizei, die nach erheblichen Rechtsverstößen, die in den USA auch zur Verhaftung und langjährigen Inhaftierung der Leiterin (des sogenannten «Guardian Worldwide») führten, offiziell aufgelöst wurde, de facto aber weiterbestand.

Später wurde den «Ethikzuständen» noch ein Zustand der «Confusion» (Verwirrung) angefügt.

Die hier zitierte Organisation soll nicht weiter diskutiert werden. Das Zitierte soll nur als Veranschaulichung einer Vorstellung von Ethik dienen, die deswegen Beachtung verdient, weil sie von Mitgliedern der Organisation immer wieder in Managementkursen oder Mitarbeiter-Schulungen als Betriebsführungs-Know-how weitergegeben wird. Es wäre zu prüfen, ob diese teils an Kindergarten (Sternchen und Fähnchen), teils an Arbeitslager erinnernden Ausführungen nicht gegen die Menschenrechtsbestimmungen des Grundgesetzes der Bundesrepublik Deutschland verstoßen (Art. 5 GG). In den USA und versuchsweise auch in Europa wird dieser Kodex als «Ausübung der Religionsfreiheit» verteidigt.

Herrschte bis ins 20. Jahrhundert hinein gebietsmäßig jeweils eine Ethik, der sich im allgemeinen jedermann verpflichtet fühlte, auch wenn der dagegen verstieß, so ist in unserer Zeit der ethische Pluralismus angesagt. Es gibt keine «abendländische Ethik». In Europa hat die buddhistische Ethik genauso Raum gewonnen wie viele andere ethische Konstrukte.

Der *Buddhismus* hat seine Ethik in den sogenannten «vier edlen Wahrheiten» verankert.

1. Die edle Wahrheit vom Leiden: «Geburt ist Leiden, Altern ist Leiden, Krankheit ist Leiden, Sterben ist Leiden, Kummer, Jammer, Schmerz, Trübsal und Verzweiflung sind Leiden; das Nichterlangen dessen, was man begehrt, ist Leiden;»
2. Leidensentstehung: «Es ist jenes Wiederdasein erzeugende, von Lust und Gier begleitete, bald hier, bald dort sich ergötzende Begehren, nämlich das sinnliche Begehren, das Daseinsbegehren, das Selbstvernichtungsbegehren.»
3. Leidenserlöschung: «Es ist eben dieses Begehrens restloses Erlöschen, Aufgeben, Loslassen, Befreiung und Loslösung davon.»

Die vierte edle Wahrheit «von dem zur Leidenserlöschung führenden edlen Pfade» enthält die Grundmaxime buddhistischer Ethik in dem «edlen achtfachen Pfad», nämlich:

«Rechte Erkenntnis. Rechte Gesinnung. Rechte Rede. Rechte Tat. Rechter Lebenserwerb. Rechte Anstrengung. Rechte Achtsamkeit. Rechte Sammlung.»[6]

Das Leiden ist übrigens nicht der Ausgangspunkt, sondern die zentrale Aussage des achtfachen Pfades. Erst wer den achtfachen Pfad gegangen ist, kann das andere begreifen.

Auch hier ist Ethik korrektes Verhalten im Hinblick auf das zugrundeliegende Wertesystem, aber dieses Wertesystem gipfelt nicht in guten Zuständen für den Betroffenen und die Mitmenschen oder im Überleben, sondern: «Die sieben ersten Glieder des ‹Pfades› sollen jedenfalls zur rechten ‹Meditation› führen.»[7]

Als Erklärung für die Glieder des Pfades werden häufig «Vermeidungen» geboten: Rechte Rede = Vermeidung von Lüge, Zwischenträgerei, roher und törichter Rede; Rechte Tat = Vermeidung von Töten, Stehlen, Ehebruch; Rechter Lebenserwerb = Vermeidung eines Berufes, der andere Wesen schädigt.[8]

Dieser achtfache Pfad will ein «Mittelpfad» sein, der zwei Extreme vermeidet: Sinnenlust und Selbstkasteiung.

«Der übliche Lebensstil eines Europäers oder Amerikaners im 20. Jahrhundert, der sich an den gängigen moralischen Normen orientiert und in diesem Sinne ein sogenanntes ‹ordentliches Leben› zeitigt, wäre unter diesem Raster des achtfachen Pfades [...] handfeste Konkretisierung von Sinnenlust. Und das herkömmliche Klosterleben katholischer Prägung würde nach dem Maßstab des ‹Pfades› sicher nicht im Verdacht der Selbstquälerei stehen, sondern allenfalls gerade den Vorstellungen des Mittelpfades in der einen oder anderen Hinsicht nahekommen.»[9]

Der *New Age*-Vorstellungen zuneigende Management-Berater Gerd Gerken behauptet in einem Buch[10]: «Die Strategie erweitert sich ... Ethik kommt dazu»[11] und konstatiert: «Die Para-Systeme steuern die Wirtschaft zur Ethik.»[12]

Die neue «Business-Ethik» zeige sich:

- In der Personalpolitik: «Typisches Beispiel: Ablehnung von Jobs in der Rüstungs-Industrie durch Nachwuchs-Manager.»
- In der Marketingpolitik: «Auch beim Produkt-Marketing reüssieren[13] Moral und Ethik immer stärker.»
- Bei der Mitarbeitermotivation: Renditen, Umsätze und Marktanteile definieren für Nachwuchsmanager nicht den neuen Sinn in (der) täglichen Arbeit.

Gerken: «Ethik-Themen sind ‹in›.»[14] «Neu: Ethik-Berater für das Management»[15] und «ethisches Geld»[16], d. h. «ethisches Investieren», werden propagiert, ohne daß jedoch Ethik definiert wird.

Gerken scheint davon auszugehen, daß «Ethik» eben ein selbstverständlicher Begriff positiven, den Mitmenschen nicht schädigenden, sondern fördernden Verhaltens ist.

Doch das ist nicht zwingend der Fall.

Man wird überhaupt sagen können, daß eines der sensibelsten Gebiete, in denen sich «Europas neue Religionen», jenes teils bis zur Abstrusität hin ausufernde Konglomerat religiöser und pseudoreligiöser Angebote, auswirken können, das des Management-Trainings und der betrieblichen Fortbildung ist. Und dabei macht es letztlich wenig Unterschied, ob ein Professor der Bundeswehrhochschule in Neubiberg mit klugen Worten sein als «Synergetische Zusammenarbeit» bezeichnetes Programm der «Human Technologies» verkauft oder zwei in philosophischer Hinsicht relativ ungebildete Zeitgenossen für DM 1800,– in einem «Business Workshop» «überzeugende naturgesetzliche Leitbilder, um uns von unvollkommenen Wertmaßstäben der Vergangenheit zu lösen, die uns alle irreführen» verkaufen wollen.

In allen Fällen wird die vermittelte Ethik zu überprüfen sein. Und diese Überprüfung kann am deutlichsten dadurch erfolgen, daß man das ihr zugrunde liegende Menschenbild herausarbeitet. Da kann es dann durchaus geschehen, daß hinter dem klugen und sprachlich anspruchsvolleren professoralen Entwurf das gleiche Bild des Menschen hervortritt, das uns bei einer Analyse des eher vollmundigen, aber bestenfalls halbgebildeten Kursangebotes begegnet.

Jede Ethik wird von dem ihr zugrunde liegenden Menschenbild geprägt und getragen.

In einer Gesellschaft, in der der Nichtstammesangehörige auch nicht als Mensch verstanden wird (und viele frühe Kulturen identifizieren «Mensch» auch sprachlich mit «Angehöriger des eigenen Stammes»[17]), ist die Behandlung der «Barbaren» dementsprechend. Die ethischen Normen, die für die eigene Gruppe verbindlich sind, gelten für sie nicht. Wer sich gegen «Barbaren» schlechter verhält als gegen Stammenangehörige, handelt trotzdem ethisch.

Wie stark ethische Systeme voneinander abweichen können, zeigt sich an der Sexualethik. So verhielt sich der sozial bessergestellte Europäer der Vor-AIDS-Periode deutlich anders als der Bewohner Mittelanatoliens. Die Ethik der sogenannten Bhagwan-Bewegung[18] stand im krassen Widerspruch zu der fundamentalistisch-christlichen. Obwohl sich jeder seinen Maßstäben entsprechend «ethisch» verhielt, waren die Gegensätze unüberbrückbar und führten zu tragödienähnlichen Auseinandersetzungen.

Ethik funktioniert am reibungs- und konfliktlosesten in der systembestimmten Gruppe, Umwelt oder Kultur. Von einer Ethik der nachtechnischen oder kybernetischen Zivilisation wird nicht mehr die Rede sein können. Sie wird geprägt von einem ethischen Pluralismus mit der Tendenz der gegenseitigen Bekämpfung ethischer Vorstellungen.

Nun ist die jeweilige Ethik eine der tragenden Grundlagen einer Kultur oder Zivilisation. Wenn sie ins Wanken gerät, wenn die Gesellschaft von unterschiedlichen, teils einander widersprechenden ethischen Modellen durchzogen wird, droht der soziale Kollaps. Der Glaube, daß ein «neues Denken» hier Abhilfe schaffen könnte, ist irrig. Häufig ist die Behauptung eines «neuen Denkens» und einer «neuen (eben jetzt beginnenden) Zeit» nichts anderes als der Versuch, das eigene ethische Modell als das allein zukunftsweisende zu vermarkten.

Die jeweils herrschende Ethik prägt jedoch die gesellschaftlichen Zusammenhänge in einem Maße, das weit über den jeweiligen engeren Gläubigenkreis hinausgeht. Ein Betriebsinhaber wird zum Beispiel in seinem Betrieb die Ethik anwenden, die ihm sein Glaube gebietet. So wurden unter anderem bei hubbardistisch trainierten Firmenchefs oder -leitern immer wieder die – nach unseren rechtlichen Gegebenheiten unzulässigen – «Ethik-Akten», die diese für ihre Mitarbeiter erstellten, zum Anlaß von Auseinandersetzungen. Statt die Arbeitsbedingungen zu verbessern und den Erfolg zu steigern, kann eine falsche Betriebsethik leicht das Gegenteil bewirken, nämlich ein schlechtes Arbeitsklima und nachlassende Produktivität.

Im Grunde genommen haben uns die Staatsideologien der Länder des Warschauer Pakts und anderer sich als «marxistisch» verstehende Regierungen genau das vorgeführt.

3. Flucht ins Geheimnisvolle

Eine Welle des sogenannten New Age hat in den siebziger und achtziger Jahren des 20. Jahrhunderts das Abendland überspült. Wie von jeder als «Welle» bezeichneten Erscheinung ist einiges Geschichte geworden, vieles aber ist als anscheinendes Kulturdauergut zurückgeblieben. Freß- und Reise-, Drogen- und Konsum-Wellen sind ja nur anfangs mit großem Spektakel aufgekommen und als neue Welle gesehen worden. Die jeweiligen Reaktionen waren unterschiedlicher Art. Doch verschwunden ist keine dieser Wellen. Wir haben uns nur an ihre Präsenz gewöhnt. So gesehen, ist das Vergleichs-Bild der «Welle» falsch, wenn wir darunter etwas Einmaliges verstehen. Das gilt ebenso für die angebliche «New Age-Welle».

Wenn auch der Begriff New Age inzwischen zum alten Eisen gehört und die Betreiber und einstigen Missionare des New Age inzwischen lieber von einem «Light Age» reden, so ist doch auch dies nichts anderes als ein neubeschrifteter Schlauch für einen kaum mehr genießbaren Wein.

Als die Münchner Abendzeitung im Februar 1990 mit großem Werbeaufwand eine Serie «Die Gurus von München» startete und die Esoterik-Betreiber der bayerischen Landeshauptstadt München wohlwollend positiv vermarktete, war dies an Langweiligkeit kaum mehr zu überbieten. Auf einem der großformatigen Werbeplakate für diese Serie hatte jemand mit Filzstift dick und zutreffend vermerkt: «Opas Psychotrip».

Das New Age sollte dem Menschen die Tür zu neuen Dimensionen aufstoßen. Emanzipation war das eine Leitwort. Emanzipation von Geist und Frau und vor allem Befreiung von den Fesseln des Altüberkommenen, alten Strukturen und alter Moral und christlichem Glauben.

New Age wurde als Wirtschaftsveränderungs- und Management-Konzept vermarktet, als therapeutische Neuwetterlage und als Frauenbefreiungsmittel gepriesen.

Es gab Veränderungen, das ist richtig und nicht von der Hand zu weisen. Über ihre Bewertung aber streiten die Betrachter je nach Standort und Absicht.

Hexen

Der Begriff «Hexe» wurde in der Neuzeit zuerst in der sogenannten feministischen Bewegung als positive Selbstbeschreibung verwendet. Man wollte sich damit als «Verfolgte» legitimieren und sich gegenüber Staat und Kirchen abgrenzen. «Hexen» verstanden sich als weibliche Revolutionäre gegen eine patriarchalische Gesellschaft.

Doch der Begriff hat sich inzwischen neu gefüllt. Zirkel mit ihren magischen Übungen und Ritualen zeichnen das New Age-Bild der «Hexe». Man will durch Verbindung zu den in der Natur waltenden Kräften zur Entfaltung und Verwirklichung seines eigenen Wesens gelangen.

Es gibt unterschiedliche «Hexen»-Konfessionen. Die derzeit wichtigste und wohl bekannteste ist die *«Wicca»:*

«Der Wicca-Kult etwa, der sich in England und den USA zunehmender Anhängerschaft erfreut, verehrt die Große Göttin, der ein gehörnter Fruchtbarkeitsgott, wie er in vorchristlichen Kulturen anzutreffen war (in der Antike Pan oder Bacchus) zur Seite gestellt ist. Der Ausdruck Wicca leitet sich von dem altenglischen wiccian (Hexe) ab, das von den Anhängern mit Weise übersetzt wird. Grundsätzlich wollen sich die englischen und amerikanischen Hexenbünde, deren Mitglieder teils aus dem bürgerlichen Mittelstand, teils aus feministischen Kreisen kommen, von der bösen, schwarzen Magie distanzieren. Sie betreiben ausschließlich weiße Magie, die sie als natürliche menschliche Fähigkeit verstehen, die in unserer Gesellschaft brachliegt.»[1]

Nach dem Modell der englischen Wicca-«Coven», wie man die Hexen-«Gemeinden» nennt, haben sich solche auch auf dem europäischen Festland gebildet.

Die heutige Wicca-Bewegung hat keinen nachweisbaren alt-historischen Ursprung. Sie ist ein relativ modernes Literaturprodukt. Zwei Bücher, die zwar behaupteten, alte Weisheiten wiederzugeben, dies aber nicht wirklich belegen konnten, sind ihre Geburtshelfer.

Zum ersten das Buch des englischen Ethnologen Charles G. Leland: «Aradia – The Doctrine of the Witches», in dem dieser angebliche Hexenrituale als altüberliefertes Weistum darstellt. Das Wissen stamme von «einer Italienerin, Maddalena», in deren Familie es über viele Generationen hinweg geheim tradiert worden sei. Für «Maddalena» und ihr angebliches Weistum gibt es keinerlei historische Belege, aber einige sprachwissenschaftliche und literarkritische Gegenbeweise. Das Werk wurde jedoch die Quelle für das «Book of the Shadows», das für eine Reihe von Wicca-Coven zur Basisschrift wurde. 1974 erschien eine deutsche Ausgabe.

Das zweite Geburtsbuch stammt von der englischen Ägyptologin Magret Murray und heißt «The Witch-Cult in Western Europe» (1921). Sie will die ungebrochene Geschichte des Hexentums vom vorzeitlichen «Magna Mater»-Kult über die Göttinnen der Antike bis zu den Hexen des Spätmittelalters nachweisen. Magret Murrays Thesen sind von den Wicca übernommen worden. Von einer Verbindung der heutigen Wicca-Religiosität zu den paläolithischen Kulten kann jedoch keine Rede sein.

Wicca-Kreise hat es schon vor dem Zweiten Weltkrieg gegeben. Nach dem Krieg wurde in England und Nordirland über seltsame Zirkel berichtet, die nackt («skyclad») zur Vollmondzeit in freier Natur Ritualtänze abhielten.

1951 hob das britische Parlament ein mittelalterliches Gesetz gegen Hexerei auf. Dadurch war die freie Entfaltung und das öffentliche Auftreten der Wicca-Religion möglich.

Heute gibt es regelrechte Wicca-Konfessionen. Gerald Brosseau Gardner war der «Direktor des selbstgegründeten Museums für Magie und Hexerei der Hexenmühle Castletown, Isle of Man». In seinem Buch «Witchraft Today»[2] hatte er «auf Bitten der Hexen Englands» deren Wirken geschildert, um zu zeigen, «daß sie nichts Unnatürliches täten». Dieses Werk dient den Wicca als grundlegende Ideologie und kultische Anweisung.[3] Gardner galt als «der König der Hexen». Seine Anhänger werden als *Gardnerians* bezeichnet.

Am 6. August 1965 ließ sich ein gewisser Alex Sanders als «Hexen-König» ausrufen. Auf ihn geht die Wicca-Konfession der Alexandrians zurück. Bei ihnen hat sich unter dem Einfluß seiner Frau Maxine[4] die Auffassung durchgesetzt, daß jede(r) Herrscher(in) über mehr als einen Coven letztlich King of Witches oder Witch-Queen ist.

Ende der sechziger Jahre breitete sich die Wicca-Bewegung auch in den USA aus, wo sie entscheidend durch die religions- und gesellschaftskritische Schrift «Beyond God the Father» von Mary Daly geprägt wurde. Doch finden sich gerade in den USA primitivst-magisch arbeitende Wicca-Coven, denen jede ideologische Begründung fremd ist.

Einen anderen Strang des US-amerikanischen Wiccatums vertritt die «selbstinitiierte Hexenpriesterin» Starhawk, die stark individualistisch arbeitende Psychotherapeutin Miriam Simons, die auch in Deutschland bekannt und einflußreich wurde. Bewußtseinserweiterung ist für sie das Ziel aller magischen und ritualistischen Bemühungen.

Die Wicca-Religion hat übrigens mit dem Satanismus nichts zu tun, wie in Presseberichten und christlich-fundamentalistischen Anti-Schriften oft fälschlich behauptet wird.

Die Märchenhexe, die unser landläufiges Bild der Hexe im deutschsprachigen Raum geprägt hat, ist überwiegend als alte Schadzauberin dargestellt (deutlich: Hänsel und Gretel). Nach diesem Bild verhält man sich heute noch in manchen Dörfern den als «Hexen» verschrienen Frauen gegenüber. Dabei wird dieses Bild der Hexe oft unbewußt von Menschen abgestützt, die eigentlich etwas zur Ehrenrettung von angeblich «übersinnlich Begabten» tun wollen. Ein bayerischer Pfarrer, der 1972 ein Buch über Geistheiler im Allgäu veröffentlicht hat, behauptet in diesem allen Ernstes, daß es Menschen gäbe, die «aus einem Handtuch die Milch einer weit entfernt stehenden Kuh melken können». Dies war einer der schwersten Vorwürfe im dörflichen Raum gegen die «Hexen».[5]

Das derzeitige *Hexenwesen im deutschsprachigen Raum* ist stark geprägt von den naturreligiösen Formen der angelsächsischen Wicca-Bewegung und von den schamanistischen Bestrebungen der achtziger Jahre. Leider ist im deutschsprachigen Raum jedoch die Vermischung von *Hexenreligiosität* (und um eine Religiosität handelt es sich bei dem modernen Hexentum) mit *Satanismus* nahezu unausrottbar. Auch das Buch «Die neuen Hexen» der Autorin Gisela Graichen hat, als wenn es selbstverständlich wäre, ein Kapitel «Der neue Satanskult» aufzuweisen, in dem eine etwas abstruse Mischung von Informationen von der Möchtegern-Satanistin «Anata» (Ulla von Bernus) bis zum Klingenberger Exorzismus (1976) und der Turiner Satansszene eingefangen ist. Daß Frau Graichen hier den ihr ansonsten anscheinend genehmen «Hexen» einen recht schlechten Dienst tut, scheint sie nicht einmal zu bemerken. Jedenfalls läßt nichts in ihrer Publikation auf das Gewahrwerden dieser Problematik schließen.

Zu unterscheiden sind «rituell arbeitende» und «freiwirkende» Hexen (die letzteren eher schamanistisch). Häufig ist auch zu beobachten, daß okkulte Lebensberater sich selbst als «Hexen» bezeichnen, weil dieser Begriff inzwischen eine positive und teilweise auch einkommensfördernde Bedeutung gewonnen hat. Hexen- beziehungsweise Schamanismuskurse an Volkshochschulen tragen ebenso zur Verbreitung dieser Religiosität bei wie die esoterische Literatur. Eine Reihe von Vertreterinnen des Hexentums sehen ihr Umfeld mit dem Begriff «New Age» zutreffend beschrieben an. Die Hexen beziehungsweise Hexer bezeichnen ihre Einstellung selbst überwiegend als «heidnisch» beziehungsweise «neuheidnisch».[6]

Die Hexen-Religion ist eine Einweihungs-Religion. Die Einweihung (Initiation) ist die «Geburt» der (männlichen oder weiblichen) Hexe. Es gibt, so bei «Starhawk», auch Selbst-Initiationen.

«Ihr, die ihr mich erkennen wollt, sollt wissen, daß euer Suchen und Sehnen euch nicht helfen wird, es sei denn, ihr kennt das Mysterium» heißt eine der Unterweisungen bei Hexenzusammenkünften. Dem weitgehend auf Intuition und rituellen Vollzug abgestellten Hexentum ist ein rational-dogmatisches Denken und eine ihm zuzuordnende Begrifflichkeit eher fremd.

Die Treffen finden an «verborgenem Ort» statt in der Vollmondnacht, in der *«die Große Göttin»* gegenwärtig sein soll, «die, aus der wir alle kommen und zu der wir zurückkehren werden». Man sieht in ihr die «Magna Mater», Diana, Ceres, die Mutter-Göttin-Gestalten aller Fruchtbarkeitskulte.

«Wir verbinden uns mit der Göttin durch den Mond, der ihr Abbild und Träger ihrer Energie ist, aber auch durch die Sterne, die Erde, das Meer» (Starhawk, 178).

In der Vollmondnacht kann man, so der Glaube, mit der Großen Göttin in Verbindung treten. Hier setzt sie starke spirituelle Kräfte frei.

Partner der Großen Göttin ist «The Horned One», der gehörnte Gott in Bock-Menschengestalt. Er wird in den Festen des Wicca-Jahres gefeiert, gilt aber nicht als Herrscher-Gottheit. Die Rituale finden im magischen Kreis statt. In ihm versucht der Hexengläubige Kraft zu gewinnen, fremde Einflüsse fernzuhalten und den «Abfluß» der sich während des rituellen Vollzugs aufbauenden Energie zu verhindern. Bei den Ritualen wird der Norden durch einen Priester, die Position im Süden durch ein Bild der «Großen Mutter» besetzt.

Das Ritual soll die spirituelle Energie innerhalb des Kreises immer stärker werden lassen. Ohne sie kann nicht «gearbeitet» werden, etwa bei Einweihungen oder bei den «magischen Arbeiten». Es gibt viele unterschiedliche Ausgaben des «Book of Shadows», das die Rituale enthält und Handlungsanweisungen gibt.

In einem deutschen Ritual[7] z. B. zeichnet der Leiter beim Anblick des Mondes bzw. bei dessen Visualisierung mit seinem Dolch ein Hexagramm in die Luft und läßt den Coven bei jedem Strich die (Hexen-Götter-)Namen Schaddai, El Chai und Aradia intonieren. Eine Schale mit Wasser, in dem sich der Mond spiegelt und das er dadurch mit seiner Energie anreichert, dient dann der magischen Arbeit.

Satanismus

Mitte des 20. Jahrhunderts hatte man eigentlich ohne große Trauer den Exitus des «Satan», des Teufels, Luzifers für eine ausgemachte Sache gehalten und ihn bestenfalls in den Märchen oder den Vorstellungen einiger unbelehrbarer Abergläubischer noch für existent gehalten. Als Gottseibeiuns alias Beelzebub alias Urian usw. usw. hatte er seinen Weg durch die Jahrhunderte gemacht und immer eine gehörige Grusel- aber auch Glaubens-Gefolgschaft gehabt. Unter den letztgenannten Bezeichnungen ist er kaum mehr auffindbar. Man muß schon unter «Luzifer» und «Satan» ins Adreßbuch der Moderne schauen. Und siehe, da wohnt er wieder an den besten Plätzen. Denn Satan, der Teufel oder Luzifer hat wider Erwarten (vor allem der Theologen) eine erstaunliche Zahl von Klienten bekommen. Nicht solche, die ihn fürchten und sich deshalb an Christus klammern, sondern eine eigene Anbeterschaft, eigene «Kirchen» und künstlerische Würdigung zuhauf.

Ganz im Schatten der offiziellen Religion hat es einen ernstzunehmenden Satanismus schon seit dem 19. Jahrhundert gegeben. 1857 singt Charles Baudelaire[8] in seiner «Satanslitanei»: «O du weisester und schönster der Engel, Gott, verraten vom Schicksal und beraubt der Lobpreisungen, O Satan erbarme dich meines langen Elendes!», und der Dichter Giosue Carducci[9] verehrte in seiner Hymne «A Satana» (1869) Satan als «rächende Macht der Vernunft».

Doch für den französischen Okkultisten Eliphas (Alphonse-Louis Constant, 1810–1875) und für viele seiner Zeitgenossen ist Satan eine religiöse Hauptperson geworden. Huysmans Roman «La Bas» (1891) führt uns in die verschwiegenen und wahndurchtränkten Gefilde einer religiösen Satansverehrung. In ihr bedarf es jedoch immer noch des abgefallenen Priesters, der die Hostie konsekriert, die es in der «Schwarzen Messe» zu verunehren gilt. Man braucht den christlichen Glauben noch als ortsbestimmendes Gegenüber.

Damit hat man bei den neosatanistischen Geheimorden des ausgehenden 19. und beginnenden 20. Jahrhunderts längst «aufgeräumt». Die «Theosophie» (Bezeichnung seit 1875) der russischen Spiritistin Helena Petrowna Blavatsky (1831–1891) und ihrer Nachfolgerin Annie Besant (1847–1933), die einander in ihrem Haß gegen den christlichen Glauben in nichts nachstanden, sah in Satan den «kosmischen Widerschein Gottes». Frau Blavatsky hatte bei zeitgemäßen Okkultisten nur abgeschrieben, wenn sie in ihrer «Geheimlehre» schreibt, daß der Teufel «eine schöpferische Kraft, zum Guten, sowohl wie zum Bösen» sei. Sie lehrte: «Der Logos und Satan sind eins!» Logos ist jedoch der Begriff, der im Beginn des Johannes-Evangeliums in unserer Bibel mit «das Wort» übersetzt wird, das Christus ist. Unter der Leitung Rudolf Steiners, des nachmaligen Gründers der Anthroposophie, erscheint in der deutschen Theosophie von 1902–1908 eine Zeitschrift «Luzifer Gnosis» (Gnosis bedeutet: Wissen).

In anderen Gruppen, wie beispielsweise dem «Ordo Templi Orientis» (Orientalischer Templer-Orden) und den auf diesen zurückgehenden Geheimsekten, so der in den zwanziger Jahren gegründeten «Fraternitas Saturni» (und ähnlichen Gruppen), wird ausschließlich einem Kult der Macht gehuldigt.

«Tue, was Du willst, soll sein das ganze Gesetz» lautet der zentrale Lehrsatz des englischen Magiers Aleister Crowley (1875–1947), der sich als «Das Große Thier – 666» bezeichnet und 1925 in Weida/Thüringen durch seine Anhänger gar zum «Weltheiland» ausrufen ließ.

Sex- und Blutrituale werden in kleinen Zirkeln gefeiert. In den USA entstehen weitere neo-satanistische Clubs, Zirkel und Bünde.

Unter ihnen die «1. Kirche Satans von Kalifornien», deren Gründer, der Ex-Privatdetektiv und -Tierbändiger Anton Szandor LaVey, als Schöpfer einer Volksausgabe des O. T. O.-Modells bezeichnet werden kann.

In den «9 Satanic Statements» heißt es unter anderem: «Satan verkörpert Befriedigung von Begierden anstelle von Abstinenz» und «Satan verkörpert alle sogenannten Sünden, weil sie alle zu körperlicher, geistiger oder gefühlsmäßiger Befriedigung führen», und so weiter und so fort. Hier ist aus dem «Tue, was du willst» (und seiner Betonung des Willens) ein noch platteres «Mach, was dir gefällt» geworden.

Aus dem Umfeld des kalifornischen O. T. O. kommt aber auch eine der am übelsten beleumundeten Pseudoreligionen der Moderne: die sogenannte «Scientology-Kirche».

Deren Gründer L. Ron Hubbard, ein fabulierender Science-Fiction-Autor, hatte eine regelrechte Lehrzeit beim dortigen O. T. O.-Ordensführer verbracht, bevor er diesen finanziell schädigte. Hubbards Sohn hat über diese sexualmagische – und wie sich das auch klassifizieren läßt – neo-satanistische Orientierung seines Vaters Enthüllendes geschrieben. Heute werden Hubbardsche Weisheiten («Gib und empfange keine Kommunikation, wenn du nicht selbst es willst», «Fürchte nie, jemandem in einer gerechten Sache unrecht zu tun» usw.) weltweit als Management-Training und als Lern-Technologien verkauft. Die höheren Kurse der Sekte bieten dann regelrechte Exorzismus-Techniken an, nachdem dem Absolventen eingeredet wurde, er sei von ganzen Haufen von «Thetanen»-Geistwesen umsessen. Satans Nepp und Nippes-GmbH, sozusagen.

Wichtig und betrüblich war jedoch die Beeinflussung von Künstlern, insbesondere Hardrock-Musikern, durch den Neo-Satanismus. Satanistische Texte («I'm in league with Satan», «God of Thunder», «Mr. Crowley»[10], «The Number of the Beast»[11], «Friend of Hell»[12], «God bless the Children of the Beast»[13] «Sons of Satan» und der Plattentitel «At War with Satan»[14] usw.), Bandnamen («Black Sabbath», «Deep Purple» u. a.; so wird auch «Kiss» immer wieder mit «Knights in Service of Satan» in Zusammenhang gebracht) und Symbole bestimmen diesen Satans-Sound und seine optische Darbietung in der Werbung.

Angeregt durch spiritistische Berichte, ja regelrechte Anleitungen zum Do-it-yourself-Spiritismus, wie sie unter anderem 1986 in der bundesrepublikanischen Jugendzeitschrift «Bravo» erschienen, hat es inzwischen eine regelrechte Welle von «Kinder-Satanismus» gegeben. Man «befragt» Satan per Medium, spielt satanistische Musik, führt sich möglichst wild und töricht auf (Alkohol, Sex, Brutalität spielen eine große Rolle) und kleidet sich möglichst «entsprechend» – oder was man dafür hält. Und inzwischen gibt es Anzeichen, daß echte Satanisten-Zirkel sich unter diesen Jugendlichen ihren Nachwuchs suchen. Einige Tötungshandlungen und Selbstmorde können mit dem Jugendsatanismus schon in Verbindung gebracht werden.

Es wird höchste Zeit für die christlichen Kirchen, auf dieses parareligiöse Feld zu reagieren. Natürlich nicht durch eine Neubelebung des Teufelsglaubens, wie es bei fundamentalistischen Gruppen anscheinend als Problemlösung versucht wird, sondern durch das Vorleben des Glaubens, durch Unterweisung und durch religiöse Information, das diesen allein für junge Menschen glaubhaft und annehmbar macht.

Wenn man nach einem grundsätzlichen «Lehrsatz» des Satanismus sucht, der alle Gruppen und Aktivitäten umfaßt (die ansonsten kaum eine gemeinsame Lehre oder Praxis verbindet), so müßte dieser lauten:

«Es ist kein Gott, außer dem Menschen.»

Tatsächlich ist dies ein Zitat aus Aleister Crowleys Ideologie des «Ordo Templi Orientis».

Der Satanismus ist letztlich die extremste und deutlichste Ausprägung dessen, was man als «Anthropoismus» bezeichnen kann, der religiösen Verherrlichung des Menschen.

Gegenstand des satanistischen Glaubens und satanistischer Praktiken ist also im Normalfall nicht eine Gottheit «Satan», sondern der Mensch.

Hauptheilsgut des Satanismus ist demzufolge *«Power/Macht»* für den Menschen.

Wenn 1857 in den «Fleurs du Mal» Charles Baudelaire Satan in der «Satanslitanei» als quasi handlungsfähige Gottheit beschreibt, so ist schon in diesen Versen Baudelaires die Entpersönlichung Satans greifbar:

> «O du, weisester und schönster der Engel,
> Gott, verraten vom Schicksal

und beraubt der Lobpreisungen,
O Satan, erbarme dich meines langen Elendes! [...]
Ehre und Lobpreis sei dir, Satan in den Höhen
Des Himmels, wo du geherrscht hast und in den Tiefen
Der Hölle, wo du besiegt im Schweigen träumst!
Laß meine Seele eines Tages unter dem Baum der Erkenntnis
Bei dir sich ausruhen, zur Zeit, wenn über deiner Stirn
Seine Zweige wie ein neuer Tempel sich ausbreiten werden!»[15]

Diese Verse aus dem 19. Jahrhundert markieren den Übergang des historischen zum modernen Satanismus.

Der «historische Satanismus», das heißt jener Satanismus, der Gruselromane und retrospektiv angelegte Schauerstories mit «schwarzen Messen» und «Satanspriestern und -opfern» kennzeichnet, sieht Satan als den Gegenspieler (des biblischen) Gottes. Er bezieht sich auf die Kirche, indem er ihre Riten nachahmt und die verwandelte Hostie zum Gegenstand blasphemischer Handlungen macht. Er ist ohne die römisch-katholische Liturgie und ihre Lehre von der Transsubstantiation nicht vorstellbar. Einen «protestantischen Satanismus» dieser Art hat es nicht gegeben.

Bei der «schwarzen Messe» stand die christliche «weiße» Messe Pate. Sakramentenlehre und gottesdienstliches Ritual der römisch-katholischen Ausprägung der christlichen Kirche finden sich in pervertierter Form in der «schwarzen Messe» des historischen Satanismus wieder.

Die Rituale am Hof der französischen Könige im 18. Jahrhundert sind von dieser Form des Satanismus geprägt. Die Literatur über den Satanismus hat diese Form zum Hauptbild des Satanismus erhoben.

Der «rituelle Satanismus» des 19. und 20. Jahrhunderts bildet Kirchen und Orden, auch wenn die christliche Kirche keineswegs mehr sein echtes Gegenüber ist. Seine Rituale und Geheimlehren bilden den Kern des derzeitigen Satanismus. Zum rituellen Satanismus gehören unter anderem der Ordo Templi Orientis, die Fraternitas Saturni (und ihre Folgegründungen).[16]

Der rituelle Satanismus ist von seinem Lehrgut her neugnostisch, in seiner Erscheinungsform oft geprägt von der Freimaurerei nachempfundenen und nachgebildeten «Logen». Es ist darauf hinzuweisen, daß die Freimaurerei mit dem Satanismus in keiner Weise etwas zu tun hat. Legenden diesen Inhalts gehören entweder in den rechtsorientierten oder in den unkontrolliert fundamentalistisch-sektiererischen Bereich.

Satanistische Sekundärsekten gehören zu den Folgeerscheinungen des rituellen Satanismus. So z. B. die Scientology-«Kirche» des Science-Fiction-Autors Lafayette Ronald Hubbard[17], die damit in gewisser Weise zusammenhängende «The Process – Church of the Final Judgement»[18] u. a.

Der «ambulante oder latente Satanismus» findet sich ebenso bei Ad-hoc-Feiern wie bei satanistischen «Ritual»-Morden, bei «schwarzen Messen» als Faschings-Happening, bei manchen Gruppen der sogenannten «Grufties» ebenso wie bei spontanen Jugendzirkeln, die «einmal etwas erleben wollen» und darum «mal was auf Satan machen». Teufelspakte und «private Interessen» zur «Erforschung dieser Art der Religion»[19] gehören in diesen Bereich. Auch die «satanistische Sexualität» hat hier ihren Fixpunkt.

Auszüge aus einem «Vertrag mit dem Teufel»:

Ein von Jugendlichen unterzeichneter «Vertrag mit dem Teufel», der inzwischen in mehreren Ausgaben aus unterschiedlichen Gebieten Süddeutschlands vorliegt, enthält die Anweisungen:

- ihn «mit dem eigenen Blut» zu schreiben;
- ihn im Beisein eines «Hexers oder Magiers als des Teufels Stellvertreter» zu schließen;
- man muß «dem Glauben abschwören», welchen auch immer man bis dahin hatte;
- die «Novizen leisten dem Teufel den Unterwerfungs- und Gehorsamseid und verpflichten sich, niemals mehr zum christlichen Glauben zurückzukehren, keine Gebote zu halten und nur dem Satan untertan zu sein und seine Sabbathe so oft wie nur möglich zu besuchen»;
- man verspricht, «mit aller Kraft dafür Sorge zu tragen, weitere weibliche sowie männliche Diener dem Satan zuzuführen»!

Besonders makaber mutet eine Anweisung an, die da lautet:

- «Satans Diener versprechen, zu bestimmten Zeiten Opfergaben und Präsente darzubieten und in einer feierlichen Zeremonie mindestens einmal im Monat ein Kind zu opfern und dessen Blut darzubringen. Dieses Blut soll zur Zeit des Vollmondes den Vampiren, Werwölfen und Dämonen zur Nahrung dienen.»

- Satans-Symbole werden angebracht «bei Männern unter den Augenlidern, in den Achselhöhlen, auf den Lippen oder den Schultern und auf das Gesäß, bei den Frauen auf Brüsten und Schamlippen».

Es muß unter Umständen damit gerechnet werden, daß in einer Gruppe, die mit solchen Wahn-Spielereien befaßt ist, das törichte Spiel auch zum Verbrechen eskalieren kann. Dies um so eher, je stärker Alkohol und Drogen mit im Spiel sind.

Der «kulturelle Satanismus» hat vor allem in der bildenden Kunst (Teile des Wiener Aktionismus), im Film (Polanski und manche der Fantasy-Opern) sowie im Black Metal Rock sein Revier.[20]

Beim «Wahnsatanismus» handelt es sich um Lügenformen des Satanismus, wie sie schon in manchen Enthüllungsbüchern über Rockmusik und Satanismus vorgelegt werden.[21] Lügengeschichten wie die des amerikanischen Schwindlers John Todd und so manche «Ich-war-eine-Hexe/ein-Satanspriester»-Story (und ähnliche Machwerke) prägen das landläufige Bild eines angeblichen «modernen Satanismus» und sind in nicht wenigen Fällen die Ursache für nicht sachgemäße Behandlungen des Satanismus sowie Reaktionen auf ihn. In ihrer gewollt schauerlichen Schwindelhaftigkeit verharmlosen solche Darstellungen letzten Endes das Problem des Satanismus, auch wenn sie genau das Gegenteil bewirken wollen.

Jehova – Satan – Luzifer – Satansreligiosität

Eine der markantesten satanistischen Gruppen war die angelsächsische «Kirche» «The Process – Church of the Final Judgement».

«Beim ‹Process› verehrt man die Trinität ‹Jehova – Lucifer – Satan, the Three Great Gods of the Universe› [...].

Aber der ‹Process›-Gott Jehova ist ein Rachegott. Seine Liebe ist mitleidlose Liebe, die tötet und vernichtet. Die menschlichsten Züge im ‹Process›-Göttertrio trägt Lucifer. ‹Er will deinem Leben Schönheit bringen, endloses Vergnügen, grenzenlose Freude, ewige Wärme und Glück›. Lucifer, der gefallene Engel und einer der Paten des christlichen Teufels, wurde ebenfalls in der alten Gnosis abgöttisch verehrt.

Doch ein Zusammenhang zwischen diesem Erbe der Antike und seinen Nachfolgern besteht nicht. Es sind nur die gleichen Denk- und Gefühlsstrukturen, die damals und heute aufgebrochen sind. Damals wie heute sollte das ‹Jüngste Gericht› für die Gnostiker die Zusammenführung von Gut und Böse, Glück und Zerstörung, Haß und Liebe bringen.

Es gibt Anzeichen dafür, daß die geistige und religiöse Szene vor Beginn des 3. Jahrtausends ähnliche Strukturen zeigt wie die Welt zu Beginn unserer Zeitrechnung. Das Wiedererwachen der Anbetung Satans und Luzifers ist eines der Signale.»[22]

Diese an einem Beispiel aufgehängten kurzen Hinweise entstammen dem Jahr 1974. Es gab dazu immer wieder einmal die kritischen Anmerkungen, daß dies alles doch wohl sehr vereinzelte Randphänomene seien. Und mit einem neuen Satans- oder Luziferkult sei überhaupt nicht zu rechnen. In einigen Fällen gab es den Vorwurf des Obskurantismus (Marke «In unserer Zeit völlig unsinnig»), und auch aus Theologenkreisen wurde vor «Übertreibungen» gewarnt. Für den, der sich nicht in den Bereich der neuen gnostischen Religiosität eingearbeitet hatte, war das durchaus eine verständliche Haltung.

Heute, da man diese Form religiöser Weltgestaltung nicht mehr in Abrede stellen kann, gibt es einen ebensolchen ideologischen (wenn nicht opportunistischen) Ansatz. Man dürfe «das alles nicht so streng sehen» und müsse nach «dem berechtigten Anliegen» suchen, das eben eine «Anfrage an die Kirchen» darstelle.

Schön, wenn dem so wäre. Doch es hat eher den Anschein, als würden sich hier wieder einmal die Zeitgeistchristen in die Tasche lügen. Diese Gnosis hat die Kirchen längst nicht mehr im Blick. Sie sind ihr, nicht zuletzt vielleicht wegen des in ihnen immer wieder festzustellenden bemühten Opportunismus, kein Thema mehr. Sie sind bestenfalls Steinbrüche für kultische und verbale Versatzstücke. Man hört dortige Klagen nach dem verlorenen Mythos, man sieht das in der Gewißheit exegetischer Besserkenntnis verwurzelte Achselzucken der kritischen Hochschullehrer. Aber letzten Endes holt man sich ungehindert die weder geistlich noch geistig, noch für den guten Kampf des Glaubens kämpferisch strapazierten Glieder dieser Kirchen in die eigene Initiations-Hütte. Und sie kommen. Erstens, weil niemand sie hindert. Zweitens, weil ihnen niemand sagt, warum sie nicht gehen sollen. Und drittens, weil es niemand merkt, bevor nicht die neuen Abwanderungsstatistiken gelesen und vor allem analysiert sind. Daraufhin werden wieder einige Kirchenleute den verlorenen Mythos beklagen.

Das Rezept, das nun dem einen oder anderen Verantwortlichen am ehesten einfallen wird, besteht darin, Schwierigkeiten zu vermeiden. Und so wird er sich dann zuerst gegen diejenigen wenden, die den Zustand beschrieben haben, und vor Schwarzseherei warnen. Oder man wird zum einfältigsten aller Opportunisten-Dietriche greifen, man wird «aufbauende Kritik anstelle von destruktiver Kritik» fordern. (Hier ließe sich mühelos eine Reihe von Beispielen aus gehaltsgruppenmäßig hochrangigen «Kirchenmäulern»[23] anfügen.)

Die neugnostische These, daß Luzifer und Gott eine Wesenheit in zwei Erscheinungsformen, wenn nicht zwei Seiten einer Geistsache seien, ist weit verbreitet.

In der Gnosis des *Samael Aun Weor*[24], auch *«Aztekischer Okkultismus»* genannt, ist Luzifer eine der Zentralfiguren des sich selbst als «Gnosis» bezeichnenden Systems der Geheimlehre.

«XOLOTL, der lebende Schatten von Quetzalcoatl, LUZIFER-PROMETHEUS, ist der Träger des Lichtes, der Morgenstern, das lebendige Symbol unseres Winkel-Steines, der Stein der Ecke, der Philosphische Stein, in welchem der Schlüssel der Macht ist. LUZIFER-XOLOTL nimmt manchmal die Gestalt des Ziegenbockes an, was die Zeugungskraft symbolisiert.»[25]

Dieser Luzifer ist die Gottes-Spiegelung in uns selbst:

«Ohne Zweifel ist der himmlische Daimon die Spiegelung Gottes in uns selbst, hier und jetzt und kann uns die Macht, die Weisheit und die himmlische Gleichheit übermitteln: ‹ERITIS SICUT DEI›. Werdet wie Götter.

Der philosophische Stein, LUZIFER-XOLOTL liegt im Grund unserer geschlechtlichen Organe und muß die Gegner und feindlichen Brüder versöhnen. COINCIDENTIA OPPOSITORUM. Werdet wie Götter.»[26]

Das wird noch einmal unterstrichen und mündet in eine scharfe Absage an das christliche Luzifer-Verständnis. Die Botschaft kann so verdeutlicht werden: LUZIFER-XOLOTL ist die Gott-Ebenbildlichkeit des Menschen.

«Ohne Zweifel ist XOLOTL-LUZIFER in keiner Weise ein fremder Agent in unserer Psyche, sondern im Gegenteil, ist er wahrhaftig der Schatten unseres himmlischen Herrn; innen, in unserem INTIMEN PRIVATEN GRUND.

Im Buch des Lebens steht mit goldenen Buchstaben geschrieben, daß die Klaue des reichen Beines von LUZIFER-NAHUATL herrlicherweise mit gewissen aurorischen Zeichen leuchtet, welche furchtbar (und) göttlich sind.

XOLOTL-LUZIFER-PROMETHEUS ist der psychologische Trainer im Gymnasium des praktischen Lebens.

Eitle, alberne, unfriedsame und radaumachende gewisse Glaubensvereinigungen vertreten hier, dort und überall dumme unbegründete Verleumdungen gegen den ‹GNOSTISCHEN SONNEN CHINOUPES›, den ‹CHRISTUS AGATHODAEMON›, die SCHLANGE DER SCHÖPFUNG, den ‹LUZIFER NAHUATL›, den ‹LEUCHTENDEN DRACHEN DER WEISHEIT›.

XOLOTL-LUZIFER, böse angesehen und verhaßt von diesen Unduldsamen, Abfall der Weisheit, haben den Geist, welcher belebt, verstoßen.»[27]

Der «Geist, welcher belebt» trägt viele Namen, ist aber immer derselbe:

«BEL und der DRACHEN, QUETZALCOATL und XOLOTL, APOLLO und PITON, KRISHNA und KALIYA, OSIRIS und TIFON, MICHAEL und der ROTE DRACHEN, HEILIGER GEORG und sein DRACHEN sind immer der private himmlische Logos in jedem einzelnen von uns und für unser Bestes sein Doppelter in unserer Psyche projektiert.»[28]

Er kämpft mit sich selbst in uns, das ist der Sinn der Doppelungen. Ort dieses Kampfes ist die Sexualität (die Umwandlung der Sexualkraft in Erlösungskraft ist die «sexuelle Alchemie»). Auch hierin ist Weors Gnosis dem Kundalini-Mythos gleich.

Diese Form der Gnosis entspricht so ziemlich derjenigen, die sich in der Theosophie der Helena Petrowna Blavatsky findet, und es steht zu vermuten, daß sie auch dort ihre Quelle hat. Es ist hier nicht der Ort, Samael Aun Weors Gnosis in vollem Umfang darzustellen.

Hier ging es nur um den Aspekt der Vergottung Luzifers und der damit letztlich stattfindenden Vergottung des Menschen.

Die damit angedeutete These soll hier noch einmal deutlich heraus- und damit zur Diskussion gestellt werden:

Wo Luzifer beziehungsweise Satan beziehungsweise irgendeine mit diesen austauschbare Größe eine erhebliche Verehrungs- oder Heilsqualität zugesprochen erhalten, da wird letztlich der Mensch an die Stelle Gottes gestellt, jedenfalls des Gottes, von dem die Heilige Schrift des Alten und Neuen Testaments und die kirchlichen Bekenntnisse Zeugnis ablegen. Mit dieser Form der Religiosität wird der Bereich des christlichen Glaubens zugunsten des neopaganistischen aufgegeben.

Hinweise aus den USA

Im Zusammenhang mit dem sogenannten *«Tommy-Sullivan-Fall»*, einem aufsehenerregenden Todesfall eines Jugendlichen, legte *«The Cult Awareness Network of New York and New Jersey»* in der Zeitschrift *«Cult Alert»* eine Information über Satanismus vor.

Zu den Gründen, aus denen man sich in den Satanismus verwikkeln läßt, gehörten folgende:

- Neugier – Was ist und wofür steht «Satan»?
- Das Versprechen von Macht und Durchblick – «Tue, was du willst, wann immer du willst.» (Das «Gesetz» des OTO lautet ja: «Tue, was du willst, soll sein das ganze Gesetz».)
- Das Versprechen einer besonderen Identität: Du bist jemand, wenn du dazugehörst.
- Auflehnung gegen die Autorität, etwa in der Schule, zu Hause oder in Gesellschaft und Kirche.

Die Satanisten glauben nämlich, daß «Satan» für folgendes steht:

- Selbstbeglückung anstelle von Enthaltsamkeit;
- Freundlichkeit gegenüber denen, die sie verdienen, anstelle von Geduld mit den Undankbaren. (Dies wendet sich gegen die in unserer Kultur wesentliche Rücksichtnahme auf Benachteiligte und Zukurzgekommene.)
- Rache, statt «die andere Wange hinzuhalten».

Es wird dann darauf hingewiesen, daß immer mehr Jugendliche durch die «Dungeons and Dragons»-Spiele, die Rollenspiele mit okkultistischem Hintergrund, in den Bann des Satanismus geraten. In den USA hat sich eine eigene Selbsthilfegruppe «B. A. D. D. – Bothered About Dungeons & Dragons» gebildet. Sie kooperiert eng mit den Behörden, vor allem der Polizei, die immer wieder relativ hilflos von Okkultkriminalitätsdelikten überrascht wird.

Davon wird in Europa bald auch noch ein trauriges Lied zu singen sein. Denn auf ihrer 1990er Jahrestagung wies die Münchner «Elterninitiative zur Hilfe gegen seelische Abhängigkeit und religiösen Extremismus e. V.» ebenfalls auf das drohende Problem der okkultistischen Rollenspiele hin:

«Spiele zum Verderben? – Okkultthemen in der Kinderwelt / Rollenspiele mit New-Age-Geschmack.»

Seit einiger Zeit mehren sich in der Beratungsarbeit der Münchner Elterninitiative (EI e. V.) die Hinweise, daß der Okkultismus im Kinderzimmer nicht ganz folgenlos an unserer Gesellschaft vorübergehen wird.

Spielfiguren und Comic-Hefte sind angefüllt mit Themen aus der dunkelsten Okkultkiste. «Übersinnliche» Eigenschaften gelten in diesem Spielmilieu als normal, Hexen, Zauberer, Zwerge und Psi-Monster werden zu niedlichen und nahezu selbstverständlichen Spielkameraden.

Zunehmend wurde jedoch in letzter Zeit deutlich, daß diese Okkult-Spiel-Szene in die Hirne und ins Unterbewußte der damit überrollten Kinder eindringt. So gibt es Hinweise, daß im Traumverhalten und in der Hoffnungs- und Befürchtungswelt von Kindern und Jugendlichen Strukturen auftauchen, die nahtlos in einen gläubigen Okkultismus überführen können.

Die Münchner Elterninitiative (EI e. V.) will mit diesen Hinweisen keineswegs zur Angst vor den «modernen Märchen» aufstacheln (manche reden sogar von «mordenden Märchen», da Gewalt und Vernichtung in dieser Okkultszene fast normal sind). Es scheint uns aber deutlich, daß diese «modernen Märchen» für Kinder viel bedrohlicher und weitaus weniger zur Ethik-Einübung geeignet sind, als die «alten Märchen». Dies ist um so bedrängender, als sie auf dem Weg der kalten Kommunikation vermittelt werden: Comic-Hefte und Videos bieten nicht die Möglichkeit der seelisch bergenden Zuflucht zur erzählenden Großmutter, die den Kindern bei der Verarbeitung und Umsetzung des Absurden in den Märchen allein schon durch ihre Anwesenheit Hilfe gab und ihnen Geborgenheit vermittelte. In unserer Zeit sind die Kinder sich selbst und den Okkultthemen und -bildern nahezu schutzlos überlassen.

Die Münchner Elterninitiative (EI e. V.) will auf diesem Wege die Eltern und alle Verantwortlichen in der Jugendpädagogik auf ein drohendes Problemfeld hinweisen, dessen Folgen noch nicht wirklich abzusehen sind.

Für Jugendliche zeigt sich jedoch, daß das Spielen sogenannter Rollenspiele mit New Age- und Okkultthematik in Einzelfällen zu erheblichen Entwicklungsveränderungen führen kann. In der Beratung der Münchner Elterninitiative (EI e. V.) sind in mehreren Fällen Eltern und Jugendliche mit den Folgen solcher Okkultspiele präsent gewesen.

So hatte eine 16jährige Jugendliche, die in einem der Spiele die Rolle der Hexe übernommen hatte, sich dergestalt in diese Rolle hineingespielt, daß sie sich heute als «gläubige Hexe» versteht. In einem anderen Fall war ein Jugendlicher (17) durch die Rollenspiele (als Magier) an Okkultliteratur («zur Weiterbildung») und dadurch in einen okkultistischen Zirkel geraten. Die Eltern merkten erst auf, als das Zimmer des Jugendlichen zur «Gruselhöhle» (so der Vater) wurde und eine bislang als fest geltende Partnerschaft zerbrach. Die Freundin: «Der Fred (Name geändert) hat nur noch Geister im Kopf.» In einem dritten Fall hatte der Weg einer Jugendlichen vom Gruppen-Okkult-Spiel über die Okkultliteratur bis zum Selbstmordversuch geführt.

Die Münchner Elterninitiative (EI e. V.) ist sich dessen bewußt, daß es sich um Einzelfälle handelt. Es geht ihr nicht um irgendeine Form der Verteufelung oder gar des Verbotes dieser Spiele. Sie hält es nur für angebracht, daß insbesondere sensible und psychisch nicht stabile Jugendliche Vorsicht walten lassen. Es schiene sinnvoller, solche Spiele nur in Begleitung und unter der Leitung eines ethisch und moralisch verantwortlichen Spielleiters zu spielen, zumal der Spielleiter in den meisten der New-Age-orientierten und okkultistisch gestilten Rollenspiele eine unumschränkte Herrscher- oder Gurufunktion innehat.»

In dem US-amerikanischen Text wird weiterhin berichtet, daß diese Teenager-Satanisten wegen ihres unprofessionellen Umgangs mit den Ritualen als «Dabbler» bekannt geworden seien. Der Polizei würden sie oft dadurch bekannt, daß in ihren «Ritualen» Tiertötungen vorgenommen würden. Auf der anderen Seite wird darauf hingewiesen, daß bei den echten Praktizierenden viele Rituale wegen der absoluten Verschwiegenheit nie bekannt geworden seien.

Als Eigenschaften der Teenager, die für Satanismus anfällig sein könnten, werden genannt: intelligent, kreativ, männliches Geschlecht, geringes Selbstbewußtsein, Schwierigkeiten im Umgang mit Gleichaltrigen, Verlierertypen, religionsentfremdet.

Als weitere Anzeichen werden hervorgehoben: Unterlegenheitsgefühle, Kontrollverlust und Schwierigkeiten bei der Verarbeitung von Angstgefühlen.

Als Anzeichen der Verwicklung von Jugendlichen in Formen des Satanismus werden aufgezählt:

- völlige Abhängigkeit von Fantasy-Spielen;
- völlige Abhängigkeit von Black-Metal-Rockmusik;
- Besitz und Lesen von Magie-, Hexen- und satanistischer Literatur sowie Zauberbüchern (wie etwa dem «Buch der Schatten»);
- Besitz von Ritualgegenständen: in Menschengestalt geformten Kerzen, magisch gestilten Leuchtern, Räucherwerk, Ritual-Messern, Pentagrammen oder einem umgedrehten Kreuz usw.;
- Gebrauch der Zahl «666»;
- Tragen von Amuletten und Talismanen;
- ritueller Drogengebrauch, wobei der Gebrauch oft durch Räucherwerk überdeckt wird;
- unerklärliche Ängste und wahnhafte Furchtzustände;
- extreme Geheimtuerei, bei der bestimmte Dinge verborgen und verheimlicht werden, die irgendwie auf die Beziehung zu den Ritualen oder Gruppen hinweisen könnten;
- die Angst, über die eigene Involvierung zu sprechen, weil zum Beispiel geglaubt wird «die anderen» (der Gruppe) könnten dies auf magische Weise erfahren und sich rächen.[29]

Besonders die «Lebenskraft», Tod und Sexualität haben für die

Gläubigen vieler Okkultsysteme vielfache okkulte Bedeutung. Um sich diese Kräfte zunutze machen zu können, muß – wie man glaubt – Leben vernichtet werden. Sex müsse in einer Form ausgeübt werden, die dazu geeignet sei, kosmische Kraft zu kondensieren.[30]

Es werden dann Ereignisse aufgelistet, in denen sich der Satanismus in US-amerikanischen Kommunen gezeigt hat.

«Ein Pferdehalter sucht eines seiner Pferde, das verschwunden ist. Er findet die Leiche in einer abgelegenen Ecke der Koppel, und es zeigt sich, daß dem Pferd das Genick gebrochen worden war. Ein Auge, ein Ohr, die Brustwarzen und die Genitalien waren entfernt worden.[31]

Die Polizei entdeckte einige Fotos eines okkulten Rituals. Ein nackter männlicher Körper ist neben dem Kadaver eines Tieres, vermutlich eines Ziegenbocks oder Kalbs (nicht genau zu erkennen) plaziert. Ein Ritualteilnehmer gießt aus einem Behälter Blut über den Männerkörper. Der männliche ‹Zelebrant› scheint mit Eingeweiden umwickelt. Im Hintergrund ist ein größeres Objekt unter einem weißen Tuch verborgen, das ein weiblicher Körper zu sein scheint. Die Fotos zeigen einen großen dunklen Fleck vom Becken bis zum Unterleib hinauf. Es sieht aus, als sei der Körper ausgeweidet worden. Es war schwierig festzustellen, jedoch schien es, als sei der Körper auch enthauptet worden. Das letzte Foto zeigt den männlichen Zelebranten während des sexuellen Verkehrs mit der weiblichen Leiche.[32]

Auch Kinder sind schon rituellem Mißbrauch zum Opfer gefallen. So berichtete ein achtjähriges Mädchen aus San Francisco der Polizei, ihr Vater habe sie in einem mit Kerzen beleuchteten Raum, in dem ein umgedrehtes Kreuz gehangen habe, dazu gezwungen, ein Baby zu erstechen, und habe dann die Gebeine verbrannt.»[33]

Bei Tötungshandlungen mit okkult-rituellem Hintergrund solle besonders auf folgendes geachtet werden:

- Symbole, besonders Pentagramme, bei denen zwei Spitzen nach Osten weisen oder eine Spitze auf einen Altar oder das Opfer zeigt;
- Zerstückelung der Leichen;
- Tierverstümmelungen. Satanisten glauben nämlich, daß Satan die Vorderfüße der Tiere benutzt, um damit über die Erde zu

gehen. Neben den Vorderfüßen fehlen oft: Zunge, After, Genitalien;

- Tätowierungen, insbesondere: schwarze Panther, Bocksköpfe, Figuren der griechischen Mythologie, ein umgedrehtes Kreuz und/oder eine Spinne (Schwarze Witwe), Totenschädel, übers Kreuz angeordnete Totenknochen, ein Baphomet (ziegenköpfige Männergestalt), eine Schlange oder ein Messer, von dem Blut herabtropft;
- Kerzen in der Umgebung des Opfers;
- Ritualgegenstände wie: Glocken, Gongs, Räucherwerk, Kessel oder Schalen (für Rituale), Altarsteine, ein umgedrehtes Kreuz oder Silber (in irgendeiner Art oder Form, denn die silberne Farbe werde von den Satanisten als Gegensatz zum «christlichen» Gold bevorzugt);
- Gebeine: «Einige Okkultisten glauben, daß in den größeren Knochenpartien die Seele bzw. der Geist des Toten verbleibe.» Aus diesem Grunde, wegen der damit angeblich verbundenen «Kraft», werden auch Grabschändungen begangen;
- Kräuter, darunter auch Haschisch oder der als «Elfenstuhl» bekannte Pilz (psilocyle mushroom);
- Stichwunden.[34]

Das sind nicht nur US-amerikanische Spezialitäten. Der Autor ist in mehreren Fällen von Kriminalbeamten bei Ermittlungen zugezogen worden, in denen sich die oben genannten Merkmale fanden. Es ist mit Sicherheit gefährlich, eine Art Okkultverschwörung anzunehmen beziehungsweise hinter jedem ungeklärten Verbrechen «Satanisten» am Werk zu sehen, jedoch mehren sich die Anzeichen, daß in einer zunehmenden Zahl von Fällen okkultistische und insbesondere sogenannte satanistische Motive (oder ein solches Umfeld) bei Verbrechen eine Rolle spielen. Es könnte sein, daß die Orientierung am Okkulten bei einigen Betroffenen die Hemmschwelle niedriger werden läßt, die normalerweise von einer Gewalttat zurückschrecken läßt. Wo der eigene «Wille» und die Erfüllung eigener Wunschgefühle jedoch zum obersten Maßstab des Handelns werden, und das ist beim «schwarzen» Okkultismus der Fall, da fallen die bisherigen moralischen Hemmungen.

Die Frage nach «weißer» und «schwarzer Magie» zu beantworten, hieße dem okkultistischen Denken zu verfallen. Jede Form der Magie ist der anderen gleich. Doch wie Menschen ein Messer benutzen können um Brot für Hungernde zu schneiden oder jemanden zu töten, so kommt es allein auf die Absicht an. Das Mittel selbst (die Magie) ist allemal untauglich und sozial unverträglich.

4. New Age – neue Religiosität und alte Gnosis

Auffällig in der New-Age-Diskussion ist die offensichtliche Schwierigkeit, zu beschreiben, *was New Age eigentlich* ist. Damit hängt dann auch die Antwort auf die Frage zusammen, *wie man New Age bewerten soll (beziehungsweise bewertet).*

So kommt der New-Age-Verkünder Günther Schiwy in «Der Geist des Neuen Zeitalters – New-Age-Spiritualität und Christentum»[1] zu dem Schluß:

«Auf Grund der Zusammenhänge und Parallelen, die wir (er spricht von sich selbst) aufgezeigt haben, drängt sich der Schluß auf: Der Geist des Neuen Zeitalters ist der *Geist Gottes*. Das läßt uns hoffen und fordert uns auf, an der ‹sanften Verschwörung› mitzuwirken.»[2]

Doch dieses «New Age» Schiwys besteht aus Ideen des Schiwyschen «Kronzeugen *Teilhard de Chardin*»,[3] *Rudolf Steiners* (des Gründers der sogenannten *Anthroposophie*), *Stanislav Grofs* und der *«Transpersonalisten in Kalifornien»* und des Biochemikers *Rupert Sheldrake* mit seiner Theorie der «morphogenetischen Felder» (einer eher als wissenschaftliche Randmeinung anzusehenden Anschauung, derzufolge die «ursächliche Form»[4] «lernfähig» ist). Nach Sheldrake sind die Naturgesetze nicht a priori festgelegt, sondern eine Art von «Gewohnheiten».

Sheldrake bringt das Beispiel einer Rattenpopulation, die infolge eines Versuches etwas erlernt, woraufhin andernorts von diesem Versuch untangierte Ratten das gleiche schneller lernen.

Daraufhin angelegte Versuche sind jedoch im Ansatz bereits falsch. Schiwy bemüht als Kronzeugen seines New Age den «beigeordneten Generalsekretär der UN» Robert Muller, einen New-Age-Fanatiker, der von der Mun-Bewegung ebenso wie von einigen Guru- und New-Age-Bewegungen als Beleg für die eigene Bonität vorgewiesen wird, und die *Findhorn-Bewegung*. Zu Schiwys New-Age-

Zeugen gehört auch der deutschsprachige und in deutschsprachigen Ländern überbewertete Physiker *Fritjof Capra,* der Autor der Bücher «Wendezeit»[5] und «Der kosmische Reigen – Physik und östliche Mystik – ein zeitgemäßes Weltbild»[6].

In beiden Büchern trägt Capra die sogenannte «Bootstrap-Hypothese» vor, die angeblich belege, daß das Universum ein «dynamisches Gewebe zusammenhängender Vorgänge»[7] sei und in der es «überhaupt keine fundamentalen Gesetze»[8] gebe. Der Begriff von «fundamentalen Naturgesetzen» ist nach Capra «vom Glauben an einen göttlichen Gesetzgeber abgeleitet, der in der jüdisch-christlichen Tradition tief verwurzelt war»[9].

Für Capra heißt das: «Die Tatsache, daß der Bootstrap-Ansatz überhaupt keine fundamentalistischen Einheiten akzeptiert, macht ihn meiner Ansicht nach zu einem der tiefsinnigsten Gedankensysteme des Abendlandes und hebt ihn auf eine Ebene mit der buddhistischen oder taoistischen Physik».[10]

Für Capra beweist dieser Ansatz das neue Paradigma. Er muß jedoch zugeben, daß seine Gedanken «von der Mehrheit der Physiker noch nicht akzeptiert werden»[11], wobei es aller Voraussicht nach auch bleiben dürfte.

Capras New Age ist von Denkansätzen bestimmt, die nicht als wissenschaftliche Tatsachen verstanden werden dürften, sondern hinter denen sich religiöse Entscheidungen verbergen. Mit vielen Neo-Spiritualisten, Neugnostikern, Schamanen und Witchcraft-Gläubigen glaubt auch er an den Planeten Erde als «ein lebendes Wesen aus eigener Kraft»[12], einen «einzigen lebenden Organismus»[13].

In der sogenannten evangelikalen Ecke der protestantischen Christenheit hat man zwar diese religiöse Komponente der New-Age-Idee grundsätzlich erkannt, deutet sie aber seinerseits eher mystisch und dämonisiert sie.

In Reinhard Königs «New Age – Geheime Gehirnwäsche – Wie man uns heute für morgen programmiert – Mystik und Meditation, Psychotechniken, Ökologie, ‹Ganzheitliche› Medizin, Astrologie u. a.»[14] wird zwar dazu aufgerufen, «Nüchternheit und Wachsamkeit zu zeigen und nicht einem wie auch immer gearteten Extremismus bei der Beurteilung zu verfallen»[15], jedoch wird im gleichen Buch gewarnt:

«Man sollte sich immer wieder vor Augen halten, daß es der offen dargelegte Anspruch dieses esoterischen NEW-AGE-Gedankengutes ist, eine einheitliche WELTRELIGION zu etablieren, einen CHRISTUS oder WELTENLEHRER anzukündigen und eine politische NEUE WELTORDNUNG aufzustellen. Zusammen mit den enormen Möglichkeiten einer weltumspannenden, allgegenwärtigen Kommunikationstechnik *könnten* sich erschreckende Perspektiven für die Zukunft bieten.»[16]

Die Schrift läßt keinen Zweifel daran, daß das New Age negativ zu bewerten ist. Das Buch ist eine ideologische Kampfschrift.

Noch deutlicher kommen religiös-ideologische Ansätze in der Schrift von Constance Cumbey «Die sanfte Verführung»[17] zum Tragen. Frau Cumbey ist von Ängsten bestimmt. So wird ihr eine theosophische Splittergruppe[18] zum Hauptbeleg für das satanische Lay-out der New-Age-Bewegung.

In ihrer Schrift sind besonders die Bezüge auf das Dritte Reich, denen darin besonderen Beweiswert zukommt, eher okkultistischer Art[19]. Das Jonestown-Massaker von 1978 wird dem New Age zugeschrieben[20]. Frau Cumbey sieht im New Age eine satanische und dem Antichristus zuzuordnende Größe und Bewegung am Werke. Das ist ihr gutes – und durch Artikel 4 GG geschütztes – Recht. Schließlich kann jeder glauben, was er will.

Im sogenannten «charismatischen» Bereich kann man am ehesten ein Phänomen der Doppelnutzung der für das New Age konstitutiven Ideen finden. Einerseits werden sie eingesetzt, um eigene Erfahrungen zu verdeutlichen, andererseits werden sie als «satanische Gefährdung» verdammt.

Das ist in dieser merkwürdigen Ambivalenz am stärksten bei den sogenannten «neopentekostalen Positivisten» der Fall, bei denen man auch von «Gruppen mit einer garantiert wirkenden Erfolgsformel» sprechen kann, und deren «Erfolgsformel» sich wie folgt darstellen läßt:

Finde eine passende Verheißung in der Bibel und vergewissere dich, daß du «alle damit verbundenen Bedingungen» erfüllt hast. Nimm diese Verheißung «im persönlichen Gebet in Anspruch» und bekenne, daß du die Antwort bereits bekommen hast. Dadurch, daß du etwas im Glauben für dich in Anspruch nimmst, wird eine «spirituelle Realität» geschaffen, die die materielle Wirklichkeit übersteigt. Alles, was du dann mit deinen Sinnen wahrzunehmen glaubst, das im Widerspruch zu deiner «Erfahrung» steht, ist nicht mehr wirkliche

Realität, da «echte» Realität nur in der geistigen Welt existiert. Nachdem du etwas auf diese Weise in Anspruch genommen hast, mußt du in deinem Bekenntnis fest bleiben, ungeachtet dessen, was du nun siehst, hörst oder fühlst oder zu sehen, zu hören oder zu fühlen glaubst.

Normale Sinneswahrnehmung wird als «Lüge des Teufels» abqualifiziert.

Man kann diese Lehre als eine Art «christianized positive thinking» oder, wie schon oben, auch als «neopentekostalen Positivismus» bezeichnen. Ihr zufolge stehen dem Glaubenden alle Wohltaten Gottes sowieso zur Verfügung, er muß nur zwei Bedingungen erfüllen:

1. Er muß (im Sinne der jeweiligen Gruppe) «richtig» glauben, und (hierin unterscheiden sich nun die «neopentekostalen Positivisten» von diversen Gebetserfolgs-Sekten mit materiellen Versprechungen, zu denen unter anderen auch «The Way», die «T. L. Osborn Evangelisationsgesellschaft» und «Jean Michel et son Equipe» gehören):
2. Er muß das Gewünschte auch «im Glauben ergreifen», das heißt, er muß es sich möglichst genau vorstellen, etwa bis hin zur Farbe und Marke eines durch Gebet zu erlangenden Fahrrads, wie das der koreanische Sektenführer Yonggi Cho verdeutlicht (und er muß sich natürlich seinerseits generös gegenüber der jeweiligen Gruppe zeigen, die über den sogenannten «Zehnten» als Inkasso-Büro Gottes auftritt).

Dazu gehört in erster Linie die US-amerikanische *«Kenneth Hagin, Inc.»*, die mit einer ganzen Reihe von Metastasen missionarisch stark in Erscheinung trat. Als solche Tochter-Gründungen sind anzusehen:

In der Schweiz die *«Zoe Evangelistische Vereinigung»* (Zürich) mit dem *«Zoe Christlichen Zentrum»*, der *«Zoe Bibelschule»* und der Zeitschrift *«Zoe – Leben durch Jesus»*.

In der Bundesrepublik Deutschland ist es *«Wort des Glaubens, Christliches Zentrum e. V. München»*, mit *«Wort des Glaubens, Internationales überkonfessionelles Evangelisations- und Bibellehrzentrum»* beziehungsweise der *«Bibelschule Wort des Glaubens»* und satzungsgleich operierenden Gruppen wie *«Christliches Zentrum ‹Gemeinschaft der Gnade› in Deutschland»* (Frankfurt/Main), *«Agape Wort Zentrum» e. V.* (Leipheim-Riedheim), *«Missionswerk Wort des Glaubens»* (Hamburg) und anderen Gruppen und Gemeinden.

In Österreich tritt diese Bewegung als «AGAPE *Christliche Vereinigung»* (Salzburg), in anderen Ländern als «World of Life», als «Rhema»-Gemeinde und unter anderen Bezeichnungen auf.

Doch derartiges läßt sich auch mühelos auf dem Boden einer Gurubewegung oder einer der neuen Prophetinnen-Religionen der New-Age-Religiosität darbieten.

Der Begriff «New Age» gehört inzwischen schon fast zum täglichen Sprachgut. Hausfrauen kennen ihn aus den Frauenzeitschriften. Es gibt New-Age-Küchenanweisungen, -Gesundheitsratschläge und Hinweise für den New-Age-orientierten Gelderwerb. In Gesundheitszentren wird New Age zum Therapie-Konzept. Der gestreßte Manager wird von New-Age-Therapeuten ebenso versorgt wie von New-Age-Vordenkern auf dem Unternehmensberatungsmarkt.

Der Zeitgenosse der nachtechnischen oder kybernetischen Zivilisation lebt in einer Zwickmühle. Auf der einen Seite braucht er die Wissenschaften, auf der anderen mag er ihnen nicht mehr trauen. Zudem scheint auch politische Bessermacherei nicht mehr zu tragen. Nicht wenige sind aus der seinerzeitigen APO[21] zuerst in die Hoffnungslosigkeit und dann in Sekten, Gurubewegungen und wahnhafte Weltentwürfe abgewandert. Auf diesem Boden haben die Mun-Bewegung und der jetzt als «New-Age»-Guru posierende Rajneesh Chandra Mohan alias Bhagwan Shree Rajneesh ebenso mit Erfolg Anhänger um sich geschart wie der Polit-Messias Lyndon Hermyle LaRouche, der sich als einzigen Repräsentanten des wahren Humanismus darstellt und doch nur ein recht mittelmäßiges Licht ist.

Nun schien das «New Age» für viele der Problemlöser zu sein, der sie aus ihren Angst- und Horror-Winkeln erlöste. Und da ist ja in der Tat der Alkoholiker, der auf dem Wege einer Meditations-Anweisung durch einen Guru ein Hilfsmittel erhalten hat, das ihn erst einmal über Wasser – und fern vom Alkoholgenuß – hält. Es gibt auch den Manager, den eine ansonsten recht fragwürdige Therapie erst einmal davor bewahrt hat, in dem Herzinfarkt abzustürzen. Die Frau, die durch eine New-Age-Beraterin ihre seelenzerstörende Scheidung bewältigen konnte, ist keine Fiktion. Ebenso existieren echte Beispiele für

Heilungen durch New-Age-Rezepte, die im psychosomatischen Bereich gewirkt haben.

Doch es wäre töricht, die andere Seite zu übersehen: Guru-Abhängigkeit und negative Persönlichkeitsveränderung durch Meditationstechniken, zerstörte Gesundheit als Folge von fanatischem Willen zum «naturnahen Leben», Wahnsinn als Folge okkultistischer und spiritistischer Praktiken und schließlich sogar Selbstmorde und Verbrechen auf «Anweisung aus dem Jenseits» hin.

Das «New Age», das schöne neue Zeitalter, ist eine Pandora-Büchse voller faszinierender, seltsamer, liebenswürdiger, aber auch schrecklicher, auf jeden Fall aber bunter und teilweise lockender, teilweise schwer verständlicher Bilder und Motive.

Der Begriff stammt aus der Sprache der Astrologie. Es ist das «Neue Zeitalter des Wassermanns», an das man glaubt. Dahinter steht der Gedanke vom Weltenjahr und dem von der Symbolik des jeweiligen Tierkreiszeichens geprägten Weltenmonat (der etwas über 2000 Jahre umfaßt). So sah man im Fische-Zeitalter das «Zeitalter des Christentums». Inzwischen ist der Begriff «New Age» jedoch zu einem Sammelbegriff für Aktivitäten des «neuen Zeitalters (des Wassermanns, der Freiheit, einer neuen Ethik)» geworden, das nun das alte Zeitalter (der Fische, des Christentums usw.) ablösen soll.

Unter dem Begriff New Age, der zuerst mit der «Findhorn Foundation» bekannt wurde, finden sich in erster Linie Gruppen, die eine Interaktion zwischen Geistwesenheiten (Naturgeistern usw.) und Menschen für möglich halten und diese zur Errettung der (oft selbst als lebender Organismus gesehenen) Erde (Mother Gaea) einsetzen wollen. Daneben sind Witchcraft und Meditation, Evokationen und der «Aufbau eines planetarischen Kraftfeldes» New-Age-Aktionen. Der Begriff wird auch von Organisationen benutzt, die nicht zum New Age zu zählen sind, wie beispielsweise der Mun-Bewegung oder der Scientology. Der Anthroposoph Sir George Trevelyan verkündete deutlich ein gnostisches Weltbild. Im Vorwort zu seinem Buch «Eine Vision des Wassermann-Zeitalters – Gesetze und Hintergründe des ‹New Age›»[22] wird berichtet, wie Trevelyan beim Hören eines anthroposophischen Vortrags die «Grundpfeiler» dessen entdeckte, was er später unter NEW AGE versteht: «Reinkarnation, Präexistenz, spirituelle Hierarchien, spirituelles Universum».

Das Menschenbild des New Age zeigt uns «Bhagwan» beziehungsweise «Osho» Rajneesh, ganz und gar Guru des New Age. Er hatte es seinen Jüngern unübertroffen deutlich gesagt:

«Gegensätze führen zur Einheit – liebe den Feind. Das Leben wird vollkommen salzlos sein, wenn der Gegensatz einfach zerstört wird. Stelle dir einfach eine Welt vor, wo es kein Übel gibt. Glaubst du, daß es dort Gutes gibt? Oder denke dir eine Welt, wo es keine Sünder gibt? Glaubst du, daß dort alle Heilige sein werden. Der Heilige kann ohne den Sünder nicht existieren. Der Heilige braucht den Sünder. [...] Es gibt da eine Harmonie, eine verborgene Harmonie – sie sind Polaritäten.»[23]

Rajneeshs Mensch ist der «neue Mensch», frei von Belastungen und abgekoppelt von der Vergangenheit. «Ich lehre einen neuen Menschen, eine neue Menschheit, einen neuen Weg in der Welt zu sein. Meine Botschaft an die Menschheit ist ein neuer Mensch. Weniger als das kann nicht mehr helfen. Ich lehre die Abwandlung von Bestehendem, nicht die Fortführung oder Weiterentwicklung von Vergangenem, sondern etwas vollständig Neues, das die Vergangenheit nicht fortführt».[24]

Doch es scheint grundsätzlich zweifelhaft, ob dieser neue Mensch eines neuen Zeitalters mehr sein kann als ein rhetorisches oder ideologisches Konstrukt. Man hat sich immer wieder am dogmatischen Rahmen des christlichen Menschenbildes gestoßen, ja diesen Rahmen und seinen Inhalt sogar als Ursache jener Mißhelligkeiten genannt, die nun ein «New Age» und einen neuen Menschen einfach notwendig machen.

Doch die gesamte christliche Kultur ist auf das Verantwortung fordernde und Verantwortung begründende christliche Menschen- und Gottesbild aufgebaut. Auch dort, wo es nicht mehr den Anschein hat.

Darum wirken die Anforderungen grundsätzlich «atheistischer» Staaten an ihre Bürger wie christlich-pietistische Ethikanweisungen ohne den im Christlichen allein «selig machenden» Anhang einer «Vergebung der Sünden, Auslöschung der Schuld».

Es hat sehr den Anschein, als geschehe dort, wo Verantwortung zu üben ist, beim Menschen immer und weiterhin das, was die christliche Religion Sünde nennt und Schuld.

Es werden in jeder Zeit neue Gedanken zu denken sein, auch neue Formen des Verstehens von Sünde und Schuld und neue Formen des

Umgangs mit ihnen. Das alles hat in den christlichen Kirchen auch dort Tradition, wo konservative Kräfte es sich oft zu einfach machen und ihr «Das war schon immer so» auch auf die Formen, nicht allein auf die Inhalte bezogen. Das «Neue Zeitalter» und der «Neue Mensch» stehen aus für den Jüngsten Tag. Bis dahin bleibt noch einiges zu tun.

5. Geistheilung

Eine der wichtigsten Gebrauchsformen des Okkultismus ist die angebliche «Geistheilung». Dabei kommt ebenso das Heilen durch vorgeblich geheimes Wissen wie die angebliche Enthexung wie auch die angebliche mediale Heilung in Betracht, bei der sich der Heiler nur als Medium eines «Arztes im Jenseits» versteht.

Große Unterstützung erhielt der Glaube an Geistheilungen in den Jahren 1985 und 1986 durch die Kulturredaktion des ZDF, deren dieszeitiger Chef als eindeutiger Missionar für okkultistische Denk- und Handlungsmodelle angesehen werden kann. Das zeigt sich auch in dem Buch, das er darüber verfaßt hat: Karl Schnelting, Geistheilung – Dokumentation einer Sendereihe des ZDF[1].

Schnelting gab dem Spiritisten-Ehepaar Silvia und Freddi Wallimann hier die Chance, vor Millionenpublikum eine Show abzuziehen, die aber auf deutliche öffentliche Kritik stieß.

Inzwischen hatte auch ein «Geistheiler» namens Starczewski im hessischen Höhr-Grenzhausen gar «im Auftrag von Christus und eines Geistwesens St. Germain» eine «Universale Christuskirche» gegründet. Vor Gericht wurde der Geistheiler jedoch 1987 wegen dieser Aktivitäten verurteilt.

Die zu den neueren okkultistischen Kunstreligionen zu rechnende sogenannten *«Ka-Huna-Lehre»* umfaßt ein reichhaltiges okkultistisches Selbstheilungsprogramm.

Unter «KA HUNA» verstehen die Anhänger dieser Lehre die angeblich durch «geistige Schau» und «aus dem Schweigen der Medizinmänner von Hawaii» erstellte Lehre, derzufolge der Mensch in drei «Selbste» zerfällt: das niedere Selbst (das man wie ein unartiges kleines Kind erziehen muß), das mittlere Selbst (die eigentliche Persönlichkeit) und das «höhere Selbst», das nach dieser Lehre für jeden sein persönlicher Gott ist und mit dem er sein mittleres Selbst und letztlich auch sein «niederes Selbst» in Einklang bringen muß.

Das «Kleine Schutz- und Bannungsritual» der Ka-Huna ist ein gutes Beispiel für die Imaginationsübungen solcher okkultistischer Heilungsmechanismen. Das Rezept für die Do-it-yourself-Magie liest sich wie folgt:

«Dieses Bannungs-Ritual ist für Ihren Schutz bestimmt. Halten Sie es auf jeden Fall geheim[2], je mehr Sie darüber zu anderen Menschen sprechen verliert die Schutzkraft ihre Wirkung. Führen Sie das Ritual morgens und abends aus. Entweder im Sitzen oder im Liegen. Die Blickrichtung ist nach Norden, bzw. im Liegen zeigt der Kopf nach Norden. Während des Rituals legen Sie alle Schmuckstücke, Ringe, Uhr usw. ab. Keine beengende Kleidung. Ehe Sie beginnen, sorgen Sie dafür, daß Sie nicht gestört werden. [...]

1. Atmen Sie in Ihrer Stellung (liegen oder sitzen) ruhig, langsam und gleichmäßig.
2. Sodann die linke Innenhandfläche auf den Solarplexus legen, die rechte Hand auf die linke Hand.
3. Kreuzen Sie die Füße.
4. Zu einer langsamen, gleichmäßigen Einatmung stellen Sie sich vor, wie warme, goldene Lichtenergie oben in den Scheitelpunkt Ihres Kopfes einfließt, bis hinunter in den Bauch. Durch die gekreuzten Beine wird die Lichtenergie davon abgehalten, zu entweichen. Sie wird im Bauchraum gespeichert.
5. Zu der langsamen Ausatmung stellen Sie sich vor, wie Sie die Energie in Ihren Solarplexus führen und dort immer mehr ansammeln.
6. Stellen Sie sich vor, daß die Energie sich unter Ihren Händen im Körper zu einem glühenden Ball ansammelt.
7. Bei jeder Ausatmung glüht der Ball heißer und heller in Ihrer Vorstellung.
8. Legen Sie Ihre Hände jetzt zur Seite und stellen (legen) Ihre Füße nebeneinander hin.
9. Stellen Sie sich jetzt ganz stark vor, wie ein Lichtstrahl aus Ihrem Bauchraum fließt.
10. Stellen Sie sich vor, wie dieser Lichtstrahl nach Norden strömt. Sagen Sie jetzt zu sich: ‹Ich setze ein göttlich strahlendes Licht im Norden.› Stellen Sie sich dabei einen hellen Lichtpunkt (wie die Sonne) vor.

11. Stellen Sie sich jetzt weiter vor, wie von diesem Lichtpunkt ein bogenförmiger Strahl um Sie herum läuft zum Süden (rechtsherum).
12. Sagen Sie: ‹Ich setze ein Licht im Süden.›
13. Führen Sie in Ihrer Vorstellung den Lichtbogen weiter nach Westen an Ihre linke Seite.
14. Sagen Sie sich: ‹Ich setze ein göttlich strahlendes Licht im Westen.›
15. Ziehen Sie von dort weiter einen Lichtbogen um sich herum zu Ihrer rechten Seite, dem Osten.
16. Sagen Sie sich: ‹Ich setze ein göttlich strahlendes Licht im Osten.›
17. Stellen Sie sich jetzt vor, wie Sie von einem Lichtkreis mit 4 strahlenden Punkten umgeben sind.
18. Sagen Sie sich nun: ‹Ich setze ein göttlich strahlendes Licht in die Höhe.› Setzen Sie dieses Licht in der Mitte über sich.
19. Sagen Sie: ‹Ich setze ein göttlich strahlendes Licht in die Tiefe.› Setzen Sie diesen Lichtpunkt genau unter sich.
20. Stellen Sie sich vor, wie das Licht von oben zu Ihrem Kreis fließt und eine Lichtkuppel bildet. Das gleiche stellen Sie sich auch vom unteren Licht vor. Sehen Sie sich in eine Lichtkugel eingeschlossen.
21. Sagen Sie sich: ‹Kein schlechter Einfluß, keine negativen Wesen, kein negativer Gedanke dringt zu mir.›
22. Stellen Sie sich jetzt vor, wie von allen Seiten helles, goldenes Licht in den Kreis, bzw. die Kugel auf Sie strahlt.
23. Sagen Sie sich jetzt:
    ‹Ich bin eins mit aller göttlichen Lichtkraft.
    Ich bin eins mit allen göttlichen Wesen.
    Ich bin eins mit aller göttlichen Liebe.›
24. Wiederholen Sie diese drei Sätze immer wieder, verbunden mit der Vorstellung, wie immer mehr strahlendes Licht in Sie strömt und um Sie herum ist. Halten Sie diese Vorstellung ca. 10 Min. aufrecht.
25. Für die Bildung der Lichtkugel nehmen Sie sich auch ca. 10 Min. Zeit. Das ganze Ritual sollte ca. 10–20 Min. dauern.
26. Abends schlafen Sie dann mit diesem Licht und Schutzbewußtsein ein.

27. Morgens stehen Sie dann mit der Vorstellung auf, nachdem Sie das Ritual durchgeführt haben, daß diese Lichtkugel Sie den ganzen Tag umhüllt und vor allen Gefahren schützt und Sie stetig mit der göttlich, kosmischen Kraft für Ihr Tagewerk verbindet.

Mit der Zeit werden Sie eine wunderbare Geborgenheit und Harmonie in sich fühlen. Sie schaffen mit diesem Ritual ein kosmisches Kraftfeld für Ihre zukünftigen Erfolge, Gesundheit und Lebensglück.»

Nun mag Einbildung in vielen Fällen helfen, warum soll sich also nicht ein magiegläubiger Kahuna-Fan nach vollzogenem Ritual geschützt fühlen? Nur wenn er, im Vertrauen auf den angeblichen Schutz, dann normale Vorsichtsmaßregeln (etwa im Straßenverkehr) außer acht läßt, kann das böse Folgen haben. Da hilft dann auch kein guter, beziehungsweise naiver Glaube.

Als Begründung für dieses vom Huna-Vita-Zentrum übermittelte Ritual wird ausgeführt: «Bei der KA HUNA MAGIE spielt der magische Kreis eine wichtige Rolle, da der Kreis eine mächtige symbolische Macht darstellt [...]. Wir wollen den Kreis durch die Vorstellung, durch die Imagination herstellen. Der durch die Gedankenkraft hergestellte Kreis wirkt auf allen feinstofflichen (Gedanken- und Gefühls-) Ebenen des Menschen.»

Rituale dieser Art können den Menschen allerdings auch in einen krankhaften Bezug zur Umwelt bringen. Sie mögen anfänglich als positiv empfunden werden. Dem Autor sind jedoch in der Beratung Personen begegnet, die sich in regelrechte Wahnvorstellungen und daraus resultierende Zwangshandlungen verstrickt hatten. In einer als feindlich gedachten Umwelt wurden ihnen Schutzrituale und -zauber zur zwanghaften Pflicht. Statt die Lebensangst zu bezwingen, vergrößerte sich die Angst, etwas «falsch gemacht oder übersehen» zu haben.

Die zunehmende Lebensunsicherheit breiter, auch sogenannter gebildeter Schichten kann auch als Ursache für andere Versuche gelten, geheimes oder privilegiertes Wissen zu erlangen, mit dem man sich einen Handlungsvorsprung beziehungsweise die Möglichkeit zu einem solchen erwerben oder die eigenen Befürchtungen besänftigen und/oder Ängste bezwingen möchte. Sie gehören weitgehend unter die Generalüberschrift Okkultismus, weil es in diesen Fällen meist um (anderen beziehungsweise dem «Rest der Welt») verborgenes (okkultes) Wissen geht. Eine weitere heute überaus wirkungsmächtige Form des Okkultismus stellt beispielsweise der sogenannte Spiritismus (dem englischen Sprachgebrauch folgend oft als «Spiritualism» bezeichnet) dar.

Spiritistische Geistheilung

Unter Spiritismus ist der Versuch zu verstehen, mit als bewußt und kommunikationsfähig gedachten Wesen einer nichtimmanenten (also nicht unserer dreidimensionalen Welt zugehörigen) Art und Kategorie in Kontakt zu treten. Als Mittler zwischen unserer Welt und der «Welt der Geister» treten sogenannte «Medien» (Mittler) in Erscheinung.

Es gibt Medien, die in einer Art unbewußtem Zustand (Trance) als Vermittler der angeblichen Geisterbotschaften und -handlungen wirken, und auch solche, die in völligem Wachbewußtsein wirken. Die «Geister-Handlungen» treten vor allem bei sogenannten «Geistheilern» und den von ihnen durchgeführten «Operationen» auf.

Die Frage nach Leben und Tod ist für viele wesentlich weniger wichtig als eine unbeeinträchtigte Teilnahme an den allgemeinen Lebensvollzügen. Da diese am stärksten durch Krankheit beeinträchtigt werden, versuchen immer mehr Menschen, nicht etwa Informationen über den Zustand nach dem Tod zu erhalten, sondern aus der «Jenseitswelt» Hilfe für das Diesseitsleben, vor allem in Form von Ratschlägen und Handlungen zum Zweck der Gesundheitserhaltung und Gesundwerdung, zu erhalten.

Regelrechte «Heilungssysteme auf Jenseitsbasis» haben in einer Welt, in der auch bei vielen Gebildeten das Vertrauen in die menschliche Ratio schwindet, erstklassige Marktchancen.

Eine auch im deutschsprachigen Bereich überaus erfolgreich arbeitende spiritistisch/neugnostische Gemeinschaft ist die mit dem Medium Grace Cooke (gestorben 1979) arbeitende *White Eagle Lodge*. «White Eagle» ist «eines der zahlreichen Geistwesen, die, aus höheren Sphären kommend, uns Menschen helfen wollen, den schwierigen Übergang vom Fische-Zeitalter in das Wassermann-Zeitalter gut zu überstehen». Es sei (reinkarnatorisch zurückverfolgt)

Hiawatha, «der Begründer des Bundes der Irokesenstämme», gewesen. Die Gründerin, die den Geist angeblich seit ihrem 12. Lebensjahr kennt, will vor 10 000 Jahren mit ihm zusammen als Vater und Tochter inkarniert gewesen sein. Seit ihrem Tode leiten die beiden Töchter der Gründerin die Gemeinschaft, sozusagen als Hiawathas Pseudo-Enkel. Die «White Eagle Lodge» wurde 1936 in London gegründet und, 1941 ausgebombt, im Jahr 1947 in Hampshire mit Landhaus und Tempel für 500 Personen («Newlands») neu gegründet. Um zwölf Uhr mittags werden sogenannte «Noon-Meditationen» abgehalten. «An gewissen Wochentagen und zu feststehenden Zeiten kommen sowohl Patienten wie auch in weiße Kittel gekleidete Heiler im Tempel und in der Londoner Loge zusammen. Hier wird nach der White Eagle Kontakt-Heilmethode den Patienten die Hände aufgelegt. Den meisten Menschen unsichtbare Heilengel sind anwesend und behandeln den Ätherleib des Patienten mit farbigen Heilstrahlen. [...] Als Folge des heil gewordenen Ätherleibes gesundet früher oder später auch der physische Leib. [...] Beim Fernheilen nach der White-Eagle-Methode spielt die Vorstellungskraft eine ganz besondere Rolle. Der Leiter nennt die Heilfarben, und die Teilnehmer in der Gruppe haben die Aufgabe, sich das Gold, das Frühlingsgrün, das Blau, das Violett, das sprühende Silber, das Rosa, Orange und Weiß als leuchtende pulsierende Strahlung vorzustellen.»[3]

Zur White-Eagle-Lehre gehört auch, wie zu vielen modernen Okkultsystemen, der Glaube an Karma und Reinkarnation, «das Gesetz der wiederholten Gelegenheiten» (Dharma-Lehre) und das «Gesetz der ausgleichenden Gerechtigkeit» (Equilibrium). Der Mensch habe auch einen Ätherleib, einen Astralleib, einen Mentalkörper und den «himmlischen Leib». Vegetarismus und «positives Denken» sowie die Dualität Gottes («Vater-Mutter-Gott») gehören zu den Lehren.

Dem Menschen seien drei Arten von «Helfern» an die Seite gestellt: 1. die Karmischen (Angehörige), 2. geistige Führer (der Meister des Betreffenden), 3. Schutzengel (aus der «benachbarten Evolutionskette der Naturgeister und Devas»). Unheil und Krankheiten gelten als «karmisch bedingt».

Sogenannte Naturgeister bevölkern der White-Eagle-Lehre zufolge die Welt in erstaunlichem Maße: Zwerge/Wichtelmänner (Erdreich), Feen/Elfen (Wachstum), Nymphen/Nixen/Undinen (Wasser), Sylphen (Luft), Salamander (Feuer). Naturgeister und Devas sind

«Wesenheiten, die ganze Täler, Gärten, Berge, Seenlandschaften, Waldpartien, Hochmoore, wie auch ganze Pflanzengattungen betreuen». Aus ihnen entwickelt sich das Reich der Engel. Von diesen sind den White-Eagle-Gläubigen die Heilengel besonders wichtig.

Doch auch der deutsche Sprachraum wurde im Heilungsspiritismus recht fruchtbar. Eine der neuen Prophetinnen-Religionen mit erstaunlicher Ausbreitung vor allem im deutschsprachigen Bereich ist der sogenannte Orden *Fiat Lux*. Er sei hier als kurzes Beispiel angeführt, weil er einerseits die gleichen Strukturen wie das weitaus besser bekannte und verbreitetere *«Heimholungswerk»* alias *«Universelle Leben»* der ebenfalls selbsternannten Prophetin Gabriele Wittek (Würzburg) hat; andererseits ist er wie dieses aus der Zugehörigkeit der späteren (jeweils als «Prophetin» ausgegebenen) Mittelpunktfigur zum Spiritismus, in diesem Falle aus der *«Geistigen Loge Zürich»*, hervorgegangen.

Bei *Fiat Lux* handelt es sich um eine durch das Medium Erika Bertschinger-Warter gegründete Neuoffenbarungs-Sekte. Erika Bertschinger, die zuvor in den Umkreis der spiritistischen *Geistigen Loge Zürich* gehörte, begann Ende der siebziger Jahre, eigene «Offenbarungen» zu erhalten. Eine der im Handabzugsverfahren hergestellten Schriften trägt den Titel «Geistige Schau und Kundgabe von JESUS CHRISTUS empfangen durch die Tieftrance-Mittlerin Erika Bertschinger-Tellkamp anläßlich des 33. Gottesdienstes mit Abendmahl in Egg vom 17. Dezember 1977». Frau Bertschinger, die später unter dem «spirituellen Namen» *Uriella* wirkt, heiratet 1983 den katholischen Pfarrer Kurt Warter, der dann als *Uriello* mit ihr zusammen den *«Orden Fiat Lux»* aufbaute. Als er sechs Jahre später bei einem selbstverschuldeten Autounfall ums Leben kam, sah seine Frau schwarze Magie im Spiel. Ein Münchner Sektenpfarrer habe mittels seiner magischen Möglichkeiten das schlimme Ende des Expfarrers bewirkt.[4] Zuvor hatte der spiritistische Neuoffenbarungs-Zirkel unter dem Namen *«Lichtquell Bethanien»* gearbeitet. Inzwischen hat der Kreis Botschaften verbreitet, denen zufolge in einer endzeitlichen Katastrophe die Häuser des Ordens geschützt bleiben sollen – mit der Behauptung, «durch Christus» auch Kenntnis von jenseitigen Heilmitteln erhalten zu haben. Mit dem Vertrieb solcher Tinkturen und «Medikamente» betreibt die Gruppe unter ihren Anhängern ein lukratives Geschäft. Die Mittel sollen «gegen Spenden» abgegeben werden. In Österreich besteht ein Zweigverein, das *Seminarzentrum Fiat Lux* (Sittersdorf/Kärnten). Das nächste Kapitel wird auf «Uriellas» Wundermittel noch einmal zu sprechen kommen.

An dieser Stelle sei noch auf eine Erscheinung eingegangen, die ihren Ursprung in der japanischen Neureligiosität hat und die sich in Europa und den USA wie eine spirituelle Seuche verbreitet hat: die sogenannten *«Ki-Religionen»*. «Ki» ist das japanische Wort für die Lebenskraft, die im Indischen «Prana», bei Reichenbach «Od» usw. genannt wird. Bei den Ki-Religionen besteht nun der Glaube, daß man diese Kraft energetisch bündeln und dirigieren könne. Als Beispiel soll die *«Reiki»*-Bewegung genannt werden. Die lexikalischen Stichworte wären:

«Reiki» ist eine angeblich von einem gewissen Dr. Mikao Usui im 19. Jahrhundert entdeckte «Energieübertragungsmethode», die bereits «vor 2500 Jahren [...] in den Sanskrit-Sutras erwähnt» worden sei. Das Wort REIKI bedeutet «Universelle Lebenskraft» (gleichzusetzen mit «Prana, Odem, Licht usw.)». Die REIKI-Energie bewirke Selbstheilung und Heilung, «sie bringt physikalisches, emotionales und geistiges Wohlbefinden, reinigt sowohl von physischen als auch psychischen Giften, löst Blockaden und kräftigt den Körper». REIKI ist «unkonfessionell und steht nicht im Widerspruch zu religiösen und meditativen Praktiken oder Einweihungen, es bereichert sie jedoch und verstärkt die Universalität»[5]. REIKI könne nur durch einen REIKI-Meister weitergegeben werden.

Man glaubt, daß das «göttliche Licht» beziehungsweise die «Lebenskraft» von den Handflächen auf andere Personen und Gegenstände ausstrahlt und dadurch Heilwirkungen erzielen oder Reinigungen vollbringen kann.

Es gibt unterschiedliche Richtungen im REIKI, so die mit drei Graden arbeitende «REIKI-ALLIANCE» unter Phyllis Lei Furomoto und die mit sieben Graden arbeitende «American-International REIKI Association» unter Dr. Barbara Ray.

Über die REIKI-ALLIANCE weiß einer ihrer Vermarkter zu berichten, sie sei eine «Gemeinnützige Organisation von 40 REIKI-Meistern, die Phyllis Lei Furomoto als den gegenwärtigen in REIKI eingeweihten Großmeister anerkennt. In direkter spiritueller Linie nach Dr. Usui, Dr. Hayashi und Takata Sensei (die 40 Jahre lang REIKI-Großmeisterin war), wurde sie von Frau Takata, ihrer Großmutter, als ihre

Nachfolgerin ernannt und eingeweiht und mit der Autorität ausgestattet, REIKI-Meister einzuweihen.» Die Lehrer dieser Organisation arbeiten stilgerecht im japanischen Kimono.

REIKI-Gläubige wissen sich in schwierigen Lebenslagen «geschützter» als andere. So haben oberbayerische REIKIaner nach der Katastrophe von Tschernobyl demonstrativ mittels REIKI «gereinigten» frischen Salat verzehrt, wie eine Pressemitteilung der Münchner «Elterninitiative zur Hilfe gegen seelische Abhängigkeit und religiösen Extremismus e. V.» 1986 aufzeigte.

Eine der auffälligsten Erscheinungen der Welt der modernen Kunstreligionen, Heilslehren und Guru- und Prophetengemeinschaften ist ihr systemimmanenter Irrationalismus, der bis hin zur Groteske geistesgeschichtlich längst überwunden geglaubte Vorstellungen und Argumentationsketten tradiert. Agehananda Bharati, der aus Wien stammende Hindu-Mönch und hervorragende Religionswissenschaftler und -kritiker, deutete dieses Phänomen 1987 wie folgt:

«Die Sehnsucht nach privilegierter Information, das Verlangen sich innerhalb des Zauberkreises esoterischen Wissens zu befinden, hebt regelrecht Erfahrungen des gesunden Menschenverstandes auf, die die Behauptungen des jeweiligen esoterisch Wissenden widerlegen würden. Mundus vult decipi. Das muß der Grund für die Tatsache sein, daß esoterisch Bekehrte Scheuklappen tragen, die sie daran hindern, die tönernen Füße ihrer Gurus, ihrer Führer zu sehen. Doch es ist eine *Erklärung* für das Syndrom, das Nichtbekehrte immer wieder in Erstaunen setzt: wie nämlich völlig normale, vernünftige und oft auch erstaunlich intelligente Menschen beharren, das Echte wie auch das Betrügerische zu akzeptieren, ohne dabei imstande zu sein, zwischen beiden zu unterscheiden.»

Wir sind in der abendländischen Welt dabei, das Erbe der Aufklärung zu verspielen. Ständige Klagen über eine angeblich «verkopfte» Wissenschaft, Klagen selbst von Theologen über Gebote und Gesetze, die allenthalben zu beobachtende und bis in die Politik hineingreifende Verteufelung des Reglements zugunsten eines angeblich (nach welchen Regeln auch immer) selbstbestimmenden Menschen, sind de facto Grabengefechte eines Aufstandes vernunftfeindlicher Gemütseligkeit gegen den Geist. Sie sind Geschwister des in Diktaturen immer gern bemühten «gesunden Volksempfindens»; jener naiven und selbstgerechten Haltung des Menschen, die ihre eigene Gebrochenheit und Fehlsamkeit nicht zur Kenntnis nimmt und die sich von daher um so sicherer urteilsfähig dünkt. Dies, ohne sich der Mühe der Abwägung und des kritischen Beobachtens unterziehen zu müssen.

Der naive Schrei nach «aufbauender Kritik», seine kindliche Selbstbewußtheit sind letztlich Demonstrationen einer vor der «kalten und feindlichen» Realität kapitulierenden Uterus-Sehnsucht. Diese baut sich gerne und wegen der zunehmenden Breite vernunftfürchtender Gefühligkeit auch erfolgreich religiöse Mutterschoß-Systeme, die dem Partizipanten nicht die rauhe Wirklichkeit des Lebens, sondern eine Kunstform des Daseins, eingehüllt in Sonder-Verhaltensregelungen, ausgestattet mit «privilegierter Information», zumuten.

Diesen Trend finden wir auch in den großen Konfessionen, beispielsweise in den sogenannten «charismatischen» Gruppen und Bewegungen oder in den mit dem «Shepherding-(Hirten-)System» arbeitenden christlichen Sekten, bei denen jedes Mitglied einem sogenannten «Shepherd» (Hirten) zugeordnet ist, dessen Wort absolut zu befolgen ist. Der Verzicht auf Verantwortung jedoch wird als «Gnade» und als Lebenshilfe empfunden, und Kunstreligionen, sich als unfehlbar darstellende Heilssysteme und neue Propheten in einer von den Theologen noch der fünfziger Jahre als «nachreligiös» beschriebenen Zeit, haben mit ihrer absoluten «Vollmacht» erstaunliche Erfolge.

Mag eine totale Aufklärungsgläubigkeit ebenso ideologische, ja sektiererische Züge tragen und zur Beschreibung des Menschen wie des Lebens ungeeignet sein, die modernen Kunstreligionen, antirationalen Heilslehren und Propheten-Systeme sind sämtlich ungeeignet, dem Menschen bei der Bewältigung seiner Lebensprobleme zu helfen. Sie sind in allen Lebensbereichen und -lagen für den Menschen nachteilig beziehungsweise gefährlich.

6. Das Geschäft mit dem Jenseits

Überall, wo etwas Neues die Interessen der Menschen weckt, wird unweigerlich auch der Drang mobil, aus dem Neuen Bares zu machen, sich eine Scheibe vom öffentlichen Interesse in Form von Gewinn zu sichern. Das hat weder vor dem Spieltrieb noch vor Protestbewegungen wie etwa dem Punk, noch vor der dem Glauben der Menschen halt gemacht. Auch der 1848 aufgekommene «Kontakt mit der Jenseitswelt», der Spiritismus, sollte das nur zu bald dokumentieren. Wo man nicht einmal Rohstoffe braucht, um das Falsifikat zu erstellen, sind dem Erfinderdrang kaum Grenzen gesetzt.

Ob Schabernack, Selbsttäuschung oder Fehldeutung ganz natürlicher Phänomene am Anfang der Spiritismuswelle stehen, soll hier jetzt weiter nicht interessieren. Erstens haben die Menschen immer versucht, sich alles mit den ihnen jeweils zur Verfügung stehenden Mitteln zu erklären, und zweitens waren fürs Verstehen des Unbegreiflichen dem Menschen nicht selten absurde Erklärungen besser als gar keine. Drittens aber gab es auch immer wieder gewollte Fehldeutungen, die dem Zweck dienten, Vorteile zu erlangen.

Ziemlich früh traten im Spiritismus an Stelle eher «demokratischer Methoden», wie des Tischchenrückens und des sogenannten Gläselns (wobei man ein Glas durch aufgelegte Finger der jenseitslüsternen Tischrunde zwischen Buchstaben hin und her laufen läßt), bei denen alle Beteiligten mitmachen konnten, sogenannte «Medien», angebliche Mittler zwischen Diesseits und Jenseits. Und diese ließen sich in der Regel für ihre Dienste bezahlen. Solcherlei Serviceleistungen gingen gar so weit, daß Geister mit Hilfe eines «jenseitigen Stoffes» namens «Ektoplasma» «materialisiert» wurden. Bei bösen Zugriffen entpuppte dieser Stoff sich zumeist als ganz natürliches Gaze-Tuch. «Botschaften», die zwischen zwei verschlossenen Wachs- oder Schiefertafeln entstehen, gehören heute zum Repertoire jedes besseren Bühnenzauberers. Trug und Tricks ohne Ende begleiten den Weg des Jenseits im Diesseits.

Bald waren auch «hohe Geistwesen» an die Stelle der «normalen Verstorbenen» getreten. Regelrechte Kirchen wurden gegründet, wie die aus einem Kreis «Ernster Forscher von Diesseits nach Jenseits» hervorgegangene «Evangelisch-johannische Kirche» in Berlin. Kann man deren Gründer Weißenberg bewußten Betrug schwerlich unterstellen, so trifft diesen Vorwurf auf jeden Fall eine gewisse Helena Petrowna Blavatsky, die 1875 in New York einen «Miracle Club» mit dem Leitgeist «John King» gründete. Später benennt sich der Spiritisten-Verein um in «Theosophische Gesellschaft», in der es unter Frau Blavatskys kundiger Medienhand sogar üblich wird, daß hohe Jenseitswesen ihr in einen Schrank nachts handgeschriebene Briefe hinterlegen. Die Mitglieder spendeten ob der Ehre der «Mahatma-Briefe» eifrig, doch der Schwindel kam ans Licht und verursachte den gläubigen «Theosophen» eine ganze Menge schlechter Publicity und Ärger. Madame Blavatsky verließ beleidigt die Stätte ihrer indischen Wirksamkeiten.

Diese «Ihr-wart-der-hohen-Botschaften-noch-nicht-würdig»-Manier zeigt sich im Okkultismus bei betrügerischen Manipulationen normalerweise immer dann, wenn jemand dahinterkommt, was wirklich geschehen ist.

Nicht wenige der Jüngerinnen und Schüler der HPB, wie man die Russin nach ihren Namenslettern in der Theosophie oft bezeichnet, mochten dem Jenseitswunder lieber weiter glauben. Im Jenseits sei doch alles möglich, oder nicht?

Nach dem gleichen Prinzip verfuhr ein Jahrhundert später ein deutscher Professor. Inzwischen hatte sich sogar sogenanntes mediales Heilen, ja Operieren ausgebreitet. Besonders Brasilien und die Philippinen waren in dieser Hinsicht bahnbrechend. Als nun dem Wunderheiler Tony Agpaoa, der durch Geisterhilfe angeblich mit bloßen Händen und ohne jeden Schmerz der Beteiligten den Leib seiner Patienten öffnen und Geschwüre entfernen konnte, von Wissenschaftlern Tiergewebe- und Tierblutverwendung, also Betrug, nachgewiesen werden konnte, meinte der geistergläubige Bochumer Professor Stelter vor laufenden Kameras: «Da sehen Sie eben, daß die Jenseitigen sich verbergen und nicht in die Karten schauen lassen.» Man muß sich eben zu helfen wissen. Und wer kann schon ernsthaft anargumentieren gegen die dreiste Behauptung, «Gott», «die Geister» oder irgendeine andere nichtirdische Wesenheit wäre der Verursacher irgendeiner (aufgedeckten) Absurdität. (Mit dem gleichen Argument decken die Lügner ihre Machenschaften, die angeblich schreckliche satanistische oder sonstige Weltverschwörungen entdeckt haben und nun munter gegen gutes Bargeld dagegen Bücher schreiben und in der Öffentlichkeit auftreten. Da ist es dann der «jenseitige Schutz», der den edlen Ritter befähigt, ungestört seine Horrormärchen über «tödlich gefährliche Okkultbanden» zu verbreiten.)

Agpaoa und seine Geistheilgenossen verdienten das Tausendfache von dem, was ihre Landsleute durch harte Arbeit erschuften mußten. «Die müssen ja auch von was leben», erklärt eine deutsche Heilpraktikerin und Zutreiberin der Gesundheitshasardeure die stolzen Preise der «Behandlungen».

Moderne Zeiten haben auch den Spiritismus modernisiert. Jenseitssport unseres Jahrzehnts ist das sogenannte «Channeling» geworden. Jeder könne sich zum Kanal (channel) für Geistwesenheiten entwickeln. Auf Kursen und auch durch Anleitungen in Büchern. Berühmte Channeling-Medien haben ihre «Geister» sogar als eingetragenes Warenzeichen schützen lassen. So die «Ramtha»-Channelings der US-Amerikanerin J. Z. Knight und die «Seth-Offenbarungen» der Jane Roberts. Um beide haben sich inzwischen richtige Sekten gebildet. Beratungen durch die copyright-geschützten Medien kosten oft mehrere hundert Dollar oder Mark. $ 400 beträgt allein der Eintritt zu manchen Ramtha-Massenveranstaltungen. Nach «Ramtha» soll der US-Westküsten-Ort Yelm vor kommenden Katastrophen verschont bleiben. J. Z. Knights Mann hatte als Grundstücksmakler vorgesorgt. Einige Millionen Dollar hat er daran schon verdient. Das Jenseits lohnt sich, wie man sieht.

Einen besonderen Markt haben sich Offenbarungen von UFOs (Unbekannten Fliegenden Objekten) erworben.

«Ca. 17 Millionen Raumschiffe [...] inspirieren die Erdenmenschen in Richtung auf richtiges Denken und Leben. Sie geben ihre spirituellen Lehren durch telepathische Menschen durch, die Channels (Kanäle, Medien) genannt werden, die meist nicht in Trance gehen müssen, sondern direkt empfangen.»

So heißt es in einer Botschaft des UFO-Channeling. Darunter sind jene Kreise und Zirkel zu verstehen, die als angebliche irdische Kontaktstationen kosmisch-jenseitiger Retterwesenheiten fungieren und die Anhänger für diese Rettung vorbereiten und schulen wollen.

Die «Whitelights», von denen das Zitat stammt, werden geleitet von den sich als Raumschiffswesen «Ashtar» und «Athena» ausgebenden US-Sektengründern Steven und April White, die von sich nicht gerade gering denken.

«Wir sind zu dieser höchst wichtigen Zeit hier auf der Erde, um die ‹Adler› zu versammeln, oder jene, die mit dem Ashtar-Kommando verbunden sind. Wir haben diesen Auftrag (Mission) aufgrund unserer großen Liebe für diesen Planeten angenommen [...]. Unsere Aufgabe ist es, in den nächsten paar Jahren so viele wie möglich zu erreichen, um sie mit den dekodierten Frequenzen zu versehen, die für ihre fortlaufende Arbeit auf diesem Planeten notwendig sind. Es wurde vor dieser Inkarnation vereinbart, daß ein ‹Weckruf› gegeben würde, sobald wir in unserem Bewußtsein fest verankert sind; ein Signal, das an all jene gesendet werden würde, die auf seine Bedeutung warten.»

Es ist offensichtlich, daß die Betreiber hier einen großangelegten Schwindel ablaufen lassen. Das bedeutet jedoch nicht, daß derartige Behauptungen nicht auch bei einer Reihe von oft nicht einmal ungebildeten Personen auf Glauben stoßen würden. Man vertreibt sogar «authentische Bilder» von angeblichen jenseitigen Wesenheiten. Zum Beispiel:

«*Ashtar: Sektor-Kommandant des Ashtar-Kommandos, Sohn von Maria – Jesus-Sananda und Erzengel Michael; Korton: Kommandant der Adler-Flotte des Ashtar-Kommandos, Kommandant des Raumschiffes* ‹Regenbogen›, Beschleuniger der Telepathie; Jesus und St. Germain: Jesus-Sananda übergibt St. Germain das Wassermannzeitalter; Hatonn: Hüter der Archive der Galaxis und des Planeten Hatonn; Hilarion: Meister des grünen Strahls der Heilung, verkörpert als Hl. Paulus; Helios: Gott der Zentralsonne; Ballerian: Erfinder der Raumschiffe, Ingenieur und Pilot.»

Die spiritistische Fabulierlust wird hier als Realbeschreibung beziehungsweise -bebilderung vermarktet. Auf der anderen Seite droht man mit einer Art Dämonen-Geistern.

«Einige sogenannte negative Außerirdische, [...] versuchen die Menschen in negative Richtungen zu beeinflussen, zum Beispiel durch psychotronische Waffen, die die Schwingungsfrequenzen vertiefen, also verringern, oder durch unterbewußte Suggestionen, die beispielsweise Musik unterlegt werden können.»

Die «Adler», das sind jene im Verborgenen blühenden Superwesen, die auf dieser bösen Erde als ganz gewöhnlicher Handlungsreisender oder als Boutiquen-Lieschen schon immer wußten, daß sie «eigentlich» etwas Besseres und zu Höherem geboren sind. Nur hat's leider noch niemand gemerkt.

Die auf Erden angeblich inkarnierten Planetarier werden auch als «Starpeople» oder «Walk-In's» bezeichnet. Sie können sich selbst, so wird in einschlägigen Kreisen behauptet, angeblich an folgenden «variablen Merkmalen» erkennen:

«Sie fühlen sich hier nicht zu Hause, fühlen sich fremd und leiden unter Fernweh; sie haben das Gefühl, ihre Eltern seien nicht ihre wirklichen Eltern; sie hatten ca. im Alter von 5 Jahren ein ungewöhnliches Erlebnis; ihre Augen haben eine besondere Ausstrahlung, und Tiere und Kinder fühlen sich zu ihnen hingezogen; sie sind psychisch und physisch sensibel und empfindlich; sie fühlen sich den Außerirdischen und ihren Botschaften sehr verbunden; sie träumen oft von Raumschiffen und Außerirdischen, obwohl sie keinen Anlaß dazu hatten; sie haben das Gefühl, eine Aufgabe zu haben, oder warten auf eine bestimmte Zeit.»

Da fühlt sich mancher gut beschrieben, der sich dann in der «Uranus-Schule für transpersonale Psychologie, Bewußtseins- und Kommunikationsforschung» im Westerwald gegen saftige Gebühren per Kurs und Training in seine neue Rolle als «Adler» oder «Sternenmensch» einüben konnte. Die Schule scheint derzeit außer Betrieb. Innerhalb der Whitelight-Szene gab es in den Jahren 1989/90 recht dunkle Geschehnisse, darunter wohl einige finanzieller Art.

Wer das gesamte Channeling-Angebot auf einen Blick konsumieren möchte, kann seine Pfadfinder-Tätigkeit bei einer der «Internationalen Channeling-Konferenzen» im bayerischen Murnau, München oder am Frankfurter Flughafen beginnen. Konferenzgebühr: ca. DM 350,– / $ 280, Hotel extra.

Als «Jenseitszentrale» für UFO-Freunde kann man ohne weiteres die Zeitschrift «Magazin 2000» des UFO-Freaks Hesemann in München ausmachen. Er richtet die Konferenzen aus, bringt in seinem Magazin und seinen Publikationen[1] die für den UFO-Gläubigen lebensnotwendigen Nachrichten und koordiniert die Bemühungen der Planetarier-Freunde, soweit überhaupt möglich. Da ist mancher, der seine Gesundheitskekse nach Rezepten von der Venus bäckt und sein

Zipperlein mittels kosmischer Heilstrahlung vom Mars oder vom Planeten GRX 218 zu heilen versucht.

Nur einmal hatte Hesemann Pech, als er dem «Kontaktler»[2] Andreas Sch. Vertrauen schenkte. Der behauptete, AIDS-infiziert zu sein und brannte im Herbst 1989 mit der Kongreßkasse durch. Da Streß für ihn «tödlich» sein könnte, beauftragte er seinen Auftraggeber, «die Konferenz für mich und an meiner Stelle weiterzuführen». Hesemann beklagte nicht nur die ihm zufallende Arbeit, sondern auch den Verlust von Zigtausenden. Andreas Sch. tauchte später in der Presse als Adlatus eines gewissen Erich von Däniken auf. Däniken hatte mit seiner «Die-Götter-kamen-von-den-Sternen»-Botschaft schon einige Bestseller abgelassen und schließlich sich selbst zum (nicht mehr ganz so gut verkauften) Buchthema gemacht. Doch schuldet die Planetarier-Szene dem Altmeister Däniken erheblichen Dank. Er hatte mit seinen Skripturen die Hirne aufgeweicht für die späteren Künder jenseitiger Diesseitspräsenz.

Daß selbst die Geister manchmal spekulieren oder bei zweifelhaften Transaktionen helfen, dafür bietet die «Geistige Loge Zürich» ein anschauliches Beispiel. Dort hatte sich um das Medium Beatrice im Lauf der Jahrzehnte eine richtige Religionsgemeinschaft mit sozialem Engagement, Gottesdiensten und einer Art Abendmahl zusammengefunden. Die Zahl der Brüder und Schwestern mehrte sich beachtlich. Man hörte samstags Geistlehrer Josef oder Engelsschwester Lene per Medium und sparte fleißig auf ein eigenes Heim mit großem Versammlungsraum. Etwa sieben Millionen Schweizer Franken hatten sich auf dem Konto versammelt. Monat für Monat mehrte sich das Sümmchen um runde sFr. 250 000.

Da traf es sich gut, daß des Mediums Sohn aus erster Ehe als Tiefbauzeichner gleich ein paar Zeichnungen aus der Tasche ziehen konnte. Geistlehrer Josef sagte aus dem Jenseits «Ja!» Der Schwiegersohn, sonst nicht allzu jenseitsinteressiert, gründete zusammen mit einem anderen Geistbruder und Anlagenberater eine gemeinnützige GmbH «Meeting Center Zürich AG» (MCZ). Geistlehrer Josef sagte aus dem Jenseits wieder «Ja!»

Einige Geschwister sagten «Nein!» und fanden heraus, daß des Mediums lieber Sohn schon eine Million Schweizer Franken «für zwei unrealisierte Bauprojekte» kassiert hatte (Der Spiegel, 50/84). Als das Medium krank wurde, nahm sie der liebe Sohn zu sich. Der Ehemann erfuhr erst nach ihrem Tode, wo seine Frau verblieben und was mit ihr geschehen war. An einer Versammlungsteilnahme hinderte man ihn «mit Gewalt und Schlägen» wie der Tages-Anzeiger (Zürich) berichtete. Ergebnis: Der Verein spaltete sich. Auf Geistlehrer Josef beriefen sich die einen. Der Ja-Sager-Geist Josef war ein «falscher Josef» gewesen, sagten die anderen. Unklar ist derzeit die Zukunft von Vereinen und Millionen. Zur Klarheit können die Geistoffenbarungen offensichtlich nicht beitragen, oder: Wo Geld ist, menscheln auch die Geister bald.

Bei der Geistigen Loge sind viele Menschen zum erstenmal mit ihrem späteren Handwerk in Berührung gekommen.

So auch Erika B., die im Laufe der Jahre ihre eigene Sekte namens «Orden Fiat Lux» zusammenoffenbarte und die ihrer Anhängerschar gar als Christus-Medium «Uriella» jenseitige Ratschläge zukommen läßt. Das gläubige Volk lohnt es ihr reichlich, sind doch Rettung vor drohender Gefahr und alleingesundmachende Rezepturen ihre Hauptkassenschlager. «Uriella schläft nicht», ihre Ruhezeit braucht sie, um Ampullen mit 0,9%iger Kochsalzlösung «zu bestrahlen». Dadurch werden aus dem Salzwasser «hochwertige Heilmittel». Diese werden dann gegen reichliche Spenden an die «Lichtträger» abgegeben, wie sie ihre Anhänger und Ordensmitglieder nennt. Auch ein Mittel gegen AIDS namens «Tartarus» hat «der liebe Heiland» über Erika Bertschinger offenbart. Und mehr noch: Selbst die kleine Stubenfliege, das liebe Kätzchen und der Wellensittich können AIDS übertragen. Etwa DM/sFr. 60.– spendete Hanna G. (Name geändert) für das 30-ml-Fläschchen. Und der Verbrauch war enorm. Sollte man doch auch Gästen und ungläubigen Angehörigen ein paar Tropfen «Tartarus» in den Tee träufeln. Man müsse sichergehen in diesen bösen Zeiten. «Vor ihr sind 1000 Franken wie ein Klacks», sagte Hanna später. Als Uriella sich ein «Lichtzentrum» in Österreich angliedern will, gibt sie einer Anhängerin einfach einen Karton voll Bares mit auf den Weg. Daß «der liebe Heiland» auch Gesetzesübertretungen will, denn derlei Geldeinfuhr ist in Österreich nicht Sitte und Brauch, läßt diese aufhorchen. DM 470 000 zählte ihr die Bank die Franken-, Mark- und Schilling-Tausender vor, als sie Uriella diesen Raub zurücküberwies.

Noch einen Schritt weiter hat es die Kontoristin Gabriele Wittek gebracht. In den siebziger Jahren war sie noch eines unter mehreren, bald jedoch das Starmedium einer kleinen fränkischen Spiritistensekte. Dann avancierte sie zur Prophetin, schließlich zu «Gottes Lehrprophetin», und zuletzt firmierte sie als «Gabriele von Würzburg, Gottes Botschafterin».

Ihre Anhänger haben Würzburg und Umgebung wie ein Spinnennetz durchzogen. Geschäfte, Heime, Kliniken, Bio-Bauernhöfe usw. bilden «das Tausendjährige Reich», «das neue Jerusalem». Mit eigener Betriebsordnung und eigenem Baustil, eigenem Dekor und vor allem eigenen Lehren und einer unschlagbar arroganten Haltung gegen Außenstehende. Aus der herablassenden Liebe wird leicht bitterböse Aggression, wenn man sie «wie die Juden im Dritten Reich verfolgt». Solcherlei angemaßtes Leid hat viele Gesichter: schon die gemeindliche Weigerung, Grundstücke zu verkaufen und Bauvorhaben zu genehmigen, wird als «Judenhatz und Religionsverfolgung» gebrandmarkt. Und als die erwünschte Übernahme eines Orts durch Massenbebauung scheitert, wird gar die Weigerung der Gemeinde, die nun unnützen Grundstücke zum (wohl stark überhöht gezahlten) Einkaufspreis zu übernehmen, zur Verfolgung. Schließlich vergeht man sich damit gegen das «Universelle Leben» und somit – nach dem Glauben der Wittekisten – gegen Gott selbst, wenn man den «Offenbarungen» des Mediums Gabriele Wittek nicht folgt.

Eins muß man der prophetisierenden Kleinbürgerin neidlos zugestehen. Sie, die Kontoristin Gabriele Wittek, hat das Optimale erreicht: einen eigenen Staat und mehr Macht über dessen Seelen, als sie je ein Diktator besitzen kann. Geld ist immer nur ein Wechselwort für Macht. Sie hat sogar, was man mit Geld nicht kaufen kann – die Seelen ihrer nach Zigtausenden zählenden Jüngerschar, die ihre Wünsche im Handumdrehen erfüllen. Welcher Luxus könnte größer sein auf Erden? Nur ihre eigene Vorstellungskraft ist die Grenze ihrer Möglichkeiten. Gott hat dafür gesorgt, daß die Bäume nicht in den Himmel wachsen. Und schon gar nicht ins Jenseits.

Frau Gabriele Wittek, die gegen Ärzte wettert, die ihrem Prophetenanspruch keinen Glauben schenken und der «seelenlosen Apparate-Medizin» huldigen, verstreut Heilungsratschläge absurdester Art. Einer ihrer Anhänger, ein Arzt, ließ anläßlich des Desasters von Tschernobyl allen Ernstes verlauten, wer die Meditationen der Wittek-Sekte absolvierte, werde so «feinstofflich», daß ihm die «grobstofflichen» Strahlungen der radioaktiven Stoffe nichts anhaben könnten. Doch auch die Selbst-Prophetin und ihre Mitgewerbetreibenden werden dem eigenen Leben keine Spanne zusetzen können. Alles hat seine Grenzen, auch religiöses Kleinbürgertum mit Weltverbesserungsanspruch.

7. Kunstreligionen, Heilslehren und Propheten

In der zweiten Hälfte des 20. Jahrhunderts hat sich eine kaum mehr übersehbare Anzahl neuer religiöser und parareligiöser Gruppen, Orden, Bewegungen und Aktionen in der einstmals christlich-abendländischen Welt gezeigt und teilweise etabliert. Nachdem insbesondere in der protestantischen Theologie der Begriff eines «nachreligiösen Zeitalters» zur Beschreibung der Zeit um die Jahrhundertmitte verwendet worden war, haben zuerst die sogenannten Jugendreligionen oder Jugendsekten und Gurubewegungen[1], neugermanische und deutsch-völkisch-religiöse Bünde und Orden[2], sogenannte Psychokulte[3] und neuerdings Prophetinnen-Sekten[4] sowie jugendspiritistische und -satanistische Aktivitäten[5] den Markt der Religionen und Weltanschauungsangebote regelrecht überflutet.

Dazu kommt das Gerede über ein Phänomen, das sich ebenso breit macht wie unter der Hand verflüchtiger «New Age»[6].

Der erste wirkliche Einbruch «neuer Religiosität», so die euphemistische Selbstdarstellung der Gruppen, waren die sogenannten Jugendreligionen.

Jugendreligionen – ein um sich greifendes Phänomen

Der Begriff «Jugendreligionen» wurde im Jahre 1974 zum erstenmal geprägt und verwendet.[7] Damals wurde mit diesem Begriff ein Phänomen beschrieben, das später unter Begriffen wie «Jugend-Sekten»[8] oder «destructive cults»[9] (zerstörerische Kulte) bekannt wurde.

Über den Begriff «Jugendreligionen» informiert eine 1985 von der Münchner «Elterninitiative zur Hilfe gegen seelische Abhängigkeit und religiösen Extremismus e. V.»[10] herausgegebene Broschüre.[11] Dort heißt es unter dem Stichwort «Jugendreligionen»:

«Der Begriff Jugendreligionen beschreibt religiöse und parareligiöse Bewegungen, die nach einem ganz bestimmten Muster konstruiert sind. Die wirklichen Ziele einer als Jugendreligion zu klassifizierenden Bewegung oder Organisation sind in der Regel anderer Art, als die in der Öffentlichkeit propagierten. Allen Jugendreligionen ist gemeinsam, daß sie mit dem Anspruch auftreten, ein ‹Rettendes Rezept› zu besitzen, das sowohl die Probleme des einzelnen, als die der gesamten menschlichen Gemeinschaft zu lösen vermöge. Wenn dieses ‹Rettende Rezept› nicht zum Siege käme, gäbe es für den einzelnen und die Gesamtheit keine Chance. Dann wäre der Untergang in allerkürzester Zukunft zu erwarten. Der Sieg des ‹Rettenden Rezepts› wird den Anhängern jeweils als ganz nahe bevorstehend verkündet.

Das zweite Kennzeichen einer Jugendreligion ist die ‹Gerettete Familie›. Darunter ist der Kreis der Anhänger zu verstehen, die ganzzeitlich und vollinhaltlich ihr Leben der Verbreitung des jeweiligen ‹Rettenden Rezepts› gewidmet haben. Innerhalb der ‹Geretteten Familie› wird ‹volle Übereinstimmung› mit den Zielen des Führers und der Gruppe unter allen Umständen hergestellt und erhalten. Wirkliche Kritik ist nicht möglich.

Das dritte Kennzeichen ist die Person des ‹Heiligen Meisters›, des mit absoluter Autorität herrschenden Führers, der im Normalfall auch der Bringer, Erfinder und erste Verkünder des ‹Rettenden Rezepts› ist. Er tritt für die Anhänger an die Stelle Gottes. In nicht wenigen Fällen wird er als Inkarnation Gottes oder einfach selbst als Gott verehrt [...].

Zu den Folgen der Zugehörigkeit zu einer Jugendreligion gehört die Unterstellung der wesentlichen Lebensentscheidungen unter die Anordnung der Führung der betreffenden Gruppe sowie in vielen Fällen die Übereignung von Besitz (bis hin zur völligen Eigentumsaufgabe).

Eine weitere Folge ist die Anerkennung eines auf die Gruppe, ihre Ziele und ihren Führer bezogenen Gut-und-Böse-Rasters. Was der Gruppe (bzw. dem Führer) nützt, ist ‹gut› bzw. ‹positiv›, was ihr schadet gilt als ‹böse› oder ‹negativ›. Aus dieser ethischen Neuorientierung erklären sich auch Handlungen von Anhängern solcher Jugendreligionen, die diese in Konflikt mit dem Gesetz geführt haben.

Der Begriff Jugendreligionen ist also nicht abhängig von der Altersstufe der Mitglieder der betreffenden Gruppe. Es ist jedoch in kritischen Untersuchungen auch immer wieder festgestellt worden, daß Konzepte und Verhaltensmuster von Jugendreligionen eher pubertären Konzepten ähneln. Dies wird auch dadurch unterstrichen, daß in Fallgeschichten aus dem Bereich der Jugendreligionen immer wieder auch darauf verwiesen wurde, daß bei der betreffenden Person eine Rückentwicklung stattgefunden habe».[12]

Waren anfangs fünf Gruppen bekannt, die unter diesem Stichwort beschrieben wurden,[13] so ändern sich vermutlich wegen der bald aufkommenden und schnell stärker werdenden öffentlichen Kritik bald die Namen der Gruppen.[14]

Neue Gruppen werden aufgrund ihrer Strukturen hinzugerechnet, so daß die 1979 erschienene Arbeit «Jugendreligionen – Ursachen, Trends, Reaktionen»[15] schließlich folgende Organisationen als «Jugendreligionen» klassifiziert und auflistet:

- die Internationale Gesellschaft für Krishna-Bewußtsein (ISKCON);
- die Vereinigungskirche (anfangs: Gesellschaft zur Vereinigung des Weltchristentums) des San Myung Mun;
- die Neo-Sannyas-Bewegung des «Bhagwan» (später: «Osho») Rajneesh Chandra Mohan;
- Lafayette Ronald Hubbards Scientology, Sea-Org & Guardian, oft als «Institut für angewandte Philosophie» u. a. m. firmierend;
- die Transzendentale Meditation (alias: «Wissenschaft der Kreativen Intelligenz – WKI») des Mahesh Prasad Warma (Maharishi Mahesh Yogi);
- «Ananda Marga» und «PROUT» des P. R. Sarkar;
- die Divine Light Mission (DLM) (später: Divine United Organizations, später: Elan Vital) des Prem Pal Singh Rabat;
- die Kinder Gottes (später: Familie der Liebe, später: Missionare für die Welt u. a.) des David Berg.

Durchaus verständlich, wenn ein mit diesen Gruppen sympathisierender Alternativ-Literat sich in der okkultistisch-esoterischen Zeitschrift «esotera – Die Wunderwelt an den Grenzen unseres Wissens» kritisch und aggressiv äußert:

«Getauft hat sie ein lutherischer Pfarrer, getauft auf den Namen ‹Jugendreligionen›: sechs zweifelhafte Vereinigungen, die kaum etwas gemeinsam haben außer diesem Sammelnamen, der sie in einheitlichen Geruch bringt und bringen soll. Nun, die Namensgebung entsprang nicht sauberer definitorischer Absicht, sondern das Taufwasser war parfümiert. ‹Jugendreligionen›, das ist zu einem Begriff mit Beigeschmack geworden; da liegt der Gedanke an Jugendverführung in der Luft.»[16]

Der Schwerpunkt der Kritik liegt bei Lenz nur vordergründig auf der Begrifflichkeit. Ihm geht es aber letztlich um etwas anderes, um die «religiöse Subkultur».

«Der Begriff ‹Jugendreligionen› faßt nicht, was er packen möchte. Er meint jugendgefährdende, jugendverführende, jugendverderbende Organisationen, aber er sagt es nicht, sondern hält sich an das Merkmal der Religiosität und gefährdet darum die religiöse Subkultur, auch dort, wo sie aufbauend ist.»[17]

Dieser «gefüllten Zielsetzung», das heißt der Tatsache, daß es dem Autor um etwas ganz anderes als den zum Anlaß seiner Kritik genommenen Begriff geht, begegnet man im Zusammenhang mit den Jugendreligionen immer wieder. Reimar Lenz, der hier zitierte und inzwischen schon fast vergessene Kritiker, sei an dieser Stelle bloß als Beispiel aufgeführt.

Der Vorwurf, die als Jugendreligionen klassifizierten Gruppen hätten nichts miteinander gemeinsam, trifft jedoch nicht. Die Beschreibung war stichhaltig, und es gab schon bald parlamentarische und regierungsamtliche Untersuchungsberichte zum Thema «Jugendreligionen».

Als erstes Bundesland beschäftigte sich Rheinland-Pfalz mit der Thematik.[18] Im Titel des Berichtes wird neben dem Begriff der Jugendreligionen auch der der «destruktiven religiösen Gruppen» verwendet:

«Jugendliche in destruktiven religiösen Gruppen – Bericht der Landesregierung Rheinland-Pfalz über die sogenannten neuen Jugendreligionen.» Verhandelt wird über die folgenden Gruppierungen: Vereinigungskirche, Kinder Gottes, Transzendentale Meditation, Scientology-Kirche, Internationale Gesellschaft für Krishna-Bewußtsein «und andere indische Gemeinschaften», die jedoch nicht näher qualifiziert werden.

Die Bundesregierung legte 1980 einen «Bericht der Bundesregierung an den Petitionsausschuß des Deutschen Bundestages» vor,[19] in dem genannt werden: die Vereinigungskirche, die Kinder Gottes, die

Internationale Gesellschaft für Krishna-Bewußtsein, die Divine Light Mission, die Scientology-Kirche, die Transzendentale Meditation, die «Bhagwan»-Bewegung und Ananda Marga.[20] Seitens der Transzendentalen Meditation gab es eine Klage, bei der im Dezember 1985 vor dem OVG Münster entschieden wurde. Über diesen Prozeß wird noch zu reden sein.

In Nordrhein-Westfalen gab es, vorgelegt vom Ministerium für Arbeit, Gesundheit und Soziales, schon 1979 einen «Sachstandsbericht», dem 1983 ein «2. Sachstandsbericht der Landesregierung Nordrhein-Westfalen» folgte.[21] In diesem Bericht werden genannt:

- Ananda Marga Pracaraka Samgha;
- Neo-Sannyas-Bewegung (Bhagwan)
- Divine Light Mission;
- Familie der Liebe;
- International Society for Krsna Consciousness;
- Scientology Kirche Deutschland – Hubbard Scientology Organisation München e. V.;
- Internationale Meditationsgesellschaft – Deutscher Verband e. V. – Transzenden
- Vereinigungskirche e. V.
- Andere Gruppierungen (Backofen e. V. – AAO, Europäische Arbeiterpartei, Eckankar, Mahikari, Sri Chinmoy und The Way International).

Damit hatte der NRW-Report auch einige der sogenannten «Gurubewegungen» aufgelistet (Sri Chinmoy & Eckankar) sowie eine der politreligiösen Jugendbewegungen (Europäische Arbeiterpartei, später: Patrioten für Deutschland) und eine der als «Psychokult» klassifizierten Organisationen (AAO), lediglich die japanische Neureligion Mahikari fällt aus dem Rahmen und soll deswegen an dieser Stelle auch nicht weiter berücksichtigt werden.

Im Jahr zuvor hatte auch das österreichische «Bundesministerium für Unterricht und Kunst», Wien, eine Information über «Die pseudoreligiösen Aussteiger – ‹Jugendreligionen› in Österreich» vorgelegt, in der genannt wurden: die Vereinigungskirche, Scientology/Dianetics, Transzendentale Meditation, Children of God/Family of Love, Neo-Sannyas-Bewegung, Divine Light Mission und die Internationale Gesellschaft für Krishna-Bewußtsein.

1983 erscheint auch in Berlin ein offizieller Bericht des Senators für Schulwesen, Jugend und Sport: «‹Jugendsekten› und Psychokulte».[22]

Berichte aus Bayern gab es zweimal. Sie fanden jedoch mehr Kritik als Zustimmung und waren auch hinsichtlich ihres Sachgehaltes nicht überragend. Bei diesen bayerischen Reports zeigte sich deutlich das ministerielle Bemühen, das Problem zu minimieren und auf diese Weise jeden Handlungsbedarf zu verneinen. Eine Technik, die die gleiche Behörde später auch beim Problem des Jugendokkultismus anwandte.

Tarngruppen, Firmen und Aktionen

Mit Mitteln der Stiftung Deutsche Jugendmarke wurde in den Jahren 1984–1986 ein Projekt gefördert, mit dessen Hilfe unter anderem einmal ein Überblick über die wichtigsten «Jugendreligiösen Institutionen und deren Co-Organisationen, Guruistischen Bewegungen und Psychokulte» erstellt werden konnte. Die Projektmaterialien umfassen neben einer Findungshilfe[23] ein Hinweisheft[24], die in einer zweiten Auflage zusammengefügt werden konnten.[25] Außerdem wurde auf der Basis von Transparentfolien für Tageslichtprojektionen zum Thema «die neuen jugendreligionen» und «Psychomutation» ein Heft sogenannter «Lichtbild-Informationen» erstellt, die zur Selbstinformation und zu Besprechung in einer Jugendgruppe erhebliche Hilfen leisten.[26]

Sieht man sich diese «Findungshilfe» einmal an, so wird man leicht bestätigt finden, daß ein nahezu unübersehbares Angebot an Aktionen, Tarn- und Front- und Unterorganisationen den Markt dieses Genres religiöser oder pseudoreligiöser Organisationen bestimmt. Darunter eine erhebliche Zahl im außereuropäischen Ausland.[27]

«Dem Benutzer wird auffallen, daß die Arbeit auch eine größere Zahl von Stichworten enthält, die zuerst einmal wenig mit dem deutschsprachigen Bereich zu tun zu haben scheinen. Darunter werden auch den Gruppen gehörende Firmen genannt. Bei der heutigen Mobilität von Jugendlichen ist vielleicht für den letztgenannten Fall am ehesten einsichtig, daß ihre Nennung in einer für den deutschsprachigen Bereich erstellten Liste sinnvoll ist. Es hat sich jedoch auch gezeigt, daß Jugendliche, die beispielsweise in die Mun-Bewegung geraten waren, sich unter Benutzung einer neuen ‹Arbeitgeberanschrift› zu Hause gemeldet haben. Die Angehörigen blieben arglos, ja waren über die Tatsache der ‹Arbeitsstelle in Amerika› sogar erfreut.»[28]

In einigen Fällen haben die Gruppen ihre Übersee-Organisationen, -Firmen oder -Aktivitäten später auch im deutschsprachigen Bereich eingesetzt, so daß es sinnvoll war, ihre Namen schon zuvor vermerkt zu haben.

Inzwischen wurde diese Findungshilfe erheblich erweitert und unter dem Titel «Findungshilfe Religion 2000 – Apologetisches Lexikon»[29] herausgebracht.

«Für den europäischen Bereich dienen die Querverweise auch dem Sinne der Entschließung des Europäischen Parlaments, das 1984 den Regierungen der Mitgliedstaaten die Beobachtung dieses Problembereiches nahegelegt hatte.»[30]

Diese Entschließung des Europäischen Parlaments vom 22. Mai 1984, die auf den Bemühungen des englischen konservativen Abgeordneten Richard Cotrell und des CSU-Abgeordneten Reinhold Bocklet aufbaut, besagt:

«Das Europäische Parlament [...]

A. in Anbetracht der Sorge von Bürgern und Familien in der Gemeinschaft über Aktivitäten gewisser neuer religiöser Organisationen, soweit deren Praktiken die Menschen- und Bürgerrechte verletzen und die soziale Lage der Betroffenen beeinträchtigen.

B. unter Bekräftigung des Grundsatzes, daß in den Mitgliedstaaten der EG volle Religions- und Meinungsfreiheit besteht und deshalb die Organe der Gemeinschaft kein Recht besitzen, den Wert religiöser Bekenntnisse im allgemeinen und die religiöse Betätigung im Einzelfall zu beurteilen.

C. in der Überzeugung, daß in diesem Zusammenhang nicht die Gültigkeit religiöser Überzeugungen, sondern die Zulässigkeit bzw. Nichtzulässigkeit von Praktiken im Zusammenhang mit Aufnahme von neuen Mitgliedern und ihrer Behandlung in Frage steht.

D. in Kenntnis der Tatsache, daß die durch das Auftreten der oben bezeichneten Organisationen sich ergebenden Probleme ein weltweites Phänomen sind, das sich in allen Mitgliedstaaten, wenn auch mit unterschiedlicher Intensität, manifestiert und bereits in einer Reihe von Mitgliedstaaten zu Untersuchungen, Maßnahmen der Regierung und Gerichtsurteilen geführt hat.

E. unter Hinweis darauf, daß bei den Mitgliedern dieser Organisationen durch die Herauslösung aus ihrem bisherigen Leben soziale und arbeitsrechtliche Fragen auftreten, die sowohl für diese Personen wie auch für die Gesellschaft und das soziale System negative Folgen haben können.

F. in der Erkenntnis, daß es wegen der unterschiedlichen Bezeichnungen dieser Organisationen in den Mitgliedstaaten sehr schwierig ist, einen neutralen Begriff zu finden, der von allen in gleicher Weise verstanden wird.

1. hält es für notwendig, daß die zuständigen Ministerräte, d. h. die im Rahmen der europäischen politischen Zusammenarbeit zusammentretenden Innen- und Justizminister sowie der Rat der Sozialminister, baldmöglichst einen Informationsaustausch führen über die durch die Tätigkeit der oben bezeichneten Organisationen aufgeworfenen Probleme, und dabei insbesondere folgende Problembereiche behandelt werden:

a) Handhabung der Verleihung der Gemeinnützigkeit und Steuerfreiheit für diese Bewegungen.

b) Einhaltung der in den jeweiligen Mitgliedstaaten geltenden Gesetze z. B. des Arbeitsrechts und der sozialen Sicherung.

c) Folgen der Nichteinhaltung dieser Gesetze für das Sozialsystem.

d) Suche nach vermißten Personen und in diesem Zusammenhang Möglichkeiten der Zusammenarbeit mit Drittländern.

e) Art und Weise etwaiger Verletzungen der persönlichen Freiheitsrechte der Mitglieder.

f) Errichtung von Hilfsstellen, die den Mitgliedern beim Austritt aus den betreffenden Organisationen rechtlichen Beistand und Hilfe bei der Wiedereingliederung in die Gesellschaft und in die Arbeitswelt leisten.

g) Vorhandensein von Gesetzeslücken durch unterschiedliche Gesetzgebungen in den einzelnen Ländern, von denen aus in anderen Ländern möglicherweise verbotene Aktivitäten betrieben werden können; fordert die Mitgliedstaaten auf, sich über eine Zusammenstellung von Daten betreffend internationale Verästelungen der oben bezeichneten Organisation einschließlich vorhandener Decknamen und Tarnorganisationen sowie deren Tätigkeiten in den Mitgliedstaaten zu verständigen.»[31]

Soweit ersichtlich, hat die in der Bundesrepublik von der Münchner «Elterninitiative ... e. V.» mit Hilfe der Stiftung Deutsche Jugendmarke erstellte Findungshilfe diesem erst- und bislang einmalig Rechnung getragen.

So ist allein die TRANSZENDENTALE MEDITATION in der «Findungshilfe» (2. Aufl.) mit nahezu 100 Aktivitäten, Firmen, Tarnorganisationen usw. aufgelistet. Die SCIENTOLOGY bringt es auf drei Seiten von je über 50 Zeilen, während es das MUN-IMPERIUM um die sogenannte VEREINIGUNGSKIRCHE immerhin auf zehn solcher Seiten brachte.

Auch über die Vereinigungskirche/Mun-Bewegung erschien dann eine umfassende, über 180 Seiten umfassende Liste von Aktivitäten, Organisationen und Institutionen des Munismus.[32]

Welcher normale Mensch weiß schon, daß die Zeitung «The Washington Times» ebenso zum Mun-Imperium gehört, wie die «World Media Conference» oder die «International Conference on the Unity of Sciences», «New ERA» oder «Assembly of the World Religions» Mun-Tarnorganisationen sind? «Il Hwa Ginseng Tea» und «Hanida Cosmetik» ebenso wie das «Little Angels Korean Folk Ballett» oder die «Neue Mitte» in Österreich, auch als «Edition Neue Mitte» mit Zeitschriften wie «Integral», oder die «Nachbarschaftshilfe mit Herz» beziehungsweise «Professors World Peace Academy» gehören zum Munismus. Zum Mun-Imperium gehören auch die «International Black Students Alliance», eine Studenten-Farbigen-Organisation in den USA, wie die «International Religious Foundation» und die von ihr veranstalteten «Youth Seminars on World Religion», bei denen jedes Jahr über 100 handverlesene (nicht Mun-Organisationen angehörende) Studenten für einen pro Person über $ 10 000 teuren Trip um die Welt gejettet werden, damit sie später einmal in ihrer beruflichen Position für Muns Interessen Toleranz zeigen.

Heutzutage dürfte beispielsweise das Mun-Imperium neben den Staaten zu den größten industriellen und politischen Mächten auf unserer Erde gehören.[33] Seine politische Brisanz hatte das System schon 1980 unter Beweis gestellt, als der bolivianische Staatsstreich vom 17. Juli 1980 erfolgreich verlief, bei dem Junta-Chef García die Macht übernahm. Muns Leute hatten zusammen mit dem ehemaligen Gestapochef von Lyon, Klaus Barbie, und anderen Interessierten die Sache arrangiert. «Der erste offizielle Gratulant, der den eben inthronisierten Präsidenten García besuchte, kam für Außenstehende allerdings überraschend: Es war der stellvertretende Führer der Mun-Sekte, Oberst Bo Hi Pak. Der Vertreter des Sektengründers Mun verkündete nach seiner Rückkehr in die USA: ‹Ich habe in der höchsten Stadt der Welt einen Thron für Vater Mun aufgestellt›».[34]

Muns politischer Wille ist hauptsächlich von einem tiefgreifenden, wenn auch ideologisch sich nicht allzu stark von seinem Feindbild unterscheidenden Haß auf den Kommunismus geprägt.[35]

Das hat seinen Grund in der Biographie des sich als Messias annoncierenden Sektengründers. Ein nur für die Mitglieder gedachter Lebenslauf schreibt die einzelnen Lebensstationen des Religionsgründers wie folgt fest:

Die Geschichtsschreibung werde den Tag der Geburt Muns als den Tag verzeichnen, an dem ein Mensch geboren worden sei, «dem der göttliche Auftrag für die schwierigste Aufgabe der Geschichte bestimmt war: die Welt zu erneuern».[36]

Auch sein weiteres Leben war himmlisch ausgewiesen. Er wird innerhalb von 25 Lebensjahren zu nichts Geringerem als dem «Herrn Himmels und der Erden».[37]

Aus einer ganzen Reihe sogenannter Jugendreligionen und ursprünglich als Gurubewegungen bekannter Straßenmissions-Organisationen der sechziger und siebziger Jahre sind heute weltumfassende Trusts und Konzerne geworden. Über das Mun-Imperium wird noch einmal in einem späteren Kapitel zu reden sein.

Jugendreligionen – zum Stand der Diskussion

Der derzeitige Stand der Diskussion um die Jugendreligionen ist entscheidend mitbestimmt durch den Rechtsstreit zwischen Institutionen und Lehrern der sogenannten Transzendentalen Meditation[38] als Klägern und der «Bundesrepublik Deutschland, vertreten durch den Bundesminister für Jugend, Familie und Gesundheit» als Beklagtem. Der Prozeß wurde am 18. 12. 1985 durch das OVG Münster dahingehend entschieden, daß der Rechtsstreit von der Transzendentalen

Meditation (TM) gewonnen schien, zumal das Gericht urteilte: «Die Revision wird nicht zugelassen».[39] In diesem Urteil wurde der Bundesregierung die «Pauschaläußerung» untersagt: «TM gehört zu dem mit ‹Jugendsekten› bzw. ‹Jugendreligionen› umschriebenen Kreis bzw. TM ist eine der ‹sogenannten neuen Jugendreligionen, Jugendsekten oder Psychosekten›.»

Schon dieses Urteil des Oberverwaltungsgerichts Münster enthielt handfeste Negativaussagen über die TM wie zum Beispiel den Hinweis, daß «die TM-Bewegung Interessenten täuscht, nämlich durch die Angaben, TM sei weltanschaulich neutral, die Mantren würden individuell ausgewählt» und: «Der Familienzusammenhang kann allerdings beeinträchtigt werden und gegebenenfalls auch eine Ehe in eine Krise geraten».[40]

In dem Urteil stand auch zu lesen: «Nach dem Ergebnis der Beweisaufnahme steht fest, daß das transzendentale Meditieren oder auch das Engagement in der TM-Bewegung, als sogenanntes life event Auslöser für Psychosen sein kann»[41] und: «Hinzukommt, daß die TM-Lehrer nicht in der Lage sind, psychosegefährdete Menschen zu erkennen [...] und daß der von der TM-Bewegung entworfene Fragebogen als Mittel zum Ausschluß gefährdeter Individuen ungeeignet ist».[42]

So handfest solche Aussagen auch sein mögen und so schwer es auch wiegen mag, daß die TM entgegen allen bisherigen Beteuerungen, es handle sich bei der TM um eine «Wissenschaft», hier plötzlich als den Religionsgemeinschaften gleichzusetzende «Weltanschauungsgemeinschaft» klagt;[43] die TM ging mit dem Urteil in einer Weise hausieren, als habe das OVG Münster geurteilt, die TM sei keine Jugendreligion. In einer Pressemeldung[44] mit der Überschrift: «Oberverwaltungsgericht Münster entscheidet: TM ist keine Jugendsekte» wurde gleich auch noch wahrheitswidrig behauptet: «TM ist eine weltanschaulich neutrale geistige Tiefenentspannung» (daß TM selber als eine weltanschauliche Gemeinschaft und somit keineswegs als «weltanschaulich neutral» geklagt hat, wird hier verheimlicht).

Im Dezember 1986 hatte der Bundesverwaltungsgerichtshof erst einmal der Revisionszulassungsbeschwerde der Bundesregierung stattgegeben. Der Prozeßausgang war also wieder völlig offen.

Nun ist dies nicht der Ort, die Prozeßlage zu kommentieren. Nur so viel sei angemerkt, daß im Dezember 1986 die Bundesregierung vor dem Bundesverwaltungsgerichtshof in Berlin in Sachen des TM/OLG-Münster-Urteils die Zulassung der Revision erreichen konnte und im nachfolgenden Prozeß obsiegte. Auch eine Beschwerde der TM beim Bundesverfassungsgerichtshof wurde von dort zurückgewiesen.

Es ist mit Sicherheit als Sieg für die im Grundgesetz (Artikel 4) verankerte Religionsfreiheit zu werten, wenn Gruppen, die sich als Religion oder Weltanschauung bezeichnen, sich einer gewissen öffentlichen Kritik ausgesetzt sehen. Wäre dies nicht der Fall oder gar unerlaubt, könnte sich jede kriminelle oder terroristische Vereinigung allein durch die Behauptung, eine Religions- oder Weltanschauungsgemeinschaft zu sein, einen erheblichen Schutz verschaffen.

Seit Ende 1987 gab es mehrfach Nachrichten auch von Sektenbeauftragten,[45] denen zufolge die Jugendreligionen, was ihren Einfluß und ihre Problemintensität betrifft, im Rückgang wären. Die neue, an ihre Stelle getretene religiöse Welle sei die des Spiritismus und Satanismus unter Jugendlichen, hauptsächlich im Zusammenhang mit Heavy-Metal- und Hardrock-Musik. In der Tat haben in den Jahren 1985/86 Zeitungsmeldungen über Greueltaten[46] im Zusammenhang mit satanistischen Betätigungen Jugendlicher eine erhebliche öffentliche Aufmerksamkeit erregt und den Anschein erweckt, als sei dies das «neue Thema» und der «neue Problemkreis» Numero eins. Es kann auch kein Zweifel daran bestehen, daß hier ein neues Problemfeld ins öffentliche Blickfeld getreten ist, das auch schon einige Jahre unter der Oberfläche des Zeitbewußtseins schwelte und erst in diesen Jahren mit Macht hervorbrach. Tatsache ist jedoch, daß es den Jugendreligionen und den ihnen zur Seite zu gesellenden Gurubewegungen und Psychokulten nur recht sein kann, wenn die Aufmerksamkeit sich anderen Bereichen zuwendet und sie im Blickschatten des öffentlichen Interesses ihre Stellungen ausbauen und sich weiter entwickeln können. Dies ist inzwischen in erheblichem Umfange geschehen.

Seit 1983 bis Mitte 1986 hatte es vor allem die sogenannte Bhagwan-Bewegung des «Bhagwan» Shree Rajneesh, alias Rajneesh Chandra Mohan, geschafft, sich auf den Titelseiten und in den Schlagzeilen der Weltpresse zu halten und mit der Inszenierung des theokratischen Staatswesens in Oregon bis zum Strafprozeß gegen den Führer und Gründer der Bewegung zum Medienmagneten zu werden.

Rajneesh, der in Poona am 12.4. 1986 nach täglichen Reden und abendlichen Darshans für seine Anhänger plötzlich zu schweigen begonnen hatte, war ebenso überraschend am 31. Mai aus seinem Ashram in Poona, 17 Koregaon Park, Poona 411001, geflohen und am 1. Juni von Bombay aus in die USA abgeflogen. Dort hatten seine Jünger im gleichen Jahr die 60000 Acres (1 acre = 40,47 Ar) große Big Muddy Ranch in der Nähe von Portland/Oregon gekauft, auf der nun nach und nach ein Imperium der (dort gegründeten) «Religion des Rajneeshismus» entstand. Ein amerikanischer Beobachter beschrieb diese Ranch:

«Die Ranch war eine Art Mischung aus indischem Ashram und Esalen Institut[47]. Es war, um es deutlicher zu sagen, ein Ort, an dem einige Privilegierte an der Erleuchtung und an ihren Beziehungen arbeiten konnten, ohne gleichzeitig auch nur eine ihrer üblichen Vergnügungen aufzugeben. Es war das Star-Internat der Ich-Generation und gleichzeitig ein eher exklusiver Luftschutzbunker, in dem die wenigen Erwählten den kommenden Holocaust zu überleben meinten.»[48]

Das genannte Esalen-Institut, dessen Mitarbeiter lange Zeit in enger Verbindung mit der Rajneesh-Bewegung standen, sagte sich jedoch schon im Februar 1978 von dieser Bewegung los. Der Brief des Esalen-Mitbegründers Richard Price an das Ashram in Poona begründet dies mit den üblen «Therapie»Praktiken in Poona. Er kritisiert die Unterdrückungsmechanismen, die Aggressions- und Sexualpraktiken und die offene Gewalt in den «Therapie»-Gruppen des Ashrams, das er sogar als Konzentrationslager bezeichnet.[49]

In Oregon entstand nach und nach unter der Führung der Ma Anand Sheele (Sheela Silverman), der engsten Vertrauten des Guru, ein «Buddhafeld» (wie Rajneesh den Ort um sich herum zu nennen pflegt), das mit seiner Polizei, seinem Überwachungs-, Verbote- und Regulierungssystem nun auch äußerlich einem Konzentrationslager ähnlich wurde. Arbeit für den Guru, bis zu 16 Stunden am Tag,[50] wurde als Meditation bezeichnet. Unter der energischen Führung von Sheela wurde die gesamte Bewegung straff organisiert. Ashrams mußten geschlossen werden und die Sannyasin in große, arbeitsintensive Zentral-Ashrams übersiedeln. Discos wurden als hervorragend sprudelnde Einnahmequellen eröffnet. Doch das erwirtschaftete Geld floß nach Oregon ab, wohin zu jährlich zwei großen Festen auch die Jünger gerufen wurden. So ein Flug, vermittelt durch ein eigenes Reisebüro, und der Aufenthalt waren nicht billig. Die Kinder wurden in eigene Schulkommunen überführt, wohl um den arbeitenden Eltern bei deren Arbeitsmeditation nicht im Wege zu sein.

Von Familie hatte Rajneesh nie viel gehalten. Sein Ziel ist: «Eine Kommune – wo die Kinder der Kommune gehören, wo die Kommune sich ihrer annehmen kann. Die Mutter wird sich um sie kümmern, aber die Mutter kann sich auf eines verlassen: Sie kann von einem Mann zum anderen gehen, ohne daß dadurch Probleme entstehen.»[51] Rajneeshs Ausführungen schließen: «Aber erst muß die Familie verschwinden.» Der sexuelle Libertinismus von 1980 hatte allerdings schon 1984 ein Ende, als Rajneesh mit der Begründung AIDS seine vorherigen Aussagen korrigierte und Enthaltsamkeit und Arbeit verordnete.

Das Ende des Traums vom eigenen Stadtstaat Rajneeshpuram kam plötzlich, aber nicht unerwartet. Die Bewegung hatte sich über die Jahre mehr und mehr mit Nachbarn und Behörden überworfen, und zahlreiche Verstöße führten zu einer Welle von Prozessen. Vor allem warf man der Kommune die Umgehung der Einwanderungsbestimmungen durch arrangierte Verheiratungen und den gesetzlosen Umgang mit den Baubestimmungen vor. Als noch der Vorwurf der Verfassungsfeindlichkeit (Verstoß gegen den 1. Verfassungszusatz, der die Vermischung von Politik und Religion verbietet) erhoben wurde, konnte Rajneesh nicht einmal mehr durch Aufheben des Kleider- und Mala-Zwanges (alle Sannyasin hatten rotgetönte Kleider und eine Holzperlenkette mit dem Bild des Gurus zu tragen) und die Auflösung der gerade erst mit Pomp gegründeten «Religion des Rajneeshismus» und Kremation der Religions-Bücher den Niedergang aufhalten. Zum Sündenbock wurde Sheela, die im September 1985 zusammen mit einigen Leitern der Kommune floh und in Deutschland inhaftiert und später an die USA ausgeliefert wurde. Auch Rajneesh versuchte am 26. 10. 85 zu fliehen, nachdem am 23. 10. eine Federal Grand Jury gegen ihn, Sheela und sechs andere Anhänger eine 35 Punkte umfassende Anklage wegen «Konspiration zur Umgehung der Einwanderungsgesetze» eröffnet hatte.[52] Mitte November unterwarf sich der Guru den Behörden, bekannte sich zweier Verbrechen schuldig und verließ, um eine zehnjährige Gefängnisstrafe nicht antreten zu müssen, die USA. In Indien, das er bei seiner Ankunft wieder als das Mutterland der Spiritualität pries, hielt es ihn jedoch nicht lange. Über Nepal und Griechenland führte seine Odyssee nach Uruguay, wo er auch nicht bleiben konnte. Mitte 1986 kehrte er nach Bombay zurück. Im Dezember versuchte er wieder Fuß im alten Poona zu fassen. Von Uruguay aus hatte er die «Therapeuten» entmachtet, die nun bei des Gurus Abwesenheit und dem Fehlen einer starken Führungsperson zu den eigentlichen Machthabern des Rajneeshismus zu werden drohten. Heuts sieht es so aus, als sei der Rajneeshismus in mehrere Gruppen zerfallen, die aber alle ihrerseits an dem Guru zu hängen scheinen. Anfang 1990 starb der lange kränkelnde Guru.

Die Führungscrew in Poona, der nun plötzlich die Legitimation des großen Führers für ihre oft recht eigenwilligen Entscheidungen fehlte, griff zu einem alten Trick: Der tote Guru würde seine Anhängerschar auch per Medium aus dem Jenseits mit Anweisungen versorgen. Das Rezept gehört zum Gebrauchtwarenangebot des Gurutums. Auch die «Brahma-Kumaris»-Sekte hatte nach dem Tod ihres Gründers dessen «Murlis» (so nannte man seine Anweisungen) angeblich weiter aus dem Jenseits empfangen, und die Oberen der Sekte regieren nun schon seit Jahrzehnten mit diesem Trick die gläubigen «Töchter (und Söhne) Brahmas», das heißt, des 1969 verstorbenen Gurus Lekh Raj.

Die Führungscrew seiner Anhänger behauptet seitdem, durch mediale Offenbarungen des Gurus aus dem Jenseits geleitet zu werden, um die Anhänger von jeder Kritik an den Führungsanweisungen abzuhalten.

«Neuer Mensch» und neue Moral

Die Lehre von Oregon läßt sich jedoch aus alledem nicht ablesen, wenn man nicht das vorläufige Endergebnis mit in Betracht zieht:

«Im Dezember (1985) erhob der Staat von Oregon eine zivile Anklage wegen Gangstertum (Bandenverbrechen) gegen 26 Rajneesh-Organisationen, von denen er sechseinhalb Millionen Dollar an Kosten und Strafen verlangte. Außerdem verlangte der Staat über 100 000 Dollar Zivilstrafe wegen Verletzung der Gesetze über Elektrizitäts-Sicherheit.»

Vier Restaurants in The Dallas klagten wegen eines Ausbruchs von Salmonellenvergiftungen Schadenersatzforderungen in Höhe vieler Millionen Dollar gegen verschiedene Rajneesh-Korporationen ein. Zur selben Zeit kamen zwei ältere Zivilverfahren zum Ende, und den Klägern wurden Hunderttausende von Dollars zuerkannt.[53]

Hier zeigt sich eines der wesentlichen Problemfelder der Jugendreligionen und Gurubewegungen und Psychokulte. Sie wollen den «neuen Menschen» hervorbringen und beginnen mit einer «neuen Ethik». Dies bedeutet in erster Linie, daß die alte Ethik nicht mehr gilt und daß sich die Angehörigen der betreffenden Gruppe an die alte Ethik und die alten Moralvorstellungen nicht mehr zu halten brauchen. Sie haben ein neues Gut/Böse–Richtig/Falsch-Raster, daß sich an dem von ihnen propagierten «Rettenden Rezept» und seiner Auslegung durch den «Heiligen Meister» oder seine «heilige Hierarchie» orientiert.

So nahm der «Bhagwan», der «Erleuchtete» beziehungsweise «Gott»[54], für sich in Anspruch, daß über ihm kein Gesetz ist, was sein «Kollege» Mun wie folgt formuliert:

«Wenn es eine Person gibt, die alle Lasten Amerikas tragen und alle Sünden dieser Nation auslöschen kann, dann kann das amerikanische Gesetz diese nicht antasten. Wenn es jemanden gibt, der sich in der Lage weiß, alle vergangenen, gegenwärtigen und zukünftigen Sünden der Menschheit auf sich zu nehmen, dann ist diese Person in der Tat der Retter der Menschheit und steht über allen von Menschen gemachten Gesetzen und Verordnungen. Ist es nicht so? Der Messias ist diese Person. Er hat sogar die Macht, die Hölle zu befreien. Und das ist keineswegs alles: Der Messias kann sogar Gott befreien. Kann Gott jemanden richten, dem er persönlich etwas verdankt? [...] Wenn Gott befreit werden kann, dann hat er auch nicht zu richten.»[55]

Die Gruppen sind bestimmt vom Glauben an die Macht der eigenen (neuen, göttlichen, das Alte außer Kraft setzenden) Gesetze und Richtlinien. So konnten Hare-Krishna-Mönche ohne Gewissensbisse «für hungernde schwedische Kinder»[56] sammeln; und eine junge Frau, die von ihrer Mutter als «absolut ehrlich, gewissenhaft, und aufrichtig» beschrieben wurde, konnte ihrer Mutter plötzlich als Krishna-Nonne schreiben: «Es ist wirklich erstaunlich, aber Du entwickelst dabei (Anm.: beim Verkaufsdienst) eine solche Überzeugungskraft und solchen Enthusiasmus, daß die Leute kaufen, selbst wenn sie nicht wollen. Ich bekomme oft gesagt, daß sie nur kaufen, um mir einen Gefallen zu tun, weil ich solch ein ehrliches Gesicht habe. Wir sagen natürlich nicht, daß wir Hare Krishna sind, und ziehen normale Klamotten an. Wir sind natürlich nicht doof.»[57]

Die junge Frau forderte die Mutter außerdem auf, ihr unter falschem Namen zu schreiben, weil sie sich illegal in dem betreffenden Land aufhielt. Ein ehemaliger Hare-Krishna-Mönch erklärt das so: «Was du für Krishna tust, ist immer richtig. Egal, was die Gesetze der Karmis (Anm.: der Außenstehenden) dazu sagen.»

Was der jeweiligen Gruppe und ihren Zielen nützt, ist gut oder richtig, was ihr schadet, ist böse oder schlecht. Mun nennt das «heavenly deception» (himmlischen Betrug, Betrug zu einem guten Zweck). Einen ähnlichen Begriff hat Maharishi Mahesh Yogi, der «Heilige Meister» der Transzendentalen Meditation, benutzt.

Die neue Ethik ergibt sich aus der neuen Lehre, aus dem Rettenden Rezept und den Anweisungen des Heiligen Meisters und der Heiligen Hierarchie der betreffenden Gruppe. David Berg, der sich früher als «Mose David», heute als «Vater David» bezeichnende Gründer und Heilige Meister der «Kinder Gottes» (später: Familie der Liebe, später: der Klub, alias Missionare für Menschen, alias Familien in der Mission), hat es einmal ganz deutlich formuliert:

«Gehorche deinen Eltern (im HERRN) IN ALLEN DINGEN. Wenn sie im ‹Unrecht› sind, wird Gott deinen Glauben belohnen müssen. Du bist besser dran, einem von Gottes Leitern zu folgen, der einen ‹Fehler› gemacht hat, als auf eigene Weisheit zu vertrauen, das ist auf Menschen vertrauen (dich selbst), was einen Fluch mit sich bringt.»[58]

Damit ist deutlich gesagt, daß die Heilige Hierarchie die Grenzen der Moral bestimmt, ja, daß sie an die Stelle Gottes tritt. So ist den Kindern Gottes auch eine Reihe von Verbrechen angelastet und nachgewiesen worden. Dabei muß man davon ausgehen, daß ein persönliches Unrechtbewußtsein oder Schuldgefühl nicht vorhanden war. Was geschah, geschah «im Auftrag Gottes».

Dieses Gefühl des Im-Recht-Seins wird durch den Selbstanspruch der Gruppe gestützt, einzige Retterinstitution für die Menschheit zu sein. Ein Margi (Anhänger der Ananda Marga des P. R. Sarkar, alias Baba Anandamurtiji) schreibt Anfang 1986 aus Kalkutta an die Margis der Frankfurt-Region:

«Baba war in einer sehr glücklichen Laune, besonders [...] in einem Treffen mit allen Dadas (Anm.: Mönche der Ananda Marga) war Er unglaublich freundlich und liebevoll. Dort hat er uns gesagt, daß niemand in dieser Welt die Menschheit kann retten, außer uns. Nur wir können und müssen es tun.»[59]

Mehrfach haben Mitglieder dieser guruistischen Jugendreligion, die ihren Baba (Vater) als Inkarnation der höchsten Gottheit verehrt, sich im Kampf für «das gemeinschaftliche Wohlergehen der EINEN menschlichen Gesellschaft», wie sie Anandamurti als Ziel der Ananda-Marga-Weltrettung sieht, das Leben genommen. Auch das Zitat im letzten Satz entstammt einem Flugblatt, das zwei Margis vor ihrer Selbstverbrennung[60] an Passanten verteilten.

Bei der Scientology-Kirche[61] wird «Ethik» zur Waffe gegen Kritiker und Gegner; als Ziel der Ethik wird angegeben, erst «Gegenabsichten» und dann «Fremdabsichten aus der Umwelt zu entfernen», um damit dem «Fortschritt» zu dienen.

Als Feind scientologischer Fortschrittsräume gilt für L. Ron Hubbard und seine Jüngerschaft der «Unterdrücker», der «chronische Gesetzesbrecher»,[62] «der kein Verständnis hat für das Eigentum und Ansehen des Unternehmens [...] Vermutlich stiehlt er auch Vorräte und andere Gegenstände.»[63] Er lasse sich nicht helfen. «Seine Handlungen erscheinen ihm total gerechtfertigt, wie abscheulich sie sich auch immer auswirken mögen».[64] Tatsächlich würde diese Definition die Jugendreligionen in toto als Unterdrücker beschreiben.

Doch Hubbard meint etwas anderes. Für ihn ist der Unterdrücker die «antisoziale Persönlichkeit, der Antiscientologe».[65] Diese Gleichsetzung eines Scientology-Kritikers oder -gegners mit der «antisozialen Persönlichkeit» erklärt sich aus dem Anspruch der Scientologen, nicht nur «das oberste Zehntel vom obersten Zehntel der intelligentesten Bevölkerungsgruppen der Welt»,[66] sondern die einzige Organisation zu sein, die «totale Freiheit bringt»[67] und dafür sorgt, daß die «Leute die grundlegenden Wahrheiten des Universums erkennen können».

Die Scientologen sind diejenigen, die «das Universum gewinnen»[68] werden. Wer der Elitetruppe der Hubbardschen Scientology beitritt, der sogenannten Sea-Org (See-Organisation), der unterschreibt in seinem auf eine Milliarde Jahre abgeschlossenen Vertrag, daß er diesem Planeten und dem Universum Ethik bringen will.[69]

In nicht wenigen Fällen sind Anhänger Hubbards, darunter auch die eigene Ehefrau, aufgrund dieser überdimensionalen Idee mit dem Gesetz in Konflikt gekommen.

Daß die Zugehörigkeit zu den Jugendreligionen tiefgreifende Auswirkungen auf die betroffenen Personen hat, läßt sich schon durch dieses Beispiel verdeutlichen, so wie es die oben erwähnten Selbstverbrennungen auch bezeugen.

Persönlichkeitsveränderungen

Mit der Hinwendung zu den Jugendreligionen verändert der Betreffende sich oft so stark, daß die nächsten Angehörigen ihn nicht mehr wiedererkennen. «Bald machten sich in seinem Verhalten Veränderungen bemerkbar [...] Beim Essen stand er manchmal plötzlich auf und rannte davon. Schließlich lehnte er es überhaupt ab, mit uns zu essen und ernährte sich nur noch von Rohkost. Er hatte keine Freunde und verkroch sich, wenn wir Besuch hatten, in seinem Zimmer», berichtet eine Mutter, deren Sohn sich der Transzendentalen Meditation zugewendet hatte.[70] «Das war nicht mehr mein Kind, sondern sie wirkte wie eine Sprechpuppe auf mich. Mit völlig unnatürlich-freundlichem Getue.» (Eine Mutter über ihre zu Mun konvertierte Tochter). «Wir bekamen keinerlei menschlichen Kontakt mehr mit unserer Tochter. In Anwesenheit anderer Jugendlicher erklärte sie uns sehr ruhig, aber fanatisch, wir sollten sie in Ruhe lassen, sie müsse ihren Weg gehen. Da wir unsere Tochter nur als normales freundliches Mädchen kannten, erschreckte uns diese Wesensveränderung sehr.»[71] (Divine Light Mission des Guru Maharaj Ji). «Der war wie verhext, wie mit Drogen, anders konnte ich mir die plötzliche Veränderung bei meinem Sohn nicht erklären.» (Brief eines Vaters über seinen Sohn, der bei einer Babaji-Gruppe gelandet war. Diese Liste ließe sich beliebig fortsetzen.)

Der nicht selten erhobene Vorwurf, «Sekten machen süchtig», muß allerdings als unsinnig abgewiesen werden. Zwar ist der Suchtbegriff neuerdings extrem ausgeweitet worden. So haben dieser Tendenz verpflichtete Jungwissenschaftler inzwischen sogar eine Automaten-Sucht erfunden. Hinter dieser gesuchten Sucht steckt jedoch wohl die Absicht, Arbeitsplätze für gleichgesinnte Therapeuten und Sozialarbeiter zu schaffen. Süchte sind, auch wenn das nicht ins Konzept mancher an der Ausweitung des Suchtbegriffes Interessierter paßt, stoffgebunden. Zu extremen Persönlichkeitsveränderungen – die nichts mit Sucht zu tun haben – kann es auch auf andere Weise kommen. Für diese Art von «Seelenwäsche»[72] beziehungsweise für ihr Ergebnis wurde der Begriff «Psychomutation» geprägt.

Psychomutation – fremdbewirkte Persönlichkeitsveränderung

Unter «Psychomutation» ist ein Zustand zu verstehen, der als Folge einer Gehirn- beziehungsweise Seelenwäsche eine totale kurzfristig und fremd bewirkte Persönlichkeitsveränderung erzielt.[73]

«Diese hier Psychomutation genannte Persönlichkeitsveränderung ist das Ergebnis eines bestimmten Prozesses, der nur in der ersten Stufe wirklich in der Entscheidungsgewalt des Betroffenen liegt. Dann nämlich, wenn er sich überlegt, ‹Gehe ich dorthin, oder nicht›. Die späteren Abläufe liegen weitgehend nicht mehr in der Hand oder im Ermessen des Behandelten.

Der Vorgang kann am deutlichsten von seinen Folgen her beschrieben werden. Es zeigt sich, daß folgende Ergebnisse in mehr oder weniger großer Dichte vorzufinden sind:

a) Eine absolute Neuausrichtung der eigenen Existenz nach bislang nicht gekannten oder verwendeten Grundsätzen.

b) Eine völlige Umstellung des Verhaltens gegenüber der Umwelt. Sie wird nicht mehr als Ort der eigenen Existenz, sondern ausschließlich als feindliche und unbedingt zu verändernde Gegenwelt verstanden und behandelt.

c) Radikalisierung in vielen Lebensbereichen und -vollzügen (Beispiel: radikaler Vegetarismus; absolute Trennung von bestimmten Dingen – beispielsweise Ablehnung jeder Ausbildung außerhalb der Gruppe).

d) Vollkommene Unterordnung der eigenen Urteilsfähigkeit und des Urteilswissens unter eine andere Autorität (Person oder System).

e) Eine Art ‹Festungskomplex›, der darin besteht, daß man möglichst nur in der Nähe und Gemeinschaft von Gesinnungsgenossen leben will (in einem Ashram, einer ‹Familie›, einer Kommune usw.).

f) Enge Bindung, bis hin zur völligen Abhängigkeit, an einen als oberste Autorität in allen Lebensfragen angesehenen Leiter, Führer, Guru oder dessen Stellvertreter oder Beauftragten. Seine Weltsicht und seine Handlungsmodelle werden unkritisch übernommen und gegen Kritik nahezu fanatisch verteidigt.

g) Der Vorgang läuft in relativ kurzer Zeit ab. Diese Kurzfristigkeit ist sogar das entscheidende Merkmal des Vorgangs der Psychomutation.

Dazu kommt eine weitere Besonderheit. Mit der vorbeschriebenen Psychomutation stellt sich die Fähigkeit ein,

h) andere in relativ kurzer Zeit mit der eigenen ausschließlichen Gewißheit anstecken zu können und seinerseits psychomutatorisch zu wirken.»[74]

Psychomutation vollzieht sich in drei Schritten:

Der erste Schritt kann als *Faszination* beschrieben werden. Die betreffende Gruppe oder Bewegung beziehungsweise deren Vertreter beschreibt die positiven Wirkungen der von der Gruppe eingesetzten Methoden und bietet sich selbst als «Beweis» an. Die ganze Außenwirkung der psychomutatorischen Gruppen und Organisationen ist darauf ausgerichtet, Faszination zu bewirken. Die Mitglieder sind ständig im werbenden Einsatz. Das Kennzeichen der «leuchtenden Augen» wird teilweise sogar durch bewußte Einübung erzielt.

Der zweite Schritt ist die *Zerstörung der personalen Sicherheit.* Im Verlauf dieses Schrittes werden die bisherigen Lebensmodelle und die Lebenspraktiken des zu Missionierenden entwertet und als «der alten Welt und ihren negativen oder erfolglosen Gesetzmäßigkeiten» zugeordnet verteufelt.

In einem dritten Schritt geschieht der *Aufbau einer neuen Identität* durch die jeweilige Organisation oder Gruppe. Der Missionierte ordnet sein Leben nun den Anweisungen der Gruppe beziehungsweise ihrer Beauftragten unter. Er versucht nun seinerseits, andere einer Psychomutation zu unterziehen.

Wege der Mission

Hatten die Jugendreligionen in ihrer Anfangsphase die Fußgängerzonen der Großstädte als Missionsgründe besiedelt und waren so oft wegen «Belästigung» erheblicher Kritik ausgesetzt, was auch Prozesse wegen der Werbemethoden nach sich zog,[75] so hat sich diese Taktik relativ schnell geändert. Man paßte sich der (teilweise für die Gruppen kritischen) Lage an. Insbesondere nach dem Guayana-Ereignis, als sich Mitte November 1978 nahezu 1000 Mitglieder einer Sekte mit jugendreligions-ähnlichen Strukturen in Jonestown/Guayana auf Geheiß ihres Heiligen Meisters und «Vaters» Jim Jones selbst töteten, gingen die Wellen der Kritik an solchen Gruppen hoch, und vielerorts begannen vor allem Presse und Politiker, sich um die neue religiöse Szene zu kümmern.

Die betroffenen Gruppen wehrten sich in unterschiedlicher Weise. Während die Transzendentale Meditation in der Bundesrepublik Deutschland zum Rechtsstreit gegen den Staat antrat, begannen andere, sich entweder umzubenennen (aus den «Kindern Gottes» wurde die «Familie der Liebe» usw.), und dritte suchten nach Wegen, die sie weniger öffentlich sichtbar werden ließen.

Eine der neuen Aktivitäten waren die verstärkten Versuche der Gruppen, sich auf dem therapeutischen und gesundheitspolitischen Sektor zu engagieren. Am auffälligsten ist derzeit beispielsweise das Engagement der Transzendentalen Meditation (TM) für *Ayurveda*.

«Liebe Meditierende, Liebe Freunde, mit der AYURVEDA-KONFERENZ, dem Höhepunkt unserer Jubiläumsfeier ‹25 Jahre TM in Deutschland› beginnt eine neue Ära unserer Bewegung. Nach der TM-Technik und dem Sidhi-Programm ist die Anwendung des Ayurveda die dritte Technologie auf unserem Weg zur Erleuchtung [...]. Der Ayurveda, das umfassendste Gesundheitssystem der Welt, berücksichtigt Geist, Körper, Verhalten und Umgebung, und hat zum Ziel, in uns die Qualität der Unsterblichkeit wiederherzustellen. Durch die vom Ayurveda bewirkte physiologische Reinigung werden alle Aspekte des täglichen Lebens, wie Arbeit, Schlaf, Verdauung etc., von Wonne und Wohlbefinden durchtränkt. In der Aktivität steht mehr Energie zur Verfügung, und die Meditations- und Sidhierfahrungen werden klarer und besser (...) ‹Ayurveda ist für jeden, der Erleuchtung will›. Maharishi».[76]

Nun ist es ja durchaus strittig, ob das indische Gesundheitssystem des Ayurveda dem europäischen so überlegen ist. In der TM ist der Ayurveda jedoch offensichtlich ein Erleuchtungsmittel und damit ein missionarisches Substitut des Rettenden Rezepts des Maharishi Mahesh Yogi.

Andere Wege führten die Jugendreligionen und Gurubewegungen auf den missionarisch wie finanziell lukrativen Personal- und Management-Schulungssektor. Mit *Management by Natural Law* hat sich auch hier die TM engagiert, während scientologische Techniken etwa unter Begriffen wie *New Age Management* oder *Boom-Management* usw. vertrieben wurden. Bei der Scientology ist man auf diese Form der Mission stolz. Eine als «Social Coordination – SOCO»firmierende Scientology-Abteilung berichtet: «Eine große Verkaufsakademie in Frankfurt hat innerhalb von nur zwei Monaten 22 Führungskräften wertvolle Kommunikationsseminare geliefert. Eine große Anzahl von ihnen sind daran interessiert, mehr Dienstleistungen in Anspruch zu nehmen.

Ein Schweizer Softwareunternehmen verwendet L. Ron Hubbard's Methoden erfolgreich in allen Arbeitsbereichen. Leitende Angestellte dieser Firma besuchten 1984 zwei Intensivseminare [...]. In Düsseldorf wurde der Verein ‹Verband engagierter Manager› im August 1984 eingetragen. Der Zweck des Verbandes ist die Durchsetzung aufrichtigen und ethischen Verhaltens insbesondere im Geschäftsleben.»[77]

In zwei Fällen wurden Mitglieder des Vereins inzwischen bei Sekten-Beratungsstellen «fällig», da die scientologisch engagierten Manager ihre Mitarbeiter von den Methoden L. Ron Hubbards überzeugen wollten und auf Ablehnung mit Druck reagierten.

Scientologische Management-Schulung kam ins Gerede, als in Bayern die Restbestände der gewerkschaftlichen «Neuen Heimat» ausgerechnet an einen mit Scientology-Know-how geschulten Immobilien-Tycoon verscherbelt wurden. Nur die Münchner Presse schenkte dieser Information Beachtung. Die skandalgestreßten Gewerkschaftsfunktionäre konnten sich darunter wenig vorstellen.

Ehefrauen, deren Männer von ihrer Firma zu einem «Verkaufstraining» in ein «Kreatives Haus» in einem norddeutschen Künstlerdorf geschickt werden, erleben nach der Rückkehr einen «total verwandelten Mann. Er hat mich seitdem gemieden, wie wenn ich aussätzig wäre, geht jeden Morgen um vier aus dem Haus und hat Besitz weggetragen und mir nicht gesagt, wohin, obwohl die Stücke mein Eigentum waren.» Eine der Frauen schaut in den Kursunterlagen des Gatten nach und findet ein seltsames Papier mit dem Titel «Ichvertrag!» und dem Text:

«Ich, (Name), werde jeden Morgen in das Institut BKWSU in ... gehen. Weiterhin werde ich jeden Abend 0,5 Stunden in mich gehen. Ich werde mein Essen total umstellen auf vegetarische Ernährung. Ich werde keinen Alkohol mehr trinken. Ich werde meiner Familie mit innerer Ruhe und Gelassenheit begegnen. Ich werde die hier genannten (im Bewußtseinstraining vom ... bis ...) erfahrenen Regeln, Hinweise und Gesetze mir beschaffen und befolgen.»

Unterschrift «Beachten: Ich bin eine Seele, und ich liebe mich.»

Die Trainerin war Werberin der BKWSU, zu deutsch: *Brahma Kumaris World Spiritual University,* einer Gruppe, die zu den Gurubewegungen gezählt werden kann und die permanent mit neuen Tricks wirbt, darunter mit der Behauptung, der UNO in besonderer Weise nahezustehen (eine Behauptung, die von der Rechtsabteilung der UNO jedoch – anscheinend erfolglos – untersagt worden ist). Schwer vorstellbar, daß die betroffene Firma gewußt hat, was sie ihren Mitarbeitern mit derartigen «Verkaufstrainings» zumutet.

Ein weiteres Missions-Betätigungsfeld sind Kinder. Diese «Missionierung» kann durch *Kindergarten-Arbeit* ebenso geschehen wie durch den Versuch, eigene Schulen zu errichten, zum Beispiel die scientologische Appla-School oder die Delphian-School oder durch Nachhilfeunterrichts-Organisationen wie die scientologischen Initiativen *Ziel e. V.* (Zentrum für individuelles und effektives Lernen) und *academe.* Auch Anhänger der TM haben sich in diesem Bereich engagiert, so daß darauf hingewiesen werden muß, daß Nachhilfeinstitutionen und -lehrer zuerst einmal gründlich angeschaut werden sollten, ehe man ihnen gegen Bezahlung die Kinder ausliefert. In einem Falle hatte sich eine Musiklehrerin als Scientology-Werberin entpuppt. In diesem Fall wurden Eltern stutzig, als sie die Schülerinnen und Schüler zu einem Weihnachtskurs (für nahezu 1000 DM) nach Südengland auf ein Schloß zu Erlebnisferien mit Problemlöse-Techniken einlud. Das Schloß entpuppte sich als die englische Scientology-Zentrale Saint Hill Manor in East Grinstead. Auf die Enttarnung reagierte die Missionarin mit Drohungen und Verleumdungen.

Es muß außerdem darauf verwiesen werden, daß die *Volkshochschulen* begehrte Multiplikationszentralen sind. Und hinter manchem «Kommunikations»-Kurs oder -Workshop war eine einschlägige Bewegung am Werke.

Es würde in der Tat zu weit führen, wollte man all die Techniken und Methoden auch nur anreißen, mittels deren sich die Jugendreligionen, Gurubewegungen und Psychokulte heute ihre Marktanteile zu erwerben versuchen. Es ist durchaus fraglich, ob dieses Verhalten noch unter den Schutz der in Artikel 4 GG garantierten Religionsfreiheit fällt. Das hohe und in langen und schweren Auseinandersetzungen errungene Gut dieser grundlegenden Freiheit gerät mehr und mehr in die Gefahr, unterhöhlt und zu gewerblichen und anderen Zwecken mißbraucht zu werden. Einer Konferenz von Theologen des Luth. Weltbundes und des World Council of Churches[78] blieb es vorbehalten, in einem «Summary Statement» die bedenkliche Überlegung zu formulieren, daß die Religionsfreiheit «nicht grundsätzlich» als Schutz bei Verstoß gegen das Strafgesetz dienen solle, wohl aber von den Regierungen als Entschuldigung bei Verstößen gegen das Zivilrecht akzeptiert werden sollte.[79]

Es ist darauf hinzuweisen, daß von den bei dieser Konferenz versammelten 36 Theologen 25 Prozent der Beteiligten schon Einladungen des San Myung Mun zu Konferenzen beziehungsweise Reisen um den halben Erdball akzeptiert hatten. Einer der Teilnehmer bezeichnete sich als «Freund der Munies und Scientologen», und ein US-Theologe stellte die Gefängnisstrafen gegen Mun (wegen Bilanzfälschung) und die Gattin des L. Ron Hubbard (wegen einer ganzen Liste krimineller Vergehen) als «Beispiele von Religionsverfolgung» dar. Das Beispiel zeigt, daß die neuen Strategien der Organisationen sich auszuzahlen beginnen. Es zeigt jedoch auch, daß Theologen nicht unbedingt ein religiös sicheres Urteil haben.

Die Auseinandersetzung mit der psychomutatorischen Religiosität kann nicht Sache der Kirchen allein sein. Alle gesellschaftlich verantwortlichen Kräfte sind zur kritischen Begleitung des Phänomens der psychomutatorischen Religiosität und ihrer Folgen für das Individuum und die Gesellschaft aufgerufen. Die Auseinandersetzung kann auch nicht auf einem Gebiet allein oder an irgendeiner Stelle ein für allemal geführt werden. Die ideologische oder glaubensmäßige, im Kirchenjargon «apologetische» Auseinandersetzung wird die Sache der Kirchen sein und bleiben. Doch das Menschenbild dieser Gruppen muß auch von dem Menschenbild aus hinterfragt und notfalls kritisiert werden, das in unserer Verfassung verankert ist. Darüber hinaus werden vom sozial- und gesundheitspolitischen Sektor aus ebenso kritische Beurteilungen vorgenommen und notfalls Korrekturen erzwungen werden müssen wie vom pädagogischen und vom bildungspolitischen Sektor aus. Grundlage aller Bemühungen kann nur eine wissenschaftlich gesicherte Information über dieses Phänomen der psychomutatorischen Bewegungen und Organisationen sein. Inwieweit die Gesellschaft in vorderster Linie, vertreten durch die Regierungen, hier regulierend (durch Kritik und notfalls Gesetze) eingreifen darf, wird sich im Verlaufe der angesprochenen Verfahren erweisen. Klärung ist notwendig, und der Handlungsbedarf steigt stetig.

Das hier Vorgetragene soll dazu beitragen, die Diskussion im Gang zu halten. Probleme werden nicht durch Verschweigen gelöst. Es gibt beim Menschen eine – verständliche – Tendenz, Dinge durch Darüberhinweggehen und die stillschweigende Hoffnung, daß «sich das mit der Zeit schon von selbst erledigt» von sich fernzuhalten. Man nennt das «den Kopf in den Sand stecken». Doch dadurch kommt es höchstens zu Erstickungserscheinungen; auf keinen Fall gibt es einem die Möglichkeit, aufzuatmen. Eine menschenwürdige Gesellschaft kann nur dort entstehen und erhalten werden, wo man sich für sie einsetzt. Die Jugendreligionen, Gurubewegungen und Psychokulte setzen sich für das, was sie als für den Menschen notwendige Gesellschaft ansehen, mit allen Mitteln und voller Kraft ein. Demgegenüber kann die Gesellschaft sich nicht stillschweigend und duldend hinnehmend verhalten. Sie wird die angebotenen Modelle genau in Augenschein nehmen und sich ihnen widersetzen müssen, wo es notwendig ist. Eine soziale und therapeutisch begründete Diktatur ist schnell inauguriert. Sie wird auch im politischen Bereich nicht ohne Folgen bleiben, wenn sie sich einmal festgesetzt hat. Dem sich zu widersetzen ist gebotene Aufgabe.

Sektensucht?

Man hat versucht, diesen Vorgang mit dem *Suchtbegriff* in Griff zu bekommen, bis in die Buchtitel hinein zum Beispiel: «Neue Jugendreligionen – Zwischen Sehnsucht und Sucht» (Gascard 1984, Geppert 1985).

Das wird durch Berichte wie den folgenden verständlich:

«Immer wenn G. (...) nicht betet, friert er richtig und fühlt sich unwohl. Man merkt das gleich, wenn er wieder gebetet hat. Er friert dann, wenn er länger nicht gebetet hat und klappert, als wenn er einen Schüttelfrost hat. Dann hat er richtig Angstzustände gekriegt und geschrieen, und wir hatten Angst, daß er sich was antut.»[80]

Da ist es naheliegend, an «Sucht» zu denken. Doch vor einer solchen Ausweitung und Fehlverwendung des Suchtbegriffes ist zu warnen. Der Unterschied zwischen Sucht, Abhängigkeiten und Zwängen, der hier zu bedenken wäre, dürfte sich auch in der jeweiligen Therapiemethode deutlich niederschlagen. «Sucht» kann zum Ideologiebegriff werden und damit zu einer Art Waffe. Damit wäre jedoch niemandem geholfen, und die Sachlage käme eher einer größeren Verwirrung als einer Klärung nahe. Zwar gibt es gerade im Rehabilitationsgeschäft Engagierte, die an einer Ausweitung des Suchtbegriffes berufsförderndes Interesse haben. Neben einer angeblichen (aber nur durch wissenschaftlichen Okkultismus ausgewiesenen) Kaufsucht, einer (ebenso pseudowissenschaftlich begründeten) Automatenspielsucht, der Fernseh- oder auch Videosucht sowie obskuren Süchten wie beispielsweise dem Schokoholismus alias «Schokoladensucht» und anderen «nichtstoffabhängigen Süchten» hätten sie gerne auch eine «Sektensucht» konstatiert und ihre arbeitsplatzbeschaffenden Rehabilitationsmaßnahmen angeboten. Jedoch muß hier deutlich darauf hingewiesen werden, daß die Ersthilfe des Arztes und Psychotherapeuten sowie des Seelsorgers ausreichend ist, wenn die Familie zu einer Begleitung des Betroffenen zugerüstet ist. Hier haben die sogenannten Elterninitiativen ihre Aufgaben. Sie zu unterstützen ist wichtig. Eine solche Unterstützung aus privatem Engagement (ohne Schrei nach der «Staatsknete») ist einer der wirklich hilfreichen Wege aus der ansonsten sich als bedrohlich abzeichnenden Lage. Die «Elterninitiativen», allen voran die 1975 als erste in Deutschland gegründete *«Elterninitiative zur Hilfe gegen seelische Abhängigkeit und religiösen Extremismus e. V.»* (Postfach 874, 8000 München 1) und die in Düsseldorf beheimatete *«Aktion Psychokultgefahren e. V.»* (Ellerstr. 101, 4000 Düsseldorf 1) bieten vor allem dem sozialen Umfeld der Betroffenen eine Chance, sich auf die Lage einzustellen und etwas für eine Umkehr des Betroffenen sowie für die Information der Allgemeinheit zu tun.

Eine Einordnung der Problematik psychomutatorischer Bewegungen und Techniken in den Suchtbereich würde die Krankenkassen und die öffentliche Hand stark belasten, sie wäre jedoch der Sache nach falsch. Abhängigkeiten sind generaliter keine Süchte, selbst dann nicht, wenn sie psychisch begründet sind. Süchte sind ein ausgrenzbarer und auszugrenzender Spezialbereich der Abhängigkeitsproblematik. Nur wo *stoffgebundene Abhängigkeit* erzeugt ist (Drogen, Alkohol, Pharmaka), sollte der Suchtbegriff verwendet und rechtlich entsprechend reagiert werden.

8. Midgards reines Reich – Traumland deutsch-völkischen Glaubens

Mit einem durchaus diesseitigen Ziel seiner religiösen Kämpfe und Bemühungen ist jener Teil der Gesellschaft befaßt, den man normalerweise als «religiös-rechtsextremistisch» oder auch schon mal als «Wotans Erben» bezeichnet hat.

Diese Religiosität stand auch Pate bei dem Staatskonstrukt, das wir gemeinhin als das «Dritte Reich» (übrigens ebenfalls ein parareligiöser Begriff) bezeichnen. Wir wissen, daß aus dieser Zeit ein erheblicher Restbestand an Glaubensgut und Engagement überdauert hat. Der religiöse, zur Macht drängende Rassismus lebt in nicht wenigen Köpfen ungebrochen. Er bietet sich auch insbesondere für die gesellschaftlich Benachteiligten als Deutungs- und Handlungsmuster an, die sich ihre Lage nicht erklären können und die zu allen Zeiten der Menschheitsgeschichte leicht faßbare und verifizierbare Feindbilder brauchen, ohne wirklich zu wissen und zu verstehen, wo die Ursache ihres Leidens und der von ihnen erlebten Randständigkeit zu suchen ist. Daß aus solchen Wahndeutungen leicht so etwas wie eine ansteckende Krankheit werden kann, ist ebenfalls historisch belegt.

«Der Nationalsozialismus stirbt nicht, bevor nicht dieses Volk gestorben ist: Jeder gesunde Deutsche wird als Nationalsozialist geboren. Seine Grundlagen und Ordnungsprinzipien sind so alt wie das Leben auf diesem Planeten. Nur wenn die Minuswelt endgültig siegt, dann stirbt der Nationalsozialismus und mit ihm alles Leben auf diesem Planeten! So kämpft der Nationalsozialismus nicht nur für unser Volk und unsere Rasse, sondern letztlich für das Leben und das Überleben überhaupt.» Solches bekennt Michael Kühnen 1986 in einer internen Schrift seiner Bewegung. Erschienen in einem «Verlag DAS DEUTSCHE REICH».

Michael Kühnen ist, was man bei uns einen Rechtsextremisten nennt. Er ist vielleicht der bekannteste Exponent einer ursprünglich kleinen Wahngruppe von Neonazis, die es inzwischen immerhin geschafft hat, zu einer allseits beachteten Zeiterscheinung zu werden.

Zumindest seit Skinheads und Rechtsterroristen von sich reden machen. Erstere sogar in der ehemaligen DDR. Michael Kühnen hat mehrere Verurteilungen hinter sich, er ist ein Märtyrer seiner Bewegung. Michael Kühnen gehört nach hier vorliegenden Informationen auch einer Religionsgemeinschaft an, einer Deutschgläubigen Gemeinschaft.

Das hat er wohl mit dem Hamburger Rechtsanwalt Jürgen Rieger gemein. Jürgen Rieger verfaßte als Student ein Büchlein mit dem Titel «Rasse ein Problem auch für uns!» Dort finden sich Forderungen wie das Verbot rassischer Mischehen und Sprüche wie: «Wenn wir auf Diskriminierung verzichten, wird das vielleicht zu unserem Untergang führen» und «Der Antisemitismus z. B. ist an das Vorhandensein der Juden gebunden; vor 1933 [...] war der Antisemitismus größer als nach 1933», sowie: «Beim Rassenkampf muß Intelligenz nicht unbedingt ein Vorteil sein.» Man ist versucht, dem Autor aufgrund seiner Äußerungen wegen deren Belegqualität zuzustimmen.

Im Vorwort der Schrift prophezeit Rieger schon 1969 eine «Verschärfung der Rassenspannungen, vielleicht demnächst in Deutschland». Damals dachte wohl kaum jemand an dergleichen. Mit Ausnahme von Rieger und Konsorten, die sich denn auch weidlich dafür eingesetzt haben: Inzwischen ist Jürgen Rieger eines der leitenden Mitglieder der «Artgemeinschaft e. V.», er vertritt anwaltlich den «Nordischen Ring» und zeichnete als erster Vorsitzender der «Gesellschaft für biologische Anthropologie, Eugenik und Verhaltensforschung e. V.», früher: «Deutsche Gesellschaft für Erbgesundheitspflege», einer deutschgläubigen Gründung gegen «biologischen Verrat».

Weitgehend unbeachtet von der Öffentlichkeit hat sich im politisch rechtsradikalen beziehungsweise rechtsextremistischen Spektrum eine seit dem 19. Jahrhundert und besonders in der Geschichte des religiösen Rassismus und der Vorgeschichte des Dritten Reiches virulente Religiosität wieder wirkungsmächtig verdichtet. Es ist die «deutsch-völkische» Religiosität und aus ihr hervorgegangen die «neugermanische».

Wenn wir die Vorgeschichte des Konstrukts ansehen, das wir mit einem religiösen Begriff als «Drittes Reich» bezeichnen, so sehen wir eine ganze Zahl von Bünden, Sekten, Orden und Gefolgschaften, die zwar in ihrem Erscheinungsbild alle erstaunlich differieren, aber in zwei Grundideen nahezu kongruent sind:

1. Die «Art» (gedeutet als durch Geburt erworbene und vom «Blut» erhaltene Rasse) ist für den Wert des Menschen ausschlaggebend.
2. «Hohe Art» (Rasse) wird durch «niedrige Art» (Rasse) herabgezogen (verunreinigt, gemindert), was für die «höchste Art» (Rasse) immer nur abträglich sein kann.

Diese Gedanken begründen den modernen Rassismus und den modernen rassistischen Antisemitismus. Damit ist etwas Neues auf den Plan getreten. Auch der bis dahin virulente und gerade im 19. Jahrhundert von vielen gebildeten Juden weitgehend überwunden geglaubte Antisemitismus erhält damit ein neues Gesicht, neue Begründungen und eine neue, tödliche Brisanz.

Der alte Antisemitismus war religiöser Art gewesen. Es gab bei den sogenannten germanischstämmigen Völkern den Juden gegenüber kein rassisches Überlegenheitsgefühl. Eher fühlte man sich kulturell unterlegen. Das Feindschaftshandeln, das erst im hohen Mittelalter, einer Zeit extremer Allgemein-Psychopathologien, handgreifliche Gestalt gewinnt, war aus religiösen Ideen gespeist. Eine zweite Quelle des Hasses wird die ökonomische Situation.

Josef Arthur Graf von Gobineau entwirft Mitte des 19. Jahrhunderts in seinem vierbändigen Essay «Über die Ungleichheit der Rassen» das Bild einer Kulturschöpfer-Hierarchie der Rassen, bei der der «weltordnenden germanischen Rasse» die erste Stelle zukommt. Nicht Klima oder soziale Umstände, sondern allein die Reinerhaltung des Blutes (oder dessen Vermischung) beeinflußt die Menschenrassen. Seine Vorstellung von einander ablösenden herrschenden und gestürzten Rassen ist keine wissenschaftliche Darstellung, sondern eine Art Geschichtsschau.

Die Deutschtümler, allen voran Richard Wagner, der sich als Gobineaus Freund versteht, und Guido List hören das nur zu gerne. Sie geben es als wissenschaftliche Erkenntnis aus und entwickeln aus dieser einen Blut-, Boden- und Rassen-Mystizismus, bei dem das Blut Träger der Rasse (in der Sippe und dem Stamm) und der Boden zum angestammten Rechtsgut der Herrenrasse wird.

Als erste aber trifft es die Juden, die eben ihre Emanzipation feiern zu können glauben. Für Gustav Langbehn, den sogenannten «Rembrandtdeutschen», einen extremen Chauvinisten, ist der Deutsche «ursprünglich der Mensch schlechthin; augenblicklich ist er es zwar nicht; aber er kann es wieder werden.»

Woran ihn allerdings der Jude hindert, der ein Alters- und damit Zersetzungsprodukt sei. Langbehn kann sich zu Aussprüchen versteigen wie: «Jüdische Kinder gibt es nicht. Jeder Jude wird als alter Mann geboren.»

Der moderne Jude habe weder Religion noch Charakter, noch Heimat, noch Kinder. Der «doppelt jugendliche» Teil der Menschheit, nämlich die Deutschen (so Rembrandt) müsse sich gegen die Juden erheben.

Auch Richard Wagner sinniert in seiner Schrift «Über das Judentum in der Musik» über eine «Emanzipation der germanischen Edelrasse von fremden parasitären Eindringlingen», den Juden nämlich.

Dergleichen nahm dann Gestalt an in sattsam bekannter Form. Doch trotz des Debakels von 1945 ist immer noch in nicht wenigen europäischen Köpfen der Glaube präsent, daß als einzige Rettung aus dem laufenden Untergang das hohe Reich nordischer Artmenschen, der Asinge und Göttergleichen, entstehen müsse.

Zuvor, das heißt jetzt, aber ist «Wolfszeit». Der Edelmensch sieht sich in benachteiligter Position. Man murrt über diesen Unheilszustand, und bald setzt sich der Glaube durch, daß da eine neue, eben dem Edelmenschentum entsprechende Religion hermüsse.

Guido List und seine Freunde sehen altes «Armanentum» als neuen Heilsträger. Die angeborene Religion sei die «armanische Wihinei», das heißt der «Wuotanismus». Durch sie würde die Weltherrschaft der Ario-Germanen errichtet und erhalten. List und sein Freund Georg Lanz, alias Jörg Lanz von Liebenfels, waren es denn auch, die uns das Hakenkreuz beschert haben. Durch sie kam dieses stilisierte Sonnenrad auf die Flaggentücher. Die erste Hakenkreuzfahne wehte über Liebenfels' Burg Werfenstein, die er zum Hauptsitz seines neugegründeten «arioheroischen Neutempeleisen»-Vereins, des Ordo Novi Templi (Neutempler-Ordens) gemacht hatte. Im Volksmund heißen die Pseudo-Ritter dort heute noch bei den alten Leuten am Ort «die Frauenfeinde». Nicht schlecht, kommt doch nach Lanz von Liebenfels alle rassische Unbill durch die Geilheit der Frauen, die sich in sexueller Lust mit Tiermenschen beziehungsweise Tschandalen-Äfflingen paaren und so dem guten Blute Arges tun.

Mit der Zeit entsteht in Deutschland und Österreich ein durch unzählige, sich ständig durch Aufsplitterung und Allianzen amöbenartig verändernder neugermanisch und deutsch-völkisch-religiöser Untergrund, der politisch auch zunehmend Einfluß gewinnt. Vor allem in Österreich gewinnt der rassistische Antisemitismus erheblich an politischer Macht. Schon im Neutempeleisen-Verein sitzen höchste Militärs und einflußreiche Personen wie Feldmarschalleutnant Rudolf Freiherr von Nordgothen, der Afrika-Forscher Dr. Carl Peters, der Erfinder der Postsparkassen Dr. v. Peetz und andere.

Der Wiener Industrielle Walthari Wölfel beschreibt die Religion dieser Leute und des Ordens, dem er auch angehört und den er finanziell unterstützt: «Religion ist im Grunde genommen Ahnenkult und Rassenkult.»

Träger der Religion und letztlich Gott dieses Glaubens ist das Blut. «Ich weiß Gott allein in der Kraft unseres Blutes», endet ein «Deutsches Glaubensbekenntnis». Und bei der Artgemeinschaft dichtet ein Gefährte:

«Froh schaun wir auf Enkel / die unser Schutzbild, / Das Innbild der Art / Im Blute tragen.»

Im Verlauf der Geschichte des NS-Reiches wurden diese Gruppen und Vorstellungen jedoch immer mehr an den Rand gedrängt. Mit dem üblichen Dank der Diktatoren erhielt Lanz von Liebenfels sofort nach dem deutschen Einmarsch in Österreich Schreibverbot. Andere Gruppen wurden insgesamt unterdrückt, so daß sie, wie zum Beispiel der Gründer der aus der *Nordischen Glaubensgemeinschaft* nach 1945 hervorgegangenen *Artgemeinschaft,* sich als «Verfolgte» ausgeben konnten. Höchstens im Umfeld von Himmlers Rasse-Orden, beim sogenannten *Ahnenerbe* und in anderen himmleristischen Institutionen, war offizielles Überleben angesagt.

Geister aus diesem Geist dichteten denn auch Ende der sechziger Jahre in der Zeitschrift «Saatkorn – Biologisch volksnahes Gesundheitsmagazin»: «Volk aus der Tiefe / Aus Nordens Nacht / Hüte das Feuer / Dein Erbe teuer! / Bleib auf der Wacht!» Und man definierte dieses Erbe im Motto der genannten Zeitschrift 1969 wie folgt: «Erst die Kulturgemeinschaft aller germanischen Völker von Reykjavik bis zur Salurner Klause und von Canada bis Australien läßt die Welt in Hoffnung neu ergrünen.»

Doch was da grünt, ist wenig hoffnungsträchtig. Ein «Armanen-Orden», der dem Wuotanismus huldigt, hält im Juni 1988 in Island mit anderen gleichgesinnten Verbänden einen «Asischwanischen Midgard-Thing» ab. Ihnen engstens verbunden sind «Thors Wikinger», eine Schaukampfgruppe, die nach außen hin als folkloristische Festbereicherung bei Stadtjubiläen auftritt, tatsächlich aber ein erhebliches rechtsextremistisches Potential darstellt. Die vor allem in Westdeutschland beheimatete Gruppe der «Gylfiliten» hat enge Beziehungen zur «Wehrsportgruppe des Deutschen Jugendbundes / Westmark», kämpft gegen «Jesuiten, Rosenkreuzer, Juden, Freimaurer» und erhebt Hitler unter die germanischen Götter («An ADOLF bete zur Einheit Deutschlands!»).

In München und Mailand verübte 1984 eine «Gruppe Ludwig» terroristische Anschläge und bekannte sich zu 14 Morden. Man bekannte: «Unser Glaube ist der Nazismus.» Eine «Kampfgruppe Priem», später umbenannt in «Asgard-Bund e.V.» und «Söhne der Asen», verbindet rechtsradikales Rockertum mit germanischer Götterverehrung. Ein «Nordisch-Germanischer Jahrweiser» (Bezug auch durch die «Deutschgläubige Gemeinschaft», der man wohl engstens verbunden ist) ruft zum Beispiel im Gilbhart (Oktober) dem Betrachter zu:

«Unser Glaube ist unser Volk! Unsere Erfüllung ist unser Blutserleben! Unsere Ewigkeit ist Deutschland!»

«Wotans Söhne» halten ihre Kulthandlungen im Schwarzwald ab. Und im Großraum Köln wüten «Wotans Wölfe – Kultgemeinschaft für germanische Volksreligion»: «Die Kultgemeinschaft Wotans Wölfe ist eine Herberge für Menschen auf dem Weg von einer durch und durch kranken ‹neuen Zeit› zu einer Neuzeit.» Mit Politik habe man nichts am Hut, aber mit diesem Staat und seinen Methoden auch nichts. So fordern die Wölfe zuerst einmal «Reihenuntersuchungen der gesamten Bevölkerung» gegen AIDS. Priems «Nordisch-germanischer Jahrweiser» aber weist auch «Wotans Söhne» durch ihr Kultjahr.

Für etwas softere deutsche Gemüter, deutlich völkisch-germanisch mit nur wenigen kleinen, dem Kundigen aber deutlichen, Antisemitismen gibt der «Alte Jahrweiser» einer Gruppe, die sich «Jahrkreis – Eine Bürgerinitiative aus dem Handwerk» nennt, mit Adresse im bayerischen Traunreut, völkisches Weggeleit. In den Begleitschriften wird zum 1. Mai «Robert Ley, Reichorganisationsleiter der NSDAP und späterer Führer der Deutschen Arbeitsfront» mit seinem auf dem «Reichsparteitag 1934 erstatteten Bericht» eingehend und zustimmend zitiert. «Unser intellektueller Verfall», so wird belehrt, sei durch christliche Weltanschauung, zum «Deuglisch» verkommene Sprache, die Frankfurter Schule und das «sogenannte demokratisch-fortschrittliche Schulsystem» inklusive der dito Politik zustande gekommen. Ergebnis: der «vom Intellekt benebelte Bürger». Rettung gibt es nur noch durch einen radikalen Umbruch. Derlei Hetze spricht sicher manchen an, der dann den Anfang des erhofften Umbruchs in Schönhubers Softrechts-Wichteln sieht.

Bis zu welchen, im Ernstfall wohl leider folgenschweren und bluträchtigen extremistischen Spinnereien derartige Ideen sich entwikkeln können, zeigt ein Beispiel aus dem religiösen Underground der Bundesrepublik 1989.

«weisse evolutionsagenten» beziehungsweise *«esoterische hitleristen»* nennt sich ein aus Skins und rechtsradikalen Okkultfreaks zusammengewürfelter Haufen junger Rechtsreligiöser. Berichtet wird:

«sie glauben, dass die weisse, arische rasse [...] keinen irdischen ursprung hat, sondern von den sternen kommt, und ihr geist mit dem der sonne zutiefst verbunden ist. einst in ihrer urzeit waren sie göttern gleich, ja sie, die angehörigen der arischen, weissen rasse waren die von den sternen gekommenen götter. sie waren es, die z. b. in mittel- und südamerika die dortigen hochkulturen aufbauten.»

Sie seien früher noch viel weißer, nahezu durchscheinend, gewesen, und ihre Spuren fänden sich in den Göttervorstellungen vieler Religionen. Höchster Gott ist ihnen Odin sowie eine «Allmutter»-Göttin.

«als die weisse, arische rasse in ihrem esoterischen herz- und kraftland, in deutschland, am tiefsten gesunken war, am bedrohtesten war, inkarnierte sich nun dieser hohe gott der arier, odin, als mensch in der person adolf hitlers. für die weissen evolutionsagenten war hitler ein eingeweihter, ein tantrischer magier, in dem sich odin der höchste arische gott inkarniert hat, der seinem volk, seiner rasse, beistehen wollte und so in ihrer bedrängung durch die aufkommenden mächte des dunklen, des bösen, des lunaren, wozu z. b. auf dieser materiellen ebene die internationale hochfinanz, die freimaurer, das weltjudentum (zionismus), die demokratien, der kommunismus, und heute das new age-denken gehören. hitler wollte seine arisch-weisse rasse, die indogermanen, indoeuropäer unter der führung ihrer herznation, der deutschen, wieder zu den göttergleichen uranfängen zurückführen, sie befreien aus der vermischung mit den angehörigen der mächte des bösen kali-yuga-zeitalters, des ragnaröck. so kam es zu dem grossen, kosmisch-heiligen krieg, dem 2. weltkrieg [...] in der letzten grossen schlacht, der götterdämmerung, fiel der führer, denn nach dem unergründlichen ratschluss der nornen war momentan die macht des kali-yuga stärker. doch: hitler kehrte zurück in sein walhall-asgard-jenseits-reich, wurde wieder zu dem gotte odin, und er nahm den geist und die seelen der heldenhaften kämpfer der wehrmacht, und der waffen-ss mit, die dort nun die ‹wilde jagd odins› bilden, das götter-, geister-, dämonenheer. auch gelang es den hohen ss-wissenschaftlern etc. rechtzeitig zu entkommen in geheime oasen der antarktis, wo sie seither leben und die ufo-sichtungen sind z. b. sichtungen ihrer ss-flugscheiben und flugkreisel, der wunderwaffen der dritten macht. und sie glauben, dass die zeit kommen wird, wo dieses ‹letzte bataillon hitlers› zusammen mit dem geisterheeren der ‹wilden jagd› bestehend aus den geistseelen der ehemaligen gefallenen waffen-ss'ler wiederkehren wird am ende des kali-yuga-ragnaröck-zeitalters, um die bösen zinsknechtschafts- und hochfinanzmächte zu zerstören und ein neues, weisses, arisches goldenes zeitalter aufzubauen.»

Blut- und Reichsmystik sind Produkt und Erzeuger dieser Rechtsreligion zugleich.

Dieses Gut liegt im *Blut,* das damit zum Heilsgut ersten Ranges wird. Julius Langbehn, der «Rembrandtdeutsche», mythelt:

«Denn im Grunde ist nur das Blut werth, das ureigene Blut, daß um seinetwillen ein Blut vergossen wird. Das Leben ist eine Notwehr; das eigene Blut will sich durchsetzen gegen das fremde; so will und wird auch das arische Blut sich durchsetzen gegen jedes andere.»

Als besondere Gefahr gilt ihm und seinesgleichen «der Jude».

«Die Juden [...] stellen – in ihrer Gesamtheit und nach ihrer heutigen Beschaffenheit betrachtet – denjenigen Entwicklungsstand eines Menschen dar, welchen man als ‹alt, klug und schlecht› bezeichnet.»

Da findet sich für den «Kanaken» bald Ebenbürtiges.

Otto Sigfrid Reuter, der Bruder des späteren regierenden Bürgermeisters von Berlin, braucht 1922 als Glaubensgrundlagen keine schriftlich vorliegende Überlieferung, sondern er sucht im Blut «die Grundpfeiler des Glaubens selbst» und will «die Wurzel religiösen Lebens vom Schutt der Zeitalter befreien. Dabei ergibt sich, daß diese Wurzel lebt und zwar lebendig noch in uns selbst.»

Wenn das «arteigene Blut» eine so bestimmende Rolle spielt, ist es auch konstitutiv für die eigene Glaubensgemeinschaft. Beim Armanenorden ist die Zugehörigkeit zum Orden folglich schon mit dem Volkstum gegeben:

«1. Der AO ist das ario-germanische Volk als Hauptstamm der arischen Rasse, in allen Lebensbereichen geordnet nach seiner natürlichen, geistigen und körperlichen Eigenart. 2. Angehöriger des AO ist damit jeder Ario-Germane, der nach seiner Veranlagung die Voraussetzungen zu armanischem Denken, Fühlen und Handeln in sich trägt. 3. Die Zugehörigkeit zum AO wird daher nur durch artechte Geburt in diese Volksgemeinschaft erworben. Daher ist der AO eine naturgegebene und keine künstliche Gemeinschaft. 4. Der Ordensbegriff ist durch die geistige, seelische und körperliche Veranlagung und dadurch bedingte gemeinsame Lebensweise des ario-germanischen Volkstums gegeben [...] 10. Aus den obengenannten Punkten ist ersichtlich, daß der AO eine naturgegebene Gemeinschaft ist. Entstehen, Werden und Vergehen des AO liegen deshalb auch nur im kosmischen Sein des ario-germanischen Volkes begründet.»

Im *«Asgard-Bund e. V.»* heißt es in den «Gedanken des Thorpriesters Har»:

«Wir Arier wissen, daß sich der göttliche Sinn der Welt niemals tiefer und reiner offenbart hat, als im Gottesreichtum der nordischen Seele und in der Tiefe des germanischen Geistes. Unsere ‹Heilige Schrift› steht in unseren Herzen – deutlich und deutsch!!!»

Aus der Blut-Mystik kommt auch ein gewisser *Ahnenkult.* Im «Artgelöbnis» der sogenannten «*Artgemeinschaft* e. V.» heißt es: «2. Wir geloben Treue zu halten Ahnen und Eltern, Freunden und Gesippen und zu wirken für ihr Wohl.» Und in der «Tafel der Werte» der Artgemeinschaft lautet der Schluß: «Erdgeboren, aufgerufen zur Gestaltung, / dem Göttlichen dienend im Geiste der Ahnen.»

Der germanisch-gläubige Dichter Georg Nikolaus faßt es in den Vers:

«Die Ahnen schreiten mit / Auf allen Deinen Wegen. / Vergiß es nicht o Mensch / Du bist mit Fluch und Segen / Beerbt aus alter Zeit, / Und gehst mit dieser Bürde / Ein in die Ewigkeit.»

Eine Folge der Blut-Mystik ist die Reichs-Mystik. Der Glaube an das «Heilige Reich» zählt zu den weithin verbindenden Glaubensinhalten deutschvölkisch- und neugermanisch-religiöser Bünde und Gruppen. Es ist nicht das «Heilige Römische Reich Deutscher Nation», sondern die neosakrale Perversion dieses geistigen Erbes des christlichen Abendlandes. «Dem Reich getreu und treu dem Gott der Ahnen», heißt es in einem Gedicht aus dem diesbezüglichen Umfeld, und:

«Das Reich ist Sicherheit und Saat und Brot, / umfriedet hütet es Geburt und Tod – / es ist vom All gepflanzter Lebensbaum [...] / Im Morgenwind des Reichs Standarten steh'n! / Aus bitt'rer Nacht erglüht der neue Tag! / Schon donnert ehern Freiheits-Glockenschlag – / AUFSTEHT DAS REICH; niemals wird es vergeh'n!»[1]

Dieses Reich ist Midgard. H. W. Hammerbacher, vor und während der Hitlerzeit ein unermüdlicher Deutschglaubenskünder, sieht in einer 1977 von Gesinnungsgefährten wieder aufgelegten Schrift «Midgards Morgen» und Auferstehung:

«Wir aber wollen, daß die reine Welt unserer Vorväter wieder entstehe [...] Wir rufen alle Gutwilligen auf, die noch den göttlichen Grund in sich spüren, die das Erbe ihrer lebendigen Abstammung von Midgards Söhnen und Töchtern nicht verraten und verschwendet haben. Wir rufen alle hochgewachsenen, hellen, geraden Menschen mit reiner Seele und freiem Geist auf, in den Ländern, die uns von der göttlichen Allmacht verheißen und uns stammverwandt sind. Midgard hört hier nicht auf und fängt nicht dort an, es umfaßt alle Deutschen und germanischen Verwandten, ganz gleich, wo sie sich heute befinden.»

Die Tochter des zitierten neugermanischen Schriftstellers ist heute die Führerin des *Armanenordens*.

Im Grunde sind alle diese Vorstellungen nur die Kehrseite eines tiefsitzenden Minderwertigkeitsgefühls. Es ist die alte Geschichte von dem zum Knecht degradierten Herrschersohn und Göttersproß, der es seinen Peinigern eines Tages schon zeigen und geben wird. Nur wenige wissen um sein wahres Geheimnis.

Dieses Minderwertigkeitsgefühl ist Folge und Ursache zugleich eines extremen Gegenwartspessimismus. Schon Langbehn, der

«Rembrandtdeutsche», beschreibt den Deutschen als «ursprünglich der Mensch schlechthin, augenblicklich ist er es zwar nicht; aber er kann es wieder werden». Der danach folgende Herren- und Reichstraum war kurzer und selbstzerstörerischer Natur. Das wissen unsere Rechtsgläubigen natürlich. Und sie müssen den «Untergang des Reiches der Hohen Art» erst einmal begründen. Da wird eine Welt voller niedrig gesonnener Feinde, Dolchstößlinge und Neider bemüht. Noch, so macht man sich vor, ist nicht alles verloren. Noch gibt es die «wenigen Getreuen», die «Standartenträger des Reichs», die «Edelinge». Nur hart müssen sie sein, um in dieser «Wolfszeit» nicht unterzugehen. Man träumt wie der Barde Düpow: «Rings um den Erdball steigt auf Sonnenrossen / Das Abendland, das fast verlorenging.» Doch das «heilige Reich» läßt arg auf sich warten. Dafür wächst die Völker- und Rassenvielfalt statt der erträumten Edelmenschen-Bonanza. Die Grenzen werden durchlässig, die Konturen verwischen sich, und Wirtschaftsstrukturen bestimmen den Gang der Dinge, wo Edelmenschenworte ungehört vergehen.

«Da hilft nur noch dreinschlagen», formuliert es wutschnaubend Karl F., Skinhead und Hitlerfreak. Blut will er sehen. Das der anderen, das sowieso nichts wert sei. Von Ideologie weiß er nichts, aber «Deutschland wir kommen» und ein Reichsadler und eine großdeutsche Umrißkarte mit «Ich bin stolz darauf, ein Deutscher zu sein» zieren seine Parka. Er will kämpfen, für «das deutsche Reich», das einfach nur groß sein soll, «oder?»

Dreinschlagen für gutes Geld ist der Freizeitberuf von «Thors Wikingern». Die Recken unter ihrem Führer Harry Radegeis (er hat sich diesen «Wikingernamen» durch Umbenennung in den Paß eintragen lassen) geben auf kommunale Einladung hin in Spandau oder Köln Wikinger-Prügeleien mit Schwert und Kettenhemd zum Volksbesten. Das ist lustig anzusehen und als Dreinschlage-Training ganz gut. Mit den «Thorguard Vikings» aus Großbritannien und anderen Rechtskämpfergarden weiß man sich eng verbunden. Führer Harry drillt seine Mannen auch ideologisch. Schriften aus seiner Feder wie «Esoterik und Geheimpolitik» und «Der Heidenstaat – Neue Wege alter Kultur» helfen ihm dabei. Als Gegner hat er zwei Zeitfeinde ausgemacht: «1. Die weltweite Gleichheitsidee, 2. Den Zentralismus.» Umerziehung und Ausländerintegration sind Waffen des Feindes. Er hingegen will «das Vollkommene», die Elitebildung, und das geht nur durch «ständigen Kampf». Und für den trainiert er, mit Hilfe mancher öffentlichen Mark, seine Helden in spe. Wenn es rechtsreligiös tagt, ist Harry selbstredend dabei. Er will seinen Beitrag schon leisten, daß Midgard neu erblühe. Dann wird auch er wohl Blut nicht scheuen. Das zu ahnen, braucht man keine Prophetie.

9. Religion und Politik

Es ist ein christliches Erbe und eine weltgeschichtliche Besonderheit des Menschen in der modernen westlichen Kultur, daß er zwischen den Bereichen Politik und Religion säuberlich unterscheidet, mit dem Trend, das eine nicht zu stark oder möglichst gar nicht auf das andere einwirken zu lassen. In der Sprache der Theologie ist es die Zwei-Reiche-Lehre, die sich in der westlichen Vorstellung des Verhältnisses von Religion und Politik verwirklicht und die uns in unseren Verfassungen in extremer Form in der Trennung von Religion und Politik begegnet. Martin Luther unterscheidet sehr stark zwischen dem «reych Gottis» und dem «reych der wellt».[1] Das war im Abendland nicht immer so. Der heilige Augustinus sah im irdischen Reich einen Abglanz des Gottesreiches und im Kaiser einen auf Erden machtausübenden Beauftragten Gottes. Krönungen waren ein geistlicher Akt.

«Man war ja der Überzeugung, daß das Imperium Romanum ex sacris et prophanis bestehe. Im Kaiser- und Reichsgedanken flossen alle sakralen Ideen zusammen, die das Abendland für Herrschermacht und Herrscherrecht seit den Zeiten der byzantinischen Kaiser gefunden und überliefert hatte. Neben der Kirche war das Reich der Eckstein der Schöpfung. Das Reich hatte die Verheißung ewiger Dauer [. . .].»[2]

Geistliche Fürstentümer sind ein fester Bestandteil des «Heiligen Römischen Reiches Deutscher Nation». «Und haben etliche unschicklich die Gewalt der Bischöfe und das weltliche Schwert untereinander vermengt», beklagt die Confessio Augustana von 1530 in Artikel XXVIII («Von der Bischofen Gewalt»). Ganz setzt die Reformation die Trennung zwischen Kirche und Staat nicht in Kraft. Bis zum Westfälischen Frieden von 1648 bestimmt der Landesherr die Konfessionszugehörigkeit seiner Landeskinder. Und bis zur Revolution von 1918 bleibt er in den protestantischen Staaten Deutschlands auch Inhaber der kirchenleitenden Gewalt. In den katholischen Bereichen teilt er sie sich mit den Bischöfen. Die deutliche Trennung von Religion und

Politik scheint eine Errungenschaft der Moderne, ohne die eine freiheitliche demokratische Gesellschaft nicht denkbar ist.

In den antiken Staaten sind Religion und Politik engstens verknüpft. Die Assyrer opfern alle Gefangenen im Kriege ihrem Gotte, und sie stehen damit in der Menschheitsgeschichte nicht allein da. Die Vorstellung von der Göttlichkeit des Herrschers dringt aus den östlichen Staatswesen sogar in das eher nüchterne Rom ein. Daß Israel, und in Ägypten der außenpolitisch erfolglose Echnaton, in Gott auch den Bewahrer fremder Völker sehen, ist eine Besonderheit.

Daß der Gedanke der Trennung von Religion und Politik im christlichen Bereich Gestalt gewann, hat sicherlich etwas mit der «politischen Vergangenheit» aus den frühesten Tagen der christlichen Kirche zu tun. Es hat damit zu tun, daß hier niemals die Erinnerung daran erlosch, daß der «Samen der Kirche» (als dieser wurde das Blut der Märtyrer bezeichnet) im Widerstand gegen das Kaiseropfer und damit die Anerkennung der Göttlichkeit des Kaisers ausgestreut wurde. Das Wort Christi «Gebt dem Kaiser, was des Kaisers ist, und Gott, was Gottes ist» wird hier grundlegend. In der Reformation wird im Augsburgischen Bekenntnis geboten, der weltlichen Obrigkeit zu gehorchen, «es sei denn, sie befehle zu sündigen».[3]

Ähnliches klingt schon in Sophokles' Antigone an, wenn dort die Gehorsamsverweigerung gegenüber dem Basileus[4] begründet wird:

«Auch glaubt ich nicht / daß dein Gebot, das doch nur Menschenwerk, / so stark sei, jene ungeschriebene, / der Götter unerschütterliche Satzung / im Lauf zu überholen.»

In der nachtechnischen oder kybernetischen Zivilisation scheint sich nun die überkommene Trennung von Religion und Politik wieder zu verwischen. Dabei muß nicht nur an Khomeinis theokratische Revolution erinnert werden. Viel gravierender ist zum Beispiel der Versuch US-amerikanischer christlicher Fundamentalisten, die Gesetzgebung religiös zu dominieren.

Noch deutlicher wird die Vermischung von Religion und Politik bei den Jugendreligionen und den Parteireligionen unserer Tage.

Per definitionem sind Jugendreligionen ja nicht Bündelungen von Unter-18jährigen, sondern religiöse Konstrukte, die mit dem Anspruch auftreten, mittels eines «Rettenden Rezepts» die ansonsten zum totalen Untergang verurteilte Welt vor eben diesem Untergang zu bewahren.

So hat die *Transzendentale Meditation* nicht nur den Regierungen per Annoncen in den großen Zeitungen der westlichen Welt[5] angeboten, «die Probleme jeder Regierung, ungeachtet deren Natur und Ausmaß und unabhängig von dem jeweiligen Regierungssystem, zu lösen [...] Absolute Vertraulichkeit wird zugesichert»[6], sondern man hatte 1976 auch eine «Weltregierung des Zeitalters der Erleuchtung» eingesetzt. Daß IMS-Pressesprecher Jochen Übel sie im nachhinein zu einer «nichtpolitischen und nichtreligiösen weltweiten Organisation» erklärt[7], kann als Verschleierungstaktik gewertet werden.

1977 hatte man eine «GTM Gesellschaft der Weltregierung des Zeitalters der Erleuchtung zur Förderung der Transzendentalen Meditation und der Wissenschaft der Kreativen Intelligenz» gegründet. Man will «das Leben der Gesellschaft in vollkommener Ordnung erhalten».

Der TM-Guru Maharishi Mahesh Yogi hatte schon vorher seine Ziele hoch gesteckt:

«Es gibt nur ein Gesetz, das alle Regierungen erlassen müssen, und dann wird jedermann von sich aus gesetzestreu sein. Dieses Gesetz würde die Kenntnis der ‹Wissenschaft der Kreativen Intelligenz› und die zweimal täglich zu praktizierende Transzendentale Meditation vorschreiben. Mit diesem einen Gesetz würde der Zweck aller Gesetze voll erfüllt sein.»[8]

Maharishis Menschenbild enthüllt die Äußerung:

«Es gibt keinen Platz und wird nie einen geben für den Schwachen. Der Starke wird führen, und wenn der Schwache nicht folgen will, gibt es keinen Platz für ihn. [...] Im Zeitalter der Erleuchtung gibt es keinen Platz für unwissende Leute [...] Die Nichtexistenz des Schwachen ist immer ein Gesetz der Natur gewesen.»[9]

Der Versuch, eine «Goldene Partei» zu gründen, endete ebenso als Flop wie ein «Deutscher Wählerring» und eine «World Association of the Free and Independent Politicians», alles Gründungen, hinter denen außer dem Geld der Bewegung ein Maharishi-Anhänger deutsch-völkischen Strickmusters steckte.

Den Vogel schoß jedoch der 1920 geborene Koreaner San Myung Mun mit seinen politischen, wirtschaftlichen und religiösen Ansprüchen ab. Er hat in der Tat ein regelrechtes Imperium auf Blut, Schweiß und Tränen seiner Anhänger aufgebaut. Die Trias von «Blut, Schweiß und Tränen» ist von ihm selbst so und in dieser Abzweckung genannt. Allerdings setzte er als Begünstigten nach außen hin Gott ein.

In der *Mun-Bewegung* finden wir ein besonderes Beispiel der Einheit von Politik und Religion. Für ihn ist «Demokratie nicht das ideale System, das Gott ausgedacht hat. [...] Doch wenn Demokratie eine Stufe zur Himmlischen Monarchie ist, dann ist es sinnvoll, sie derzeit beizubehalten.»[10]

«One day, everyone will declare the true position of Rev. Moon. Father will be recognized in every field, academic, scientific, cultural, religious.» (MS, «God's day», 87-01-01, Morning speech, S. 2.)

Das Mun-Imperium ist selbst für gutinformierte Beobachter heute kaum mehr zu überblicken. Firmen, religiöse und politische Gemeinschaften, Aktionen, Zeitschriften, Kultur- und Sozialaktivitäten schießen weltweit aus dem Boden und künden dem Kundigen von der Macht und dem Einfluß des sich als «Lord of the Second Advent», das heißt, als der Messias ausgebenden und von seinen Anhängern als Messias verehrten Koreaners San Myung Mun. (Sein Lebenslauf soll unter seinem Namen kritisch vorgestellt werden.)

Erst ein ungefährer Überblick über das Mun-Imperium kann auch zu einem ungefähren Urteil über den Stellenwert dieser Bewegung und die von ihr ausgehenden Hoffnungen beziehungsweise Bedrohungen befähigen.

Daß Mun selber höchst unterschiedlich bewertet wird, liegt in der Natur der Sache. Gläubige und Nutznießer sehen ihre Bezugspersonen eben nun einmal anders, als das distanzierte oder gar kritische Beobachter tun. Die Mun-Gläubigen und die Kostgänger des Imperiums aber werden sich kaum mit den kritischen, die Kritiker selten mit den gläubig-ideologischen Formen der Betrachtung identifizieren.

Am Anfang stand die Muttergründung des Imperiums, die religiöse Gemeinschaft SAE GAE (Welt) GI DOG KYO (Christenheit) TONGIL (Vereinigung) SIN RYUNG (Heiliger Geist) HYUP WE (Verein). In der Bundesrepublik nannte sich die Organisation dementsprechend zuerst GESELLSCHAFT ZUR VEREINIGUNG DES WELTCHRISTENTUMS.[11] Der noch genauer übersetzte englische Name HOLY SPIRIT ASSOCIATION FOR THE UNIFICATION OF WORLD CHRISTIANITY wurde ebenso durch die Kurzform UNIFICATION CHURCH abgelöst wie der deutsche Erstname durch den Begriff der VEREINIGUNGSKIRCHE.

Schon die zweite feststellbare Gründung ist eine Firma. Im Dezember 1959 wird die YEOHWA SHOTGUN gegründet, eine Firma, die mit der Produktion von Luftgewehren beginnt und die, 1976 zur Börse zugelassen, heute als TONG IL COMPANY LTD firmiert.

Diese Firma ist ein wichtiger Partner der südkoreanischen Armee, der sie durch Waffenproduktion dient. Die Firma hat sich längst zu einem Konzern von erstaunlichen Ausmaßen mit Schwergewicht in der Maschinenbaubranche entwickelt.

1959 beginnt mit dem Übergreifen der Bewegung nach Japan auch die Auslandsmission der jungen TONGIL KYO (Kurzform), die 1954 gegründet worden war.

1960 feiert Mun die «Hochzeit des Lammes» (siehe Muns Biographie), das heißt, die Vermählung mit seiner heutigen, vermutlich vierten Frau Han Hak Ja. Die Eheleute werden von den Anhängern als «True Parents» (die «Wahren Eltern») verehrt und Briefe nicht selten mit dem Kürzeln «I. T. P. N.» (In True Parents' Name) signiert.

Für die Mun-Gläubigen markiert diese Hochzeit den Schritt zur angeblichen Wiederherstellung der Welt. Mun habe damit nämlich nach dem Versagen Adams (und Jesu Christi) das zwingend Notwendige für Gott und die von ihm bis dahin getrennte Menschheit getan. Erst durch die Existenz von «Wahren Eltern» kann Gott seine Herrschaft errichten und richtig Gott sein. Adam und Jesus haben gerade darin versagt, daß sie diese Position nicht erreicht haben. So jedenfalls sieht es die Mun-Lehre.

Doch die TONGIL KYO wird von den protestantischen Kirchen in Südkorea nicht als Partner in der Ökumene akzeptiert.

«1963 wird Muns ‹Vereinigungskirche› von der Regierung von Südkorea als gemeinnützige Stiftung anerkannt und 1970 in den koreanischen ‹Rat der Religionen› aufgenommen. Ihm gehören noch die Tao-Religionsgemeinschaft Chondo-Kyo, drei buddhistische Gruppen, die katholische und die anglikanische Kirche an, nicht jedoch die protestantischen Denominationen. Diese sind im ‹Nationalen Rat der Kirchen› zusammengeschlossen, der den Aufnahmeantrag der Mun-Sekte zurückgewiesen hatte.»[12]

Später wird Muns UNIFICATION CHURCH noch eine Zurückweisung beim Ökumenischen Weltrat der Kirchen hinnehmen müssen und danach die NEW ECUMENICAL RESEARCH ASSOCIATION (NEW ERA) als eine eigene Form der Ökumene errichten. Auch die ASSEMBLY OF

THE WORLD'S RELIGIONS mag ein Versuch sein, diese Zurückweisung und das damit verlorene Gesicht vergessen zu machen. 1961 wird eine politische Organisation gegründet, THE INTERNATIONAL FEDERATION FOR WORLDPEACE AND UNIFICATION (IFWU), in Deutschland bekannt als FÖDERATION FÜR WELTFRIEDEN UND VEREINIGUNG e. V. Es scheint, daß spätestens seit dieser Zeit der politische Arm des Mun-Imperiums das Ganze dirigiert. Nach ihm scheinen sich die Aktivitäten des gesamten Imperiums zu richten. Und das gilt gleichermaßen für den Bereich des Geschäftlichen, des Kulturellen und des Religiösen.

1962 gründet Mun das koreanische Kinder-Ballett THE LITTLE ANGELS und im gleichen Jahr die Studentenorganisation THE COLLEGIATE ASSOCIATION FOR THE RESEARCH OF THE PRINCIPLES, bekannt geworden unter der Abkürzung CARP. Diese Organisation wird später eine der wichtigsten Missionsgruppierungen des Mun-Imperiums.

Dem ist hinzuzufügen, daß die Bestrebungen des Mun-Imperiums, im Ostblock Fuß zu fassen, etwa durch Einladung von Multiplikatoren zu Konferenzen, durch die Sponsorschaft sogenannter Dialog-Tagungen usw. bis hin zu wirtschaftlichen Angeboten, erheblich und erstaunlich sind.

So hat das Mun-Imperium sich auch konsequent auf dem Mediensektor etabliert. Die Gründung eigener Zeitungen wie der WASHINGTON TIMES, der NEW YORK TRIBUNE, der ULTIMAS NOTICIAS in Uruguay, der MIDDLE EAST TIMES und anderer gehört ebenso dazu wie eine Vielzahl von Magazinen, darunter THE WORLD & I, THE UNIFICATION THOUGHT QUARTERLY, INSIGHT u. a. und schließlich die WORLD MEDIA ASSOCIATION und die WORLD MEDIA CONFERENCES. Der Meinungsmacht-Sektor spielt im Mun-Imperium eine bedeutende Rolle.

Eine besondere Möglichkeit, sich Einfluß zu sichern, sind die von der Mun-Bewegung gesponserten Konferenzen. Tausende von Wissenschaftlern, Politikern, Geistlichen und Personen des öffentlichen Lebens haben Muns (kaum absichtslose) Gastfreundschaft genossen. Oft unter erheblichen Zuwendungen seitens der Gastgeber. In Korea, so erfuhr der Autor dieser Publikation dort von christlichen Institutionen, genügt für die Geistlichen christlicher Kirchen oft die Annahme einer Einladung zu nur einem Essen, um sich einem Kirchenzuchtverfahren ausgesetzt zu sehen. Von einer «sehr viel weitergehenden Gastfreundschaft» war dort die Rede. Mun selbst hat in einem seiner Master Speeches davon gesprochen, junge Frauen etwa bei der Gewinnung amerikanischer Senatoren einzusetzen. Zu den Konferenzen gehören die ICUS, die NEW ERA- und GOD: THE CONTEMPORARY DISCUSSION-Conferences, die WORLD MEDIA- und CAUSA-Konferenzen und andere. Enorme Beträge werden für diese Form der Mission ausgegeben. Ihr Zweck ist es weniger, den «Wahren Eltern» neue «Kinder» zu gewinnen, sondern vielmehr, «Vaters» Namen zu verherrlichen und vor allem seine Macht und seinen Einfluß zu vergrößern.

Das Geld für diese teuren Aktivitäten wird auf der «Galeere des 20. Jahrhunderts» verdient. So nennen die Mitglieder der «MATERIAL UND FUNDRAISING TEAMS (MFTS)» ihren Dienst, wie in einigen Fällen Ehemalige berichteten. Die MFTs sind das finanzielle Rückgrat des Mun-Imperiums. Sie bringen auch dort Geld in die Kassen, wo die Industrieunternehmungen vielleicht einmal rote Zahlen produzieren. Bei der Geldbeschaffung wird die Phantasie in erstaunlicher Weise eingesetzt. Es werden Blumen gezüchtet und auf der Straße und in Gastwirtschaften und Bars stückweise verkauft; mit kleinen Papierfähnchen, mit Kleinstspielzeug, mit Strohpuppen und anderen (oft koreanischen) Billig-Kunstgewerbegegenständen wird Geld erbeten (fundraising) oder durch Handel (zum Weiterverkauf) verdient.

An dieser Stelle ist das Mun-Imperium am verwundbarsten. Wenn diejenigen ausfallen, die durch ihren treuen und aufopferungsvollen Dienst das Öl ins Getriebe des enorm kostenintensiven Imperiums gießen, dann läuft der Koloß in kürzester Zeit auf Grund, und seine Maschinen fressen sich fest.

Das Imperium braucht den für seine Ziele und Zwecke vermutlich nebensächlichen religiösen Arm, denn er ist es, der ihm neue Ernährer zuführt (manche Kritiker sprechen regelrecht von «Sklaven»). Mun weiß das sehr wohl, und er setzt sich mit erstaunlichem Engagement für die Motivation dieser Fellachen seines Pharaonenreiches ein. In seinen sonn- und feiertäglichen Reden bemüht er sich immer wieder, die Anhänger zu treuem und aufopferndem Dienst zu motivieren. Alle Schulungskurse des Systems sind darauf abgestellt. Das geht beim sogenannten «120-Tage-Kurs» bis zu der Frage, ob man sein Leben für die «Wahren Eltern» opfern wolle (vorgegebene Antwort: «Ja!»). Konsequent wird jeden Sonntagmorgen in dem vor dem Bild der «Wahren Eltern» abgelegten «Gelöbnis» versprochen:

«Ich bin stolz, das Kind des einen Wahren Elternpaares zu werden; stolz auf die Familie, die die eine Tradition ererben wird. – Ich werde unter Einsatz meines Lebens kämpfen. – Ich bin verantwortlich, meine Pflicht und meine Mission zu erfüllen. – Das gelobe ich und schwöre ich.»

Für die MFT-Mitglieder gibt es im Mun-Imperium eine eigene Motivationsbroschüre, die die Mitglieder meist auf ihrem Hausaltar liegen haben. Sie heißt «The Way of Tradition»[13] und ist nur für den internen Gebrauch gedacht. Darin wird die MFT-Arbeit ideologisch überhöht: Die MFTler würden mit ihrem schweren Dienst eine «Grundlage für Gottes Reich auf Erden» legen.

In der Einleitung der Broschüre wird dieser Dienst (anscheinend zu Recht) als Grundlage des Mun-Imperiums apostrophiert, wenn es dort heißt:

«Mit einem Herzen voller Dank laßt uns diese Sammlung der Worte Vaters als einen Pfeiler unseres Glaubens entgegennehmen. Indem wir diesen Weisungen folgen, laßt uns die ewige Tradition erbauen, indem wir mit einem Herzen voller Liebe zu Gott und unseren Wahren Eltern Schweiß und Tränen für die Menschheit vergießen. Laßt uns wahrhaft den Weg der Tradition errichten.»[14]

Schweiß und Tränen werden bei dem harten Dienst reichlich vergossen, das haben Ehemalige berichtet. Daß dies «für die Menschheit» und mit einem «Herzen voller Anerkennung gegenüber Gott und unseren Wahren Eltern» geschehen soll und daß dadurch «wahrhaftig der Weg der Tradition» (gemeint ist die Tradition Gottes auf Erden) begründet werden soll, gehört zur ideologischen Absicherung dieses Systems. Mun selber, so die Broschüre, habe «ganz genau das gleiche durchgemacht, was ihr jetzt tut».[15] Mun:

«Beim MFT könnt ihr Gott begegnen. Wenn ihr mit aufrichtigem und ehrlichem Herzen auf die Straßen hinausgeht, wird sich Gott euch offenbaren.»[16]

Und die Motivationsbroschüre endet mit einem Versprechen zukünftiger Segnungen und Belohnungen.

«Euer jetziges bitteres Leiden wird in der zukünftigen Geschichte Amerikas und der Welt wie die Sonne leuchten. Je mehr ihr heutzutage leidet, desto mehr werdet ihr in der Zukunft aufleuchten.»[17]

Das «derzeitige Leiden auf einem erbarmungswürdigen Weg» soll also künftig belohnt werden. Je mehr Leiden, desto mehr Ehre hinterher. Tatsächlich bedeutet das Leiden zuerst einmal ein sicheres Einkommen für das Mun-Imperium. Ohne die Sklaven auf der «Galeere des 20. Jahrhunderts» würde das kostenintensive Imperium schon bald kollabieren. Das fürchtet Mun wohl am meisten.

Das «Reich Gottes auf Erden» zu errichten ist das anfangs sogar öffentlich zugestandene Ziel der Mun-Bewegung.[18]

Dabei ist dieses «Reich Gottes» nicht mit dem in der Bibel und der christlichen Theologie gebrauchten Begriff identisch. Überall, wo bei Mun vom «Reich Gottes» geredet wird, ist es sachgemäßer, den originalen koreanischen Begriff «Königreich des Himmels» zu verwenden, der implizit politische Vorstellungen von einem himmlisch legitimierten irdischen Reich birgt.

Mun ist besonders viel an der Beeinflussung von Regierungen und Regierungsvertretern gelegen. In vielen Fällen werden Regierungsvertreter zu allen möglichen Konferenzen eingeladen. Am erfolgreichsten war Mun mit den ISC-Bemühungen. Seine Erfolge begannen mit der antikommunistischen Schulung von Regierungsbeamten in Südkorea. Folgerichtig finden wir etwa in der «Instruction for the 3rd. 7-Year-Course» unter der Überschrift «3. Responsibility towards the nation» (Verantwortung gegenüber der Nation) folgende Hinweise:

«a) [...] Regierungsautoritäten haben die Möglichkeit, unsere Bewegung zu unterstützen; Sicherheit, Polizeischutz usw. im Interesse der Nation. Wir haben die Grundlagen dafür schon gelegt. Die Zielsetzungen von Regierung und Kirche sollten parallel laufen.

b) Training von Regierungsmitgliedern. Antikommunistische Schulungen für Regierungsangestellte. Besonders in Deutschland wünschen wir uns diese Verbindung.

c) Training von kommunalen und Staatsbeamten. Auch die Streitkräfte sind zu unterrichten. Militärische Stärke ist das Rückgrat jeder Nation.»[19]

Auf dem politischen Sektor tritt 1967 eine neue Organisation in den Vordergrund, THE INTERNATIONAL FEDERATION FOR VICTORY OVER COMMUNISM (IFVC), der 1969 THE FREEDOM LEADERSHIP FOUNDATION (F. L. F.) und anderthalb Jahrzehnte später die CAUSA folgt.

In den USA wird neben CAUSA die AMERICAN FREEDOM COALITION zu einem der wichtigsten Werkzeuge politischer Durchdringung. Ein Kenner und ehemaliger Insider des Mun-Netzwerks beurteilt sie wie folgt:

«Meiner Meinung nach ist die American Freedom Coalition nicht amerikanisch, sondern weltweit und koreanisch. Es geht nicht um Freiheit, sondern um Gottismus, Vereinigungslehre und Dienst für den Vater (Anm.: «Wahrer Vater» = Ehrentitel von Mun). Es handelt sich nicht um eine Koalition von Gruppen und Individuen zur Erreichung bestimmter Ziele, sondern um eine Organisation, die zwecks machtvoller politischer Einflußnahme geschaffen wurde. Und sie wird, wenn sie Erfolg hat, für Amerika schwere Nachteile bringen.»[20]

Über die Wirkungen solcher Aktivitäten wird außerhalb der Führung des Mun-Imperiums kaum Klarheit zu gewinnen sein. Die Breitenarbeit ist jedoch enorm.

«50 000 bis 70 000 Geistliche und Tausende gewählter Offizieller, Militar-Ruheständler und anderer politischer Aktivisten wurden (schon) durch CAUSA und andere Mun-Organisationen geschult.»[21]

Das sagt ein Kenner der Szene, der seine Beobachtungen mit dem Satz schließt:

«Ich fand den potentiellen Negativeffekt des Reverend Mun und seiner Mitwirkenden überaus schwerwiegend. Und ich stellte auch fest, daß viele Konservative in Muns Strahlennetz (Anm.: «Moon's rays», von englisch Mun = Moon, «Mond») von Geld, Macht und Positionen gefangen sind.»[22]

Im unklaren gelassen hat Mun die Welt über seinen Allmachts- und Herrschaftsanspruch eigentlich nie. Gründungen in allen Bereichen des öffentlichen Lebens entstanden in nahezu unübersehbarer Zahl.

Der oben zitierte Ex-Insider des Mun-Imperiums weist in seiner Abrechnungsschrift mit dessen Aktivitäten auf eine Mun-Rede mit dem Titel «Kopfflügel» (Headwing) hin, in der Mun seine Aktivitäten und Ziele seines Imperiums beschreibt:

«Der Kopie dieser Rede zufolge sprach Mun am 31. 3. 1987 zu Hunderten seiner wichtigsten Anhänger. Er sagte, daß Gott ihm eine neue politische Bewegung offenbart habe, deren Zeit jetzt gekommen sei. In dieser Bewegung würde es keinen rechten und linken Flügel geben: Es gebe nur den ‹Kopfflügel›. ‹Kopfflügel›, so Mun, sei das Zusammenfließen der großen weltpolitischen Bewegungen. Der linke Flügel sei durch die kommunistischen Nationen und die linkslastigen Regierungen, der rechte durch die freien Länder und Demokratien wie zum Beispiel Amerika repräsentiert. Der ‹Kopfflügel› würde diese zwei Richtungen unter seiner Leiterschaft zusammenbringen.»[23]

So wird eine munistische *«GOTTismus Offensive Deutschland»* vorgestellt: «Durch den GOTTismus kann die Verwirrung im westlichen Wertsystem behoben werden. Zum einen vermittelt der GOTTismus dem westlichen Gedankengut eine ideologische Rahmenorientierung, und zum anderen unterstützt der GOTTismus den Menschen in seiner Sinnsuche und ermutigt ihn, eine harmonische Beziehung zu seinem Schöpfer zu unterhalten. Der GOTTismus beruht auf der jüdisch-christlichen Tradition, nach der der Mensch durch das Erlösungswerk Jesu Christi versöhnt wurde. Gleichzeitig steht der GOTTismus aber auch nicht im Widerspruch zu anderen großen Weltreligionen, die alle die Einheit Gottes betonen.»[24]

Das *International Security Council (ISC)* ist eine Aktivität von CAUSA International. «Der internationale Sicherheitsrat wurde von CAUSA als moderne ‹Gedankenfabrik› gegründet. Er setzt sich aus einer Reihe von Staatsmännern, Diplomaten, Regierungsbeamten, ehemaligen Militärs, Politologen, Wirtschaftsfachleuten und Historikern zusammen [...] um der Öffentlichkeit deutlich vor Augen zu führen, welche Gefahren der freien Gesellschaft drohen, insbesondere vom Hegemonialstreben der Sowjetunion und ihrer Stellvertreter auf der ganzen Welt.» (Aus einer Broschüre von CAUSA Österreich.)

Wie ernst man im Mun-Imperium die Politik nimmt, zeigte auch die Serie des deutschen Magazins «Der Stern» über den ehemaligen Gestapo-Mann Klaus Barbie, in der die Mun-Bewegung als aktiv und mit deutschen Nazis kooperierend erwähnt wird.[25] Daß die Munies ihre Leute in Frankreich über die LePen-Liste in Parlamente brachten, ist ein weiteres Indiz für die Nähe zu rechtsradikalen Ideen und Gruppierungen.

Doch im April 1990 scheint für die Mun-Jünger das politische Himmelreich auf Erden endgültig der Verwirklichung nahe.

Moskau ist das Ziel seiner Bestrebungen. Das hatte Mun seinen Anhängern immer wieder eingehämmert.

So hatte er sich schon in der Rede «The Age of Judgement and Ourselves» (vom 21. 11. 1976) über seine Expansionsvorstellungen geäußert:

«Nicht Amerika ist das Ziel; Die Welt ist das Ziel [...] Unser Ziel ist Moskau, das Symbol des Kommunismus. Selbst der Name ‹Moskau› klingt ungeheuerlich, ist es nicht so? [...] Wenn die Kommunisten die Vereinigungskirche mit Waffen zerstören wollen, werden auch wir mit Waffen kämpfen müssen. [...] Nichts kann diese Bewegung aufhalten.»[26]

Und am 23.2. 1977 unter der Überschrift «Today in the Light of Dispensational History» offenbarte er:

«Das ist der Grund, warum Gott mich nach Amerika gesandt hat. Gott bat mich, Amerika zu erhalten, Amerika mit Asien verbunden zu halten, um seine Segnungen für die ganze christliche Welt wiederherzustellen und dann die Kommunisten zu befreien. Das ist Gottes Auftrag. Wenn ich erklärte, daß ich nach Moskau gehen werde, dann meinte ich das auch so. Wenn sie mich sagen hören, ‹Moskau ist unser Ziel›, dann lachen die Kommunisten: ‹Wie willst du das denn anstellen?› [...] Wir haben nur eine Handvoll Leute, doch wenn wir jetzt von der Befreiung der Kommunisten reden, dann sprechen wir über Moskau [...]».

In der gleichen Rede läßt Mun auch seine offiziell kirchenfreundliche Maske fallen, wenn er mit Stolz über die Erfolge seiner Kontakte zur damaligen nicht gerade demokratischen koreanischen Regierung äußert:

«Zu dieser Zeit drängte die Regierung gemeinsam mit der Vereinigungskirche beinahe die bestehenden Kirchen zur Seite.» («But this time the government sided with the Unification Church, almost pushing the existing churches aside.»)

1980 stellt Mun fest:

«1976 habe ich erklärt, daß die nächste Rallye in Moskau stattfinden wird. Moskau ist ein überaus prophetischer Name. Auf Englisch klingt es wie ‹must go›. Moskau bedeutet: ‹must go›. Irgendeine Nation und irgendwelche Leute müssen nach Moskau gehen. Willst du gehen?» – und: «Mein Ziel ist Moskau und die Befreiung der kommunistischen Welt. Wenn ich das Königreich (Gottes in) der freien Welt errichte, wie kann Moskau mich zurückweisen?»[27]

Mun ist überzeugt: «Die demokratische Welt hat keinerlei Führung, und wir müssen sie führen.»[28]

Dazu ist Mun jedes Mittel recht. Vor allem das der Unterwanderung der Welt mit Hilfe von Zweig- und Tarnorganisationen des Mun-Imperiums.

Mun dürfte seinem Ziel, für dessen Erreichung er in seiner Lehre sogar die Notwendigkeit eines dritten Weltkrieges eingeplant hatte, ein erhebliches Stück näher gekommen sein.

Seit Jahren hatte Mun still und heimlich Kontakte in den Ostblock angebahnt. In China hatte er sich über seine geschäftlichen Bestrebungen ein Standbein verschafft. Bis hin zum Aufbau einer eigenen Autofabrik.

Wissenschaftler, Politiker und Theologen wurden zu Konferenzen von unverfänglich aussehenden Organisationen wie «ICUS», «New ERA» usw. eingeladen.

Im April 1990 gelang es Mun sogar, eine Tagung von dreien seiner Tarnorganisationen in Moskau abzuhalten. Unter der Überschrift «The Advancement of Global Communication and Cooperation» trafen sich vom 9. bis 13. April 1990 eine sogenannte *World Media Conference (WMC)*, eine *Association for the Unity of Latin America (AULA)* und *The Summit Council for World Peace*. Es wurden zahlreiche ehemalige Staatsoberhäupter und Politiker, darunter bekannte Namen wie der Ex-Nato-Generalsekretär Dr. Joseph Luns, Amin Gemayel vom Libanon, Bulent Ecevit aus der Türkei usw., aufgeboten, und Mun hatte Gelegenheit, Präsident Gorbatschows Präsidialratsmitglieder einzubeziehen und einige davon sogar mit einem Hausorden des Mun-Imperiums zu schmücken (es handelt sich um «The Latin American Order of Liberty and Unity»).[29]

Präsident Gorbatschow, wohl nicht wissend, wer San Myung Mun wirklich ist, empfing diesen und seine Frau am 11. April 1990. 28 ehemalige Staatsoberhäupter assistierten als Muns Gefolge. Ein Privatgespräch zwischen Mun und Gorbatschow soll nach internen Quellen des Mun-Imperiums 20 Minuten gedauert haben. In dem internen Bericht für die Anhänger Muns heißt es:

«Der Marsch nach Moskau war der triumphale Höhepunkt von Reverend Sun Myung Muns 44 Jahren öffentlichen Wirkens. Es war eine glorreiche Stunde für die ganze Vereinigungs-Bewegung.»[30]

Für das Mun-Imperium ist dieser Vorgang von extremer Wichtigkeit. Der Erfolg von Moskau wird wieder umgemünzt in eine Bestätigung der Person Muns (als angeblich göttlicher Beweis), um die Anhänger noch fester in das Mun-Imperium einzuschmieden und sie zu noch größeren Leistungen (auch materieller Art) anzutreiben.

Bei der antidemokratischen und in vielen Punkten menschenfeindlichen rechtsextremistischen Ideologie Muns bieten derartige Erfolge für ihn auch die Möglichkeit, an weiteren Orten politisch und wirtschaftlich Fuß zu fassen.

Dabei wirkt vor allem das von Muns jugendlichen Anhängern unter schwersten Umständen erarbeitete Geld, insbesondere beim «Kauf» von Personen mit öffentlicher Bedeutung (durch Honorare, Reisen und andere Sachleistungen). Sie haben die Funktion, als «Türöffner» auf dem Parkett von Politik und Wirtschaft zu dienen.

Wenn die Mun-Bewegung nach außen hin auch Gorbatschows Glasnost rühmt, so ist innerhalb der Mun-Bewegung ein System der Geheimhaltungen und Tarnaktivitäten festzustellen. Intern hat die Mun-Bewegung ein völlig anderes Gesicht, als sie nach außen zeigt: Sie ist diktatorisch und faschistoid in den politischen Vorstellungen, in der Verherrlichung des «Messias» Mun totalistisch, antichristlich und ohne Achtung vor der Würde des Individuums (sie überläßt diesem, wo sie bestimmen kann, nicht einmal die Partnerwahl).

Die Ausbreitung der Mun-Bewegung jetzt auch in die völlig unvorbereiteten Gebiete des ehemaligen Ostblocks stellt eine politische und wirtschaftliche Gefahr höchsten Ranges dar. Für die Menschen, die auch in die religiös-ideologischen Fänge der Mun-Organisationen geraten, kann sie bis zur psychischen Versklavung führen.

Es ist wichtig, daß vor allem Politiker, Wirtschaftsführer, Wissenschaftler und leitende Personen in den öffentlichen Institutionen sich dessen bewußt werden, bevor sie dieser Bewegung durch angenommene Einladungen und Mitarbeit in deren Organisationen zu Handlangern werden.

In dem Bericht heißt es zum Schluß:

«Um all diese historischen Ereignisse noch zu überstrahlen, ereignet sich der letzte Sieg (eigentlich «coup de grace» = Todesstoß) am Freitag, dem 13. April, Karfreitag, mit dem ‹Marsch auf den Roten Platz›: Reverend & Frau Mun, Hye Jin Nim, Hyo Jin Nim und seine Frau[31], zusammen mit Dr. und Frau Bo Hi Pak, Reverend Chung Hwa Kwak und Peter Kim [...].

Zum Abschluß überquerte die Gruppe die Brücke und trat in den Kreml ein. Viele Rotarmisten beobachteten es. Niemand kann ohne Erlaubnis hineingehen. Es war eine spannungsgeladene Atmosphäre. Reverend Mun wußte haargenau, was zu tun war. Auf der einen Seite, in einer Ecke ziemlich außerhalb des normalen Weges, steht eine alte Kirche. Still betrat die Gruppe die reich verzierte orthodoxe Himmelfahrts-Kirche, und genau um 15.55 Uhr versammelten sich alle um Reverend Mun. Er betete und dankte Gott für seine Führung und Liebe in der Erfüllung der Vorsehung der Geschichte. Er bestätigte Gottes Wirken in den vorangegangenen Ereignissen, die alle auf diesen Moment der Wiedervereinigung von Ost und West, Jakob und Esau abgezielt hatten; die anwesenden 500 Journalisten und über 41 ehemaligen Staatsoberhäupter repräsentierten die gesamte Menschheit. Ganz besonders dankte er für die historische Begegnung und die Umarmung mit Präsident und Frau Michail Gorbatschow und besiegelte das Moskauer Ereignis.

Es war die Befreiung Gottes und die Erfüllung der prophezeiten Moskau-Rallye!»[32]

Darüber, daß Mun sich als den geheimen Herrscher der Welt sieht, kann kein Zweifel bestehen. Inzwischen scheint Mun angesichts fortgeschrittenen Alters einen seiner Söhne als Kronprinzen aufzubauen. Ob dieser die fanatische Energie und den Durchsetzungswillen des Vaters hat, ist zu bezweifeln.

Der Anfang 1990 verstorbene Inder Rajneesh Chandra Mohan hatte sich einige Jahre lang den Traum einer Privat-Theokratie in seinem Kleinstaat Rajneeshpuram in Oregon verwirklicht. Daß er mit der Verfassung und den Gesetzen der Vereinigten Staaten kollidierte, war sein persönliches Pech und beendete die Herrscherträume Rajneeshs. Der wollte es hinterher nicht gewesen sein und schob alle Schuld auf seine Sekretärin.

1988 schlug er eine «unpolitische Weltregierung» vor, da die Politiker die Welt in die Katastrophe führen würden.

«Die Politiker haben die Menschheit an den Punkt getrieben, wo wir uns entscheiden müssen: entweder unser Leben, oder diese Politiker können an der Macht bleiben.»[33]

Sein kurzer Flirt mit der «Radikalen Partei» Italiens brachte jedoch ebensowenig wie sein Vorschlag, Ostblockländer durch Menschen zu sanieren, die nach seiner Methode meditierten.

Obwohl Rajneesh seine Vorschläge sicher ernst gemeint hatte, brachten sie ihm nur Gelächter ein. Die Anhänger hingegen fanden die Vorschläge ihres Gurus großartig.

In der Bundesrepublik ließen sich Rajneesh-Anhänger zum Teil über die Listen der «Grünen» in Kommunalparlamente wählen.[34]

Hare-Krishna «Devoties[35] im Bundestag sprechen zu lassen», von dieser Idee seien der Grünen-Politiker Herbert Rusche, «der Anfang der siebziger Jahre in Berlin selbst einmal aktives Mitglied der Hare-

Krishna-Bewegung gewesen war», und der Regensburger Bundestagsabgeordnete Wolfgang Daniels angetan.[36]

Ob Politiker, die sich für die *Internationale Gesellschaft für Krishna-Bewußtsein (ISKCON)* einsetzen, deren politische Vorstellungen kennen, kann in den meisten Fällen bezweifelt werden. Harikesa Visnupada, «ISKCON-Nachfolger-Guru» für «Skandinavien, Ostdeutschland, Westdeutschland, Schweiz, Österreich, Ungarn, Polen, Tschechoslowakei, Jugoslawien, Bulgarien, Rumänien, UdSSR, Libanon und Ägypten», hat 1981 seine politischen Vorstellungen in einem Buch vorgelegt.[37]

Der vor allem für die deutschsprachigen Länder und den Ostblock als Guru eingesetzte Amerikaner schlägt als Grundlage aller politischen Ordnung das Kastensystem vor, das mit der Karma-Lehre begründet wird.

Dieses System kritisiert ein Vertreter der Unberührbaren Indiens mit den Worten:

«Die ‹Karma-Theorie› ist eine brauchbare Philosophie für die besitzenden Klassen. Warum sind sie reich? Aufgrund ihrer zahllosen guten Taten in ihrem früheren Leben. Warum sind die Armen arm? Weil sie zahllose Verbrechen begangen haben.»[38]

Es ist ein System politischer Unterdrückung.

Führer der Krishna-geordneten Welt sollen die sogenannten Vaisnava-Acaryas sein. Sie sollen durchsetzen, was Visnupada als Wunsch seines Gottes ausgibt:

«Der Höchste Herr wünscht die Einführung Seines vollkommenen Gesellschaftssystems (Varnasrama-dharma) als Standardform für die menschliche Gesellschaft.»[39]

Das «einfache Volk» werde sich «von ihnen angezogen fühlen und ihnen folgen»[40], da «ein intelligenter Mensch einsehen (wird), daß es wenig einbringt, sich sein begrenztes Gehirn zu zermürben und andere Methoden der Klassifikation (Anm.: als das Kastensystem) zu entwickeln.»[41] Die Vaisnava-Acaryas werden ihrerseits «geeignete Menschen darin ausbilden, die Gesellschaft zu leiten und zu regieren.»[42]

Unter der ersten Kaste der alles und vor allem die Medien dirigierenden Brahmanen wirken in der Krishna-Gesellschaft die Ksatriyas als Beamte, Militär und Polizei. Sie sorgen dafür, daß unbelehrbare Systemgegner ins Gefängnis kommen, daß die Städte die Einwohnerzahl von 50000 nicht überschreiten (Überzahlen werden durch zwangsweise Umsiedlung abgebaut), und sie führen als Nuklear-Ksatriyas moderne Kriege. Visnupada: «Was sollen dumme und sentimentale Ideale wie ‹leben und leben lassen› in einer Welt, die ihre selbstzerstörerischen Neigungen klar gezeigt hat?»[43]

Die Vaisyas (Händler) haben für die oberen Kasten zu sorgen und die untere Kaste der Sudras zu kommandieren. Letztere stellen den «größten Teil der Bevölkerung» dar. Sudras werden von hemmungsloser Sexualität getrieben. Um ihre «lüsternen Verlangen» befriedigen zu können, arbeiten sie «Tag und Nacht». Außerdem fühlen sie sich «zum Essen verbotener, abscheulicher Dinge, wie Fleisch, Fisch und Eier, hingezogen, und ganz besonders zu gegorener und fauler Nahrung. Der Sudra ist süchtig nach Wein, Whisky, Bier, Zigaretten und Zigarren, und oft ist er drogenabhängig.»[44]

Immerhin wird hier über die Hälfte der Bevölkerung so geurteilt. «Unter der Aufsicht von jemand anderem» zu sein entspricht seiner «natürlichen Neigung.»[45] Da hat Demokratie keine Chance. Das ISKCON-System ist das einer autoritären Theokratie.

Es darf angenommen werden, daß dies der internen Struktur der Sekte entspricht beziehungsweise daß die Bewegung ihre interne Struktur als Gesellschafts-Gesamtkonzept verkündet.

Daß sowohl nach den Menschenrechtsbestimmungen als auch den modernen Verfassungen eine solche Ordnung nicht möglich sein dürfte, kann als ausgemacht gelten. Über die Freiheit der Religionsausübung findet sie dennoch auch in den Industrienationen Lebensmöglichkeit.

Scientology- und *Dianetik-Erfinder* Lafayette Ronald Hubbard (1911–1986) hatte ebenfalls eigenwillige politische Vorstellungen. Nach seinen Lehren sind nur trainierte Scientologen wirklich fähig, auf dem Erdball eine funktionierende Zivilisation zu errichten. Bisherige Systeme haben versagt:

«Und ich sehe nicht, daß populäre Maßnahmen, Selbstverleugnung und Demokratie dem Menschen irgend etwas gebracht haben, außer ihn weiter in den Schlamm zu stoßen. [...] Demokratie hat uns Inflation und die Einkommenssteuern gebracht.»[46]

«Totale Disziplin» ist eines der Führungsprinzipien der Scientology. Daß eine von Scientologen dirigierte Welt für Nichtübereinstimmende irgendwelche Freiheiten böte, ist unvorstellbar. Eine nach

Scientology-Techniken und -Lehren durchstrukturierte Wirtschaft und Politik wäre als totalitär zu bewerten.

In der guruistischen Jugendreligion *Ananda Marga* und ihren Tarnorganisationen finden wir ebenfalls ein totalitäres Gruppen- und Gesellschaftsprinzip. Die Gesellschaft, so der Gründer und Führer P. R. Sarkar alias Anandamurti, müsse durch sogenannte Sadvipras (Moralisten) geführt werden. Bislang gibt es solche noch nicht. Sie stehen wohl zur Erzeugung und Aufzucht erst an. In der Ananda-Marga-Parallelorganisation «PROUT» wird über Gewalt als Mittel zur Lösung politischer Probleme offen gesprochen.

«Menschlicher Fortschritt wird durch innere Kämpfe und Kohäsion beschleunigt weitergehen. Folglich ist die Anwendung von Gewalt ein unumgängliches Phänomen [...] Solange nicht eine ausbeutungsfreie, gerechte Gesellschaft mit sozialer Sicherheit für jedes Individuum besteht, wird die durch Unterdrückung leidende Gemeinschaft jedes Recht haben, sich auf gewaltsame Weise zu erheben. Friedliche Revolution ist ein imaginäres Konzept.»[47]

Ein para-militärischer «Volunteer Service» soll so trainiert sein, daß er den Streitkräften voll und ganz zur Seite stehen kann.

Für die Ziele der Bewegung haben sich schon mehrere junge Menschen durch Selbsttötungen geopfert, eingedenk der Worte ihres Gurus: «[...] Wenn ein Mensch im Kampf für die Ideologie stirbt, in der Opferung oder auf dem Kampffeld für die Ideologie, wird er Befreiung erlangen. [...] Jeder ist da, dieses Leben zu verlassen.»[48]

Die Parteisekten

Einer der neuesten Trends des religiösen Marktes ist es, daß pseudomessianische Sekten sich zunehmend als Parteien etablieren. Sie versprechen sich davon eine größere Streuung und Breitenwirkung ihrer Ideen.

Es ist übrigens damit zu rechnen, daß auch die Gurubewegungen und Jugendreligionen Parteien gründen werden.

Als Übungsfeld bietet sich die Kommunalpolitik an. Religiöse Gruppen, die in einen Ort massiert zuwandern, stellen dort bald ein erhebliches Wählerpotential. Es liegt nahe, dann die eigenen Ziele im Gemeinderat per Wahl durchsetzen zu wollen.

In der Bundesrepublik hat das «Universelle Leben» der «Prophetin» Gabriele Wittek diesen Weg in Hettstadt bei Würzburg schon mit einer Liste «Urdemokraten für Gerechtigkeit und Freiheit» zur Kommunalwahl am 18. März 1990 beschritten.

Kleine Ortschaften sind bei dieser Taktik regelrecht übernahmegefährdet. Auch dies ist schon durchexerziert worden, als der indische Guru Rajneesh 1983 in Oregon den kleinen Ort Antelope übernahm und sogar den Namen in «Rajneesh» umändern ließ.

Die bekannteste der Parteisekten ist die Bewegung des Lyndon Hermyle LaRouche, eines Weltverbesserungs-Fanatikers, der sich in den USA zwar zum Präsidentschaftskandidaten erklärte, derzeit aber eine 15jährige Gefängnisstrafe verbüßen muß. Die hat er nicht aus politischen oder religiösen Gründen erhalten. Doch kann nicht bezweifelt werden, daß er seine mit Finanzen zusammenhängenden Straftaten für seine ihm heilige Sache begangen hat.

In der Bundesrepublik Deutschland trat seine Bewegung bei Wahlen als «Europäische Arbeiterpartei», als «Patrioten für Deutschland» und als «Christliche Mitte – Patrioten für Deutschland» auf.

Das lexikalische Stichwort für die Bewegung (mit den ihr zugeordneten Aktivitäten) lautet:[49]

«*Europäische Arbeiter-Partei – EAP* Politreligiös-messianische Partei-Sekte, die in dem ehemaligen Trotzkisten Lyndon Hermyle LaRouche (aka Lyn Marcus) den Weltretter sieht. Die Mitglieder der EAP und ihrer Tarn-, Neben- und Unterorganisationen sehen in LaRouche den Vertreter der positiven Kräfte des Planeten, «Partei der Städtebauer», der allein den zerstörerischen Kräften («Oligarchie» etc.), die mit Drogen und Rockmusik ihre zerstörerischen Ziele verfolgen, Einhalt gebieten kann. Das LaRouche-System kann als überwertige Idee oder als politreligiöses Wahnsystem gewertet werden. Die Anhänger des Systems setzen sich total, auch unter Schädigung persönlicher bzw. individueller Interessen, für die Sache ihres Polit-Messias ein.»

«Die EAP tritt in der Bundesrepublik wie ihre Schwestergruppierungen in anderen Ländern als Partei auch bei Wahlen auf. Im 2. Sachstandsbericht ‹Jugendreligionen› des Ministers für Arbeit, Gesundheit und Soziales des Landes Nordrhein-Westfalen ist auch die EAP mit ihren Unter- bzw. Zweigorganisationen aufgeführt. Der ‹Guru›, d. h. die Vater- und Führerfigur für die EAP-Mitglieder ist der

Amerikaner Lyndon Hermyle LaRouche, ein ehemaliger Trotzkist, dessen ideologischer Standort heute von Sachkennern als extrem rechts geortet wird. In den USA erschien über die Bewegung eine Schrift mit dem Titel ‹Nazis without Swastika›. Die zentrale Idee der LaRouche-Bewegung, deren deutscher Parteizweig 1974 von der (deutschen) derzeitigen Ehefrau des Meisters, Frau Helga Zepp-LaRouche ins Leben gerufen wurde [...], ist die Idee von einer durch die ganze Geschichte gehenden Verschwörung negativer Kräfte gegen die Partei der ‹Rationalisten› bzw. ‹Städtebauer›. LaRouche sieht sich als geistigen Erben von Leibniz u. Friedrich Schiller (so wurde auch ein ‹Schiller-Institut› gegründet). Kritiker werden fanatisch und z. T. unter Einsatz aggressiver Methoden bekämpft und diffamiert. Die politreligiöse Gruppe arbeitet auch auf nachrichtendienstlichem Gebiet; zwei Zeitschriften (‹Executive Intelligence Review›, ‹Spuren und Motive›) sind ausschließlich der Verbreitung von – teilweise völlig absurden – ‹Geheiminformationen› gewidmet. Angehörige von EAP-Mitgliedern berichten von ähnlichen Folgeerscheinungen wie bei den ursprünglichen Jugendreligionen» (Findungshilfe 1985[2], S. 45).

Ad-Hoc-Komitee zur Verhinderung des INF-Vertrages (Aktivität),
Antidrogenkoalition – ADK (Organisation),
Campaigner, The (Zeitschrift),
Campaigner Publications Deutschland (verlegerische Aktivität),
Campaigner Publications Inc. (verlegerische Aktivität),
Caucus Distributors Inc. (Firma),
(Child Watch)
Christliche Mitte – Patrioten für Deutschland (Partei)
Citizens for LaRouche (Aktivität),
Club of Life (Organisation),
Committee to Stop Methadone (Aktivität),
Cusanus-Stadt (Aktivität),
Deutsch-Französisches Komitee zur Verteidigung der Kernenergie,
Executive Intelligence Review – EIR (geheimdienstliche Zeitschrift),
Ibykus (Zeitschrift),
Ibykus-Festival (Aktivität),
International Caucus of Labour Committees – ICLC (Organisation),
Investigate Leads (Aktivität),
Krieg dem Rauschgift (Zeitschrift),
Labour Committees (Organisation),

Lafayette-Brigade (Aktivität),
Lafayette Foundation for the Arts and Sciences (Organisation),
LaRouche, Lyndon Hermyle,
List-Brigade (Aktivität),
National Anti-Drug Coalition – NADC (Organisation),
National Caucus of Labour Committees – NCLC/USLP (Partei),
National Democratic Policy Committees – NDPC (Aktivität),
National Labour Committee to Defend Harrison Williams (Aktivität),
Neue Solidarität (Zeitschrift),
New Solidarity International Press Service – NISPS (verlegerische Aktivität),
Parti Ouvrier Européen – POE (Partei),
Patrioten für Deutschland (Partei),
Private Akademie für Humanistische Studien (Organisation),
Publikation Equities (verlegerische Aktivität),
Republic Protective Services Inc. (Firma),
Schiller-Institut (Organisation),
Schiller-Konferenz (Aktivität),
Spuren und Motive (geheimdienstliche Zeitschrift),
Stamp out the Aquarian Conspiracy (Aktivität),
The Benjamin Franklin Book Club (verlegerische Aktivität),
The Campaigner (Zeitschrift),
The Labour Organizers Defense Fund (Aktivität),
Tokomak (Zeitschrift),
War on Drugs (Zeitschrift)[50]

Neben der LaRouche-Bewegung ist die aus Argentinien kommende Bewegung des «Siloismus» zu nennen, die bei Wahlen unter dem Namen «Humanistische Partei» auftritt.

«Silo» ist ein Pseudonym. Dahinter verbirgt sich der als Gründer und «Messias der Anden» gefeierte Mario Luis Rodriguez Cobos, geboren 1938, der heute in Mendoza/Argentinien lebt. Unter dem Pseudonym Silo publizieren jedoch auch andere Führer der Bewegung, so José Cabarello, Eduardo Covadlo und Salvatore Puledda.[51] Die Politsekte wurde 1962 als «La Religion Interior», später «Communidade Religiosa», gegründet.[52] 1969 wurde in Argentinien auch eine «Frente Unido de la Juventud» gegründet.

1978 wurde der Name in «La Communidad», «The Community» usw., in deutschsprachigen Ländern «Die Gemeinschaft für Ausgeglichenheit und Entwicklung des Menschen e. V.», umgeändert. In den

USA wurde die «Synthesis Foundation» etabliert, mittels derer «Selbstbefreiungs»-Psychotechniken verbreitet wurden. 1984 bezeichnet man sich als «El Movimento» und gründet die «Partido Humanista», «The Humanist Party», «Humanistische Partei». Aus diesen Parteien wurde 1979 in Florenz die «Humanistische Internationale». Symbol ist eine liegende Acht, das Zeichen für «Unendlichkeit». Die Gründungsversammlung wurde von Teilnehmern als «Brüllfest, das an die Reichsparteitage der Nazis erinnert», bezeichnet.[53]

1986 gründete man die «Grüne Zukunft – ökologische Basisgruppen» und 1989 eine «Grüne Internationale» in Rio de Janeiro.

«In der Sekte herrscht ein strenges Führerprinzip. Auch in den seit 1984 gegründeten Silo-Parteien werden alle wichtigen Fragen von der Sekte entschieden und alle wichtigen Papiere von ihr geschrieben.»[54]

Demokratie wird durch das interne System verhindert, demzufolge Mitgliedschaft nur durch «Beförderung» durch den dazu berufenen «Orientierer» zu erlangen ist. Nur bei Werbung weiterer Mitglieder können weitere «Beförderungen» erfolgen. Mittels sogenannter «Geleiteter Erfahrungen» werden die Mitglieder geschult. «Tatsächlich sind in Gesprächen mit aktiveren Mitgliedern deutliche Zeichen der Mind Control festzustellen: programmiertes Sprechen bei bestimmten Themen, völlige Kritiklosigkeit der eigenen Organisation gegenüber.»[55] An der Spitze steht das «Erste Magisterium» (= Silo). Die zweite Stufe bilden die «Koordinatoren», die den «Rat» führen. Darunter stehen die «Ordensmitglieder» beziehungsweise «Generaldelegierten». Zum Ordensmitglied beziehungsweise Generaldelegierten kann ein «Orientierer» beziehungsweise «Mitglied der Schule» erst aufsteigen, wenn er zehn Gruppen («Schulen») führt. «Orientierer» wird, wer zehn Mitglieder geworben hat. Frauen benötigen nur sieben. «Alle diese Beförderungen sind mit okkulten Ritualen verbunden.»[56]

Ein Berliner Blatt berichtete über die «Humanistische Partei» unter der Schlagzeile «Anwerben über Bettbeziehungen».[57]

Die Außenwelt wird als «Schweinokratie» verunglimpft. Man will die bestehenden Strukturen grundsätzlich verändern. In einer Schrift der Gemeinschaft heißt es: «Wer vor dem Sterben stirbt, wird nie mehr sterben.»[58] Bei der deutlichen Diesseitigkeit der Zielsetzung der Bewegung und angesichts des totalen Einsatzes, den man von den

Mitgliedern verlangt, erinnert das fatal an die Reden des Ananda-Marga-Gründers P. R. Sarkar.

«Diese Partei ist eine internationale Sekte [...] Parlamentarische Demokratie wird abgelehnt. Teilnahme an Wahlen ist nur ein Mittel, um Macht auszuprobieren und zu ergreifen», urteilt die «International Humanist and Ethical Union (IHEU)».[59]

Man will ja auch erklärtermaßen «Beteiligung am Staat»[60]. Und in Silos «Allgemeinen Leitsätzen» ist schon zu lesen:

«Wir benötigen eine effiziente Organisation, die eine Verdoppelung der Regierungsadministration in jedem Land sein soll. [...] Bis zum Basisrat in der letzten kleinen Stadt.»

In der Zeitschrift «Noir et Rouge» wies man auf die Nähe zu den Ideen eines gewissen Bruno van Ehrenberg hin, der nach einer Untersuchung bis 1967 verschiedenen faschistischen Bewegungen wie der «Tacuera» oder der «Revolutionären Nationalsozialistischen Bewegung» angehört haben soll.[61]

Das Ritual für die Aufnahme in den «Orden» hat die Struktur neugnostischer Geheimreligionen. Versatzstücke scheinen freimaurerischen Ritualen entnommen: «Woher kommst du? Bewerber: Von der Gebirgskette des Orients. Was hast du dort gemacht? Bewerber: Ich habe den größten aller Dichter gesucht. Aber man sagte mir, daß er getötet sei und seine Leiche zerstückelt wurde.» usw. Das erinnert an die Legende vom Tod des Tempelbauers im Ritual der Freimaurerei.

Zum Schluß wird der Bewerber aufgefordert: «Bezahle den inneren Führer, und komme hierher zurück, wo die Handlungen der Toten gewogen werden.»

Ein deutlicher religiöser Anspruch. Nach christlichen Maßstäben ist die Bewegung als neuheidnisch zu bezeichnen.

Der politische Anspruch der neuen religiösen Gruppierungen und am deutlichsten der Parteisekten ist nicht weniger und nicht mehr als die Erreichung der Macht.

Schon bei den Jugendreligionen ist das «Rettende Rezept» darauf ausgerichtet, die gesamte Welt neu zu organisieren. Der «Heilige Meister» ist der kommende Führer der Welt, und die «Heilige Hierarchie» ist die neue Leitungsstruktur.

Bei den Parteisekten versucht man die Macht nicht auf dem Umweg über die Durchsetzung der Religion zu erlangen. Hier will man die Machtergreifung des religiös-messianischen Führers auf politischem Weg erreichen.

Gesellschaft und etablierte Religionsgemeinschaften haben allen Grund, sich mit diesem Phänomen genauer zu beschäftigen. Es ist zukunftsträchtig und wird weiter und mit zunehmender Vehemenz und Aggressivität verfolgt werden. Dabei ist der Einsatz von fanatisierten Gläubigen, sind religiös motivierter Terrorismus und die Errichtung religiöser Diktaturen keineswegs Science-fiction-Schemen.

Die politisch-religiösen Entwürfe stellen insgesamt eine Umkehr des abendländischen Weges zur Trennung von Religion und Politik dar. Sie werden die politische und die religiöse Szene verändern, da auch die etablierten Religionen und Parteien in diesen Trend einbezogen werden könnten.

Mit Sicherheit kann gesagt werden, daß die Abschnitte der Verfassungen moderner Demokratien, die die Religionsfreiheit sichern (wie bei uns Art. 4 GG), nicht dazu dienen dürften, religiöse Diktaturen abzusichern oder die säuberliche Trennung von religiösem Anspruch und politischem Handeln zu verwischen und zu annullieren.

Und noch etwas ist zu bedenken: Mit dem Gedanken eines «New Age», eines neuen Zeitalters, ist ein endzeitlicher Begriff in die Diskussion gekommen. Es ist der alte Traum vom «Goldenen Zeitalter», das einmal wieder erstehen soll. Und dieses «Goldene Zeitalter», das das «Eherne» ablöst, hat nach alten Vorstellungen alle Trennungen zu beseitigen, die in der Dekadenz vom «Silbernen» und «Ehernen» Zeitalter entstanden sind. Folgerichtig treten New Ager meistens auch mit politischen Forderungen auf den Plan.

Ohne den New-Age-Gläubigen von heute die Nachbarschaft zu unseligen Zeiten unterstellen zu wollen, muß doch darauf hingewiesen werden, daß die gleiche Hoffnung die junge nationalsozialistische Bewegung beseelte, die sich ebenfalls stark aus religiösen Quellen speiste.[62]

Die «Friedensbemühungen» Konzerte veranstaltender Gurus (Sri Chinmoys «Peace-Concert»-Veranstaltungen), der «Friedensflug» Vishnu Devanandas mit einem Leichtflugzeug 1988 über die damals noch heiß bewachte Berliner Mauer, die Teilnahme der Hare-Krishna-Bewegung an Friedensdemos, alle mit einem angeblich neuen Geist des neuen Zeitalters begründet, stellen ebensosehr politische Handlungen dar, wie sie politische Forderungen beinhalten.

Daß damit oft eine Verteufelung der angeblich unfähigen Politiker und die Forderung der Gruppen nach Primat des Gurus gegenüber dem Politiker einhergeht, wird den Betrachtern meist nicht deutlich. Auch kirchliche Beobachter haben diesen Aspekt in der Regel übersehen.

10. «Frieden» – ein besonderes Thema

Einer der in der heutigen neureligiösen Szenerie immer wieder auftauchender Begriff ist der des «Friedens».[1] Frieden ist ein uraltes Sehnsuchtswort der Menschen. Es hat eine äußere und eine innere Zielrichtung. Die innere Zielrichtung besagt, daß man mit sich selbst und seinem Gott oder der Welt auch dann in Frieden leben kann, wenn das Außenprinzip dieser Welt Krieg ist.

Krieg ist nicht der einzige Gegenpol zum Frieden. Richtiger, und ebenfalls die äußere und innere Zielrichtung abdeckend, ist der «Unfriede». Es scheint, als ob die Menschheit ewig dazu verdammt sei, in diesem Unfrieden zu leben, der von Tod, Zerstörung, Krieg, Leiden und Vernichtung getragen ist.

Das einfachste Prinzip, mit dieser Form der Zerstörung «fertig zu werden» bestand jahrtausendelang darin, sie zu ertragen, als Willen Gottes hinzunehmen und (im Sinne der jeweiligen Religion) ein ethisches Leben zu führen. Das Prinzip der Feindesliebe in der christlichen Religion sollte ursprünglich über den egozentrischen Zug, der auch in dieser Haltung möglich ist, hinwegtragen.

Islamischer Kismet- und hinduistisch/buddhistischer Reinkarnationsglaube hatten jeweils auf ihre eigene religionseigene Weise die Möglichkeit, mit der Tatsache einer unruhigen und auf Zerstörung angelegten Welt fertig zu werden.

Man sieht auch das Bedrohende als gottgegeben, und in seiner Annahme und durch religiöse Hingabe bis hin zur Sehnsucht nach Selbstaufgabe versucht man, sein «wahres Leben» zu gewinnen. Dieses wahre Leben, ohne Krieg und Leid und Zerstörung, sieht man in einer neuen Existenz nach dem physischen Tod.

Im Neuen Testament heißt es am Schluß der Johannes-Offenbarung:

«Und ich sah einen neuen Himmel und eine neue Erde; denn der erste Himmel und die erste Erde vergingen, und das Meer ist nicht mehr; (...) Und ich hörte eine große Stimme von dem Thron, die sprach: Siehe da, die Hütte Gottes bei den Menschen! Und er wird bei ihnen wohnen, und sie werden sein Volk sein, und er selbst, Gott, wird mit ihnen sein; und Gott wird abwischen alle Tränen von ihren Augen, und der Tod wird nicht mehr sein, noch Leid, noch Geschrei, noch Schmerz wird mehr sein; denn das Erste ist vergangen.« (Offenbarung 21, 1,3–5).

Erst eine neue Schöpfung Gottes und eine neue Existenz in der Gegenwart Gottes werden Tod, Leid und (Kriegs-)Geschrei verbannen, und der Frieden wird mit dem schönen Bild eingeleitet, daß Gott alle Tränen von den Augen abwischt. Trauer ist ein Zeichen dieser Wirklichkeit des Todes und des Unfriedens.

Solche Bilder und Vorstellungen erscheinen dem sich als emanzipiert und modern verstehenden Menschen der kybernetischen Gesellschaft unsinnig. Er versteht sie oft gar nicht mehr. Negativzustände müssen beseitigt oder als irreal enttarnt werden. Dieses Leben ist das wahre Leben, denn die Vorstellung eines anderen Lebens ist als nicht realisierbar ebenfalls nicht machbar, nicht akzeptabel. «Alles geht», heißt die Devise, «Anything goes».

«Denke einfach positiv, dann wird alles o. k.!» So funktioniert das Steuerungsprogramm eben richtig, wenn man es richtig eingibt. Funktioniert es nicht, so war die Eingabe falsch, entweder dem Inhalt oder der Methode nach.

Was Wunder also, wenn die kybernetische Zivilisation erstmalig in der Menschheitsgeschichte (und das allein ist nahezu unglaublich) ein religiös-ideologisches Programm erlebt, in dem der physische Tod, die Zerstörung, der Krieg, die Erfolglosigkeit einfach geleugnet werden. Zwar gab es schon im 19. Jahrhundert Denkvorläufer. Zum Beispiel die sogenannte «Christian Science/Christliche Wissenschaft», die ihre «Wissenschafter» (nicht «Wissenschaftler») mit der Idee beglückte, Leid, Krankheit, Tod usw. seien nicht wirklich existent, wenn man nur «richtig denke». Der erste Denk-Wissenschafter dieser Art sei Jesus gewesen. Aus diesem Denken heraus habe er seine Wunder vollbracht, die eigentlich nur natürlich und gar keine Wunder seien. Nun ist zwar auch Mary Baker Eddy (1821–1919) gestorben, doch die Wissenschafter leugnen den Tod, indem sie «weitergehen» (to pass on). Nun ja, alles Irdische «geht weiter».

Doch da hat sich in der Moderne eine neue Möglichkeit ergeben, nämlich auch dies zu leugnen: Tod ist ein Irrtum, lautet die Botschaft der sogenannten «Immortals», der Anhänger des Psychokultes «Eternal Flame».

In einer späteren Ausgabe der «Findungshilfe Religion 2000 – Apologetisches Lexikon»[2] wird sich folgender Eintrag finden, der hier im voraus aus einem Manuskript zitiert werden soll:

«*Eternal Flame Foundation, The,* Adresse POB 1954, USA-Scottsdale/Arizona 85252; Das Ziel ist ‹physical immortality (PI): (...) when all the traces of death have been removed› (physische Unsterblichkeit..., wenn alle Spuren des Todes beseitigt sind); man wendet sich gegen die Vorstellung des ‹eternal life› (ewigen Lebens), weil dieses den physischen Tod akzeptiere; durch Kontakt mit anderen ‹immortal bodies› (unsterblichen Körpern) könne die PI ‹cellularly experienced› (auf zellularer Basis erfahren) werden, weshalb man an den wöchentlichen Treffen teilnehmen müsse; Gründer: Charles Paul Brown & James Russell Strole; jährl. Konferenzen seit 1968 (hohe Hotel- u. Teilnehmergebüren); Dependancen in Großbritannien u. Israel; Kooperation mit *Progressive Truth Ministries* Indianapolis; gehört zu den sogenannten LBCMs (= **L**ife and **B**ehaviour **C**ontrolling **M**ovements).»

Exkurs: Die Zuweisung zum Bereich LBCM bedeutet, daß nach dieser Bewertung die so klassifizierte Bewegung zu den ideologischen Extremgruppen (im Volksmund: «Sekten») gehört. Gruppen dieser Art zeichnen sich oft durch eine übermäßige Emotionalität oder – das andere Extrem – einen deutlichen Emotionsverlust aus. In der überwiegenden Zahl der Fälle führt die Zugehörigkeit zu einer als LBCM klassifizierten Gruppe zu Kontaktabbrüchen gegenüber Nichtpartizipienten, die als «unfähig, ignorant oder gar böswillig» gelten. Nicht selten ist die Ursache zur Hinwendung in einer psychischen Problemlage zu suchen. Ein anderer, oft verwerteter Begriff für die LBCMs ist *Psychokulte.*

So behauptet Günter Sarito (sein durch «Bhagwan» Rajneesh übergebener Sannyasin-Name) Griebel, Jahrgang 1941, Berufs-Sannyasin, Rebirther und «Eternal-Flame»-Trainer, in seiner Schrift «Physische Unsterblichkeit – Eine herausfordernde Idee für eine neue Wirklichkeit»[3], daß der Tod als «Ausdruck von totalem Mißerfolg»[4] durch den Menschen, der selbst ja Gott sei[5], physisch überwunden werden könne. «Leben ist ewig, und du bist das Leben», lautet Griebels Immortality-Botschaft.[6] Und: «Ich behaupte, daß der Körper ein Teil des Universums ist und deswegen genauso lange existieren kann.»[7] Tod sei nichts als eine «tödliche Idee», die durch falsches Denken und Glauben geschaffen werde. Tod sei auch «ungesund (...) Der Glaube, daß der Tod unausweichlich ist, hat mehr Menschen umgebracht als alle anderen Ursachen!»[8] Er «wird bestimmt vom Familienglaubenssystem».[9]

Als «Beweis» für seine Thesen bringt Griebel auch noch die Geschichte von «Floris Großvater». Dieser (Flori war ein amerikanischer Freund) habe sich je nach Laune zum Zwecke von Fernreisen ent- und rematerialisieren können, Mehl nur im Laden gekauft, um nicht aufzufallen, da er es ja eigentlich bekam, «indem er seine Hand in ein leeres Faß hielt», und der dann auch nicht gestorben sei, sondern sich entmaterialisiert habe. Auch Flori könne tolle Dinge tun:

«Er hat keine Unfälle, keine Verkehrsstaus, keinen ‹Platten›, und er fährt riesige Strecken mit Benzinmengen, die in der Regel nur für einen Bruchteil der Strecke langen würden.»[10]

Und noch andere Wunder mehr. Wieso «Flori» überhaupt Benzin oder ein Auto zur Fortbewegung gebraucht hat, ist nicht auszumachen. Vielleicht auch, um nicht aufzufallen.

Auffällig ist, daß Ideen, die vor einer Generation zu Recht von jedem Gebildeten als totaler Unsinn entlarvt worden wären, heute für teures Geld als Handlungsanleitung verkauft werden können. «Könnte es denn nicht wirklich so sein?» beziehungsweise «Man muß den Mut zum Neuen haben», lautet die Devise. Vorläufig wird mit den gleichen Begründungen zwar noch niemand in einen Müllverbrennungsofen springen, aber ganz von der Hand zu weisen ist selbst ein derartiges «begründetes» Wahnverhalten nicht mehr.

Die Heilsgüter sind in der kybernetischen Zivilisation nicht mehr Glaubens-, sondern Realisierungssache. Denn der Mensch dieser neuen Zivilisation hat keine wirkliche Zeit mehr. Er hat auch keine Hoffnungen, sondern an ihre Stelle sind Ideen mit Realisierungszwang getreten.

Während die als Sekten klassifizierbaren Gruppen nun unter «Frieden» einen eher, ja teilweise ausschließlich eschatologischen Zustand sehen, der erst dann eintritt, wenn der Ablauf der Geschichte ein Ziel (den Jüngsten Tag) erreicht hat, verkünden die Jugendreligionen und die «LBCMs» samt und sonders den Frieden als irdisches Produkt ihres Bemühens. Frieden ist für sie nur dadurch erreichbar, daß das jeweilige «Rettende Rezept» global verwirklicht wird.

Nun haben wir uns in der ehemals abendländischen Gesellschaft daran gewöhnt, Religion eher grundsätzlich als positiv zu sehen. Zwar wissen wir von Religionskriegen, Verfolgung von Andersgläubigen und Unterdrückung von Menschen mit Hilfe der Religion aus unserer eigenen Geschichte. Doch in unseren Verfassungen haben wir die Religionsfreiheit in einer Weise zum Ausdruck gebracht und untermauert, als seien dies alles Ausrutscher einer vergangenen Zeit und als könnten ähnliche Ausrutscher schlicht durch das restliche Gesetzeskonstrukt verhindert werden.

Müssen wir Vorgänge wie die Kämpfe zwischen Protestanten und Katholiken in Nordirland, Khomeinis aggressive religiöse Revolution, die Aktivitäten der RSS oder der Shiv Shena in Indien zur Unterdrückung nichthinduistischer Minderheiten zur Kenntnis nehmen, dann empfinden wir Empörung und beruhigen uns mit dem Gedanken, daß dies noch Ausbrüche eines im allgemeinen überwundenen Denkens sind.

Tatsächlich gibt es gar keinen Grund, Religion grundsätzlich für friedensstiftend zu halten. Wenn im folgenden von christlichen Sekten, sektenähnlichen christlichen Gruppen und Jugendreligionen die Rede ist, kann und soll damit nicht gesagt werden, daß diese Gruppen schlechter oder besser sind als die etablierte traditionelle Religion. Sie haben nur eines nicht: eine historische Erinnerung mit ihren Lernfolgen und eine durch Größe und mangelnde Geschlossenheit funktionierende betriebsinterne Kritikszene. Die sogenannten «Lauen», die «Nur-Kirchensteuer-» oder «Festtags-Christen», oder wie auch immer jene von den eifrigen Verfechtern und Verkündern ihrer Kirchen genannt werden, die vom kirchlichen Angebot nur begrenzten Gebrauch machen, sind das wohltuende, reibungsverhindernde Öl zwischen den Konkurrenten. Sie hindern allein durch ihre zahlenmäßig relevante Existenz die jeweiligen Fanatiker, andere mit religiöser Zwangsbeglückung zu überziehen.

Das Fehlen einer solchen Gruppe gibt christlichen Sekten und Jugendreligionen die Freiheit, so aggressiv und unbehindert von Selbstkritik zu missionieren. Sowie eine Sekte oder religiöse Gruppe den Vorwurf hören muß, «Kümmert euch doch um eure Mitglieder», ist ihr missionarischer Elan gebremst, und damit verringert sich die Gefahr von Kontroversen. Eine sich eher distanziert verhaltende Mitgliedschaft ist ein gewisser Garant für religiösen Frieden.

Nehmen wir als Beispiel die Scientology, eine der sogenannten Jugendreligionen. Ihr Gründer erlaubte eine solche laue Haltung grundsätzlich nicht.

Diese von dem Science-fiction-Schriftsteller Lafayette Ronald Hubbard (1911–1986) gegründete Neureligion will als erklärtes Ziel eine «Welt ohne Krieg, Kriminalität und Wahnsinn» schaffen. Laut Hubbard ist eines der besten Werkzeuge dazu das, was er unter «Ethik» versteht. Zur Erinnerung sei Hubbards Ethik-Definition hier noch einmal vorgestellt:

«Der Zweck von Ethik ist: GEGENABSICHTEN AUS DER UMWELT ZU ENTFERNEN. Nachdem das erreicht ist, hat sie zum Zweck, FREMDABSICHTEN AUS DER UMWELT ZU ENTFERNEN. Dadurch ist Fortschritt für alle möglich.»[11]

Fremdabsichten werden dort gesehen, wo Feinde am Werk sind. Feinde sind Leute, die eine andere Meinung vertreten.

«Jemand, der in Scientology-Gruppen eintritt, um andere Antworten zu verkaufen, ist natürlich ein Feind.»[12]

Schlimmer noch ist der Kritiker. Hubbard:

«Diejenigen, die die Scientology kritisieren oder abfällige Bemerkungen darüber machen», gelten als Kriminelle. «Der Kriminelle scheut das Tageslicht. Und wir sind das Licht. [...] Wir fanden niemals Kritiker der Scientology, die keine kriminelle Vergangenheit hatten. [...] Langsam, aber sicher erteilen wir den Gottlosen eine Lektion.» Und er droht: «Hüten Sie sich davor, unsere Fähigkeit, das auch auszuführen – zu unterschätzen.»[13]

Solche Personen werden in der Scientology zu sogenannten SPs (von «Suppressive Person») zu Unterdrückern erklärt. Unterdrücker sind «antisoziale Persönlichkeiten» und «verewigen Kriminalität und verbrecherische Handlungen».[14] Das «Handbuch für den Ehrenamtlichen Geistlichen» der Scientology zeigt auf, daß die «antisoziale Persönlichkeit» und der «Antiscientologe» Synonyme sind.[15]

Unterdrücker sind Personen, die sich weigern, sich helfen zu lassen, und solche, die aus den von der Scientology angebotenen Kursen zur Rettung der Menschheit «keinen Nutzen ziehen».[16] In Hubbards «Ehrenkodex», den er für seine Religion entwickelt hat, stehen Sätze wie:

«Setze Dich niemals selbst herab, und verkleinere nie Deine Stärke oder Macht. [...] Erlaube niemals, daß Deine Zuneigung verunreinigt wird. [...] Bedaure niemals das, was gestern war. [...] Fürchte niemals, einem anderen in einer gerechten Sache weh zu tun.»

Gerade der letztgenannte Grundsatz hat in der Menschheitsgeschichte schon viel Leid erzeugt.

Es ist leicht zu verstehen, daß begeisterte Gläubige sich unter diesen Prämissen über das in der Restwelt geltende Gesetz hinwegsetzen können, wenn es gilt, der Rettung der Welt (durch die eigene Religion) Bahn zu brechen.

Ähnliche Gedanken kommen zum Tragen, wenn der Koreaner San Myung Mun (geboren 1920), der Gründer der Vereinigungskirche und zahlloser Tarnorganisationen[17], über sich in einer Rede mit dem Titel «The Age of Judgement and Ouverselves» sagt:

«Wenn es eine Person gibt, die alle Bürden Amerikas tragen und alle Sünden dieser Nation auslöschen kann, dann kann das amerikanische Gesetz diese nicht antasten. Wenn es jemanden gibt, der sich in der Lage weiß, alle vergangenen, gegenwärtigen und zukünftigen Sünden der Menschheit auf sich zu nehmen, dann ist diese Person in der Tat der Retter der Menschheit und steht über allen von Menschen gemachten Gesetzen und Verordnungen. Ist es nicht so? Der Messias ist diese Person. Er hat sogar die Macht, die Hölle zu befreien.

Und das ist keineswegs alles: Der Messias kann sogar Gott befreien. Kann Gott jemanden richten, dem er persönlich etwas verdankt? Wenn er befreit worden ist, würde Gott den Gerichtssaal nicht einmal betreten oder irgendeine Anklage gegen diese Person erheben. Wenn Gott befreit werden kann, dann hat er auch nicht zu richten.»[18]

Eine derartige Einstellung kann leicht dazu führen, daß man sich an Gesetze und vom Recht gegebene Verpflichtungen nicht gebunden sieht. Als Befreier ist Mun zugleich Schöpfer einer neuen Ethik, einer neuen Moral (was er übrigens an anderer Stelle auch deutlich gesagt hat). Für sein Wirken kann es keine gesetzlichen Schranken und Behinderungen geben. Selbst Gott muß als höchster Richter hinter seinem «Befreier» zurücktreten.

Ähnliche Gedanken finden sich bei der guruistischen Jugendreligion *Ananda Marga*. Ihr Gründer P. R. Sarkar (geboren 1921), verehrt als «Baba» und «Shri Shri Anandamurtiji», sieht sich ebenfalls nicht an menschliches Recht gebunden.

«BA'BA'hat einmal gesagt, daß Er nicht durch das menschliche Recht gebunden ist, und auch nicht die Einengung des menschlichen Rechts dulden wird.»[19]

Es ist nur folgerichtig, daß Sarkar seine Anhänger auffordert: «Kämpfe für deine Ideologie. Sei eins mit deiner Ideologie. Lebe für deine Ideologie. Stirb für deine Ideologie (Ananda Purnima 1961); Leben repräsentiert die Ideologie. Das Leben sollte der Ideologie geopfert werden (1. 1. 1962); Frieden ist das Ergebnis von Kampf. Die Friedliebenden des Universums dürfen sich nicht vom Kampf fernhalten (1. 1. 1963).»[20]

Frieden wird als «Ergebnis von Kampf»[21] gesehen. Sarkar kann vom «schwarzen Frieden» und vom «weißen Frieden» reden, den seine Lehren bringen.

«Und wenn sogar der intellektuelle Versuch fehlschlägt, wird die Anwendung von Gewalt unvermeidbar. Menschlicher Fortschritt wird durch innere Kämpfe und Kohäsion beschleunigt weitergehen. Folglich ist die Anwendung von Gewalt ein unumgängliches Phänomen, bis die die Macht besitzenden Gruppen Tyrannei und Ausbeutung unterlassen. [...] Friedliche Revolution ist ein imaginäres Konzept.»[22]

Religiös motivierte Handlungen gegen Leib und Leben Andersgläubiger sind eine nahezu grundsätzliche Folge jener Einstellung, die sich über das geltende Recht erhaben dünkt. Davon zeugen zum Beispiel auch die Straftaten von Führern und Mitgliedern der *International Society for Krishna Consciousness (ISKCON)*, die von Rauschgift- und Waffendelikten bis hin zum Mord gingen. Es ist also nicht böser Wille oder grundsätzliche Aggression, die hinter solchen Handlungen steht.

Überall dort, wo religiöse Führer sich mit der Behauptung der direkten Leitung durch Gott gegen das geltende Recht wenden, droht diese Unterminierung des Rechtsverhaltens bei ihren Anhängern.

Bei den christlichen Sekten finden sich ähnliche Vorstellungen im sogenannten Shepherding-System. Dieses System geht von der Ansicht aus, daß der jeweilige «ältere Bruder im Glauben», der zum «Hirten» eingesetzte Leiter, für seine «jüngeren Brüder und Schwestern» beziehungsweise Untergebenen die Stimme Gottes verkörpert.

Aus Gemeinschaften, die das Shepherding-Modell bei sich verwirklicht haben, werden auch immer wieder Fälle einer sozialen Isolierung berichtet. Gruppenmitglieder, deren Angehörige sich der Lehre und den Ansprüchen der Gruppe widersetzen, werden zur Aufgabe ihrer bisherigen sozialen Kontakte gebracht. Diese Isolierung, die die Hirten mit der Autorität Gottes fordern, bedingt gleichzeitig eine stärkere Unterstellung unter die neue Gemeinschaft. Absoluter Gehorsam gegenüber den Anweisungen von religiösen Führern ist sowohl Quelle sozialer Aggression als auch individueller Destruktion.

Auf der anderen Seite ist die Zurücknahme der eigenen Persönlichkeit jedoch auch eine Grundlage für karitativen Dienst und Konfliktlösung.

In der Gemeinschaft der *Jehovas Zeugen* wird zum Beispiel auf striktes Rollenverhalten der Geschlechter geachtet. Die Frau gilt dem Mann als in allen Dingen absolut untertan. Innerfamiliäre Streitigkeiten ziehen Sanktionen durch die Glaubensgemeinschaft nach sich.

«Ich habe mich meinem Mann stets unterordnen müssen. Wenn wir Meinungsverschiedenheiten hatten, unterrichtete mein Mann die Versammlung, und der diensthabende Älteste stellte mich dann zur Rede: ‹Schwester NN, du weißt, daß du deinem Manne untertan sein mußt, wie es die biblischen Schriften von dir verlangen.› Ich habe mich dann gefügt. Obwohl ich mich später von meinem Mann getrennt habe, muß ich doch sagen, es war irgendwie doch eine glückliche Zeit. Heute habe ich oft Zweifel, ob ich mich gegen andere durchsetzen darf.»[23]

Wir halten diese Lösung sicher nicht für normales Geschlechterverhalten. Deutlich wird jedoch, daß die Betreffende diese Art von Konfliktbewältigung als «irgendwie doch eine glückliche Zeit» versteht.

Zu den pazifizierenden religiösen Faktoren kann auch der Glaube an eine letztendliche Rechenschaftslegung vor einer Instanz gehören, vor der man nichts verbergen kann. Der Glaube an das Jüngste Gericht ist besonders in christlichen und islamischen Sekten verhaltensregulierend.

In Gruppen, bei denen die Karma- und Wiederverkörperungslehre zum Lehrgebäude gehört, kann diese die gleiche Funktion übernehmen.

Im Hinblick auf eine spätere ewige oder irdische Existenz werden bestimmte Handlungen gefordert, andere wieder sanktioniert.

Dazu gehört in einer ganzen Reihe von christlichen Sekten das

Waffenverbot sowie das Verbot, Waffendienst zu leisten. Am bekanntesten sind die *Jehovas Zeugen,* die auch einen Ersatzdienst ablehnen, weil sie dadurch indirekt den Wehrdienst anerkennen würden. Besonders für ihre Ablehnung des Waffendienstes im Hinblick auf das Jüngste Gericht haben Mitglieder dieser Gruppe vielerorts schwere Verfolgungen erleiden müssen. Am bekanntesten wurden die Leiden der Jehovas Zeugen im sogenannten Großdeutschen Reich.

Julius Fischer (1867–1923), Gründer des *Apostelamt Juda,* einer Absplitterung der *Neuapostolischen Kirche,* soll hier als Pars pro toto erwähnt werden. Er sah im Krieg und in der Begeisterung für den Krieg die schwerste Sünde. Die christlichen Kirchen klagt er an:

«Dem Kinde haben sie gelehret, du sollst nicht töten, dem Jüngling vom 17. Jahre haben sie den Heldentod gepredigt, gegen die Männer, die im deutschen Volke nach Frieden riefen, haben sie agitiert und sie als Vaterlandstreulose beschimpft und für Feiglinge erklärt [...].»[24]

Seine Vision sieht, nach einer Katastrophe, eine friedliche Menschheit als Heilsziel auf Erden:

«Wir werden eine Zeit bekommen, wo niemand mehr einer dem anderen Herrscher sein wird, sondern die Menschenzahl wird, wenn dieselbe sich nicht um Veredlung ihres Lebens kümmert, so klein und winzig zusammenschrumpfen, daß sie sich suchen werden untereinander auf dieser Erde und sich dienen werden aus freier Liebe, und niemand mehr einen anderen mit Weltenherrschaften regieren will, sondern sie brauchen sich alle sehr untereinander, und einer wird den anderen nicht mehr missen wollen. Meilenweit wird das menschliche Auge suchen, eine menschliche Fußspur zu finden, und wenn sie dieselbe gefunden hat, wird er in stiller Ehrfurcht niederknien und dieselbe vor Freude küssen, zu wissen, daß es noch Menschen auf dieser Erde gibt.»[25]

Anders lagen die Motive der *Christadelphians* (Brüder Christi), in Deutschland *Urchristen-Gemeinden.* Die Bewegung war im frühen 19. Jahrhundert entstanden. Eine zentrale Organisation lehnte man ab. Die Gläubigen dieser Gemeinschaft verstehen sich als «Fremdlinge und Gäste in dieser Weltzeit und Bürger eines kommenden Reiches» und lehnen deshalb ebenso die Beteiligung an politischen Wahlen wie auch jeden Militärdienst, nicht jedoch den Ersatzdienst, ab.

Bei den *Les Amis de l'Homme* steht der soziale Dienst am Nächsten im Mittelpunkt. «Die Gotteskinder sind moderne Eroberer ohne Gewehre und Kanonen», heißt es in der Zeitschrift «Das Reich der Gerechtigkeit und der Wahrheit».[26] Man will der Welt ein Beispiel geben, indem man auf Erden ein kleines Paradies errichtet und vorlebt. Man verzichtet innerhalb der Gruppe auf Geld und Besitz, drängt jedoch niemanden zur Aufgabe seines Eigentums.

Kurt Hutten urteilt zu Recht:

«Sie wollen das Reich Gottes auf Erden beginnen und haben verstanden, daß es nicht nur mit Predigten, auch nicht mit Organisationen, finanziellen Mitteln, Ideologien oder gar mit dem Schwert ausgebreitet werden kann, sondern allein mit der Macht der Liebe, die das Herz trifft, weil sie selbstlos ist. Sie haben damit ein Kernstück der Botschaft Jesu begriffen und verwirklicht, das von den Kirchen oft schrecklich mißachtet wurde. Darum sind sie liebenswert.»[27]

Ganz anders die Vorstellungen des *Mazdaznan*-Gründers Otto Hanisch (1844–1936). Er sah ein «Tausendjähriges Friedensreich» auf Erden, das durch die sich aus Angeln, Lateinern und Sklaven bildende «Friedensrasse» etwa um 1960 gegründet und von 24 Mitgliedern eines «Rates der Ältesten» geleitet werden sollte. Dann werde aus der arischen Rasse eine «helle oder durchsichtige Rasse» hervorgehen. Friedensvorstellungen dieser Art finden sich auch bei anderen Gemeinschaften. Sie sind jedoch in sich nicht friedenstiftend.

Wenn im Zusammenhang mit Sekten und Jugendreligionen von Frieden gesprochen wird, muß jedoch auch der weit verbreitete Gebrauch beziehungsweise Mißbrauch des Begriffs für eigene Zwecke, insbesondere der Werbung angesprochen werden.

«Friedensfestivals» der *ISKCON*[28] und die Beteiligung an Friedensdemonstrationen[29] auf der einen Seite stehen einer Gesellschaftsvorstellung gegenüber, bei der die Ksatriyas, die Kriegerkaste, wichtige Funktionen hat und wo sogar «Nuklear-Ksatriyas» gefordert werden, mit der Begründung, ein Gottbewußter als Regierungsschef müsse «in sowohl offensiver als auch defensiver Kriegsführung» in der Lage sein, «seine militärischen Einheiten zum Sieg zu führen».[30]

Feinde der Gesellschaft sollte er «angreifen, sie unterwerfen und ihr bösartiges Wesen neutralisieren und dann die gottbewußte Gesellschaft in ihrem Land einführen. (...) Die Regierungen haben dem

Militär systematisch die Entscheidungsfreiheit genommen, die Welt vom größten Übel zu befreien, um damit der Weltsituation neues Leben zu verleihen.»[31]

Nuklear-Ksatriyas sind notwendig, um «geistig oder mit elektronischen Mitteln» zu versuchen, «den Feind mit den Waffen und Geräten auszulöschen».[32] Man hält nichts von «dumme(n) und sentimentale(n) Ideale(n) wie ‹leben und leben lassen›».[33]

Angesichts solcher Vorstellungen zeigt sich deutlich, daß das Engagement bei Friedensaktivitäten eher missionarischen Charakter hat.

Inwieweit das von dem Guru Sri Chinmoy zu sagen ist, sei dahingestellt. Mit «Friedenskonzerten» und mit «Weltfriedensläufen» macht seine Bewegung von sich reden. Für die letztgenannte Aktivität sollen dann vor allem Berühmtheiten zur Unterstützung gewonnen werden.

«Auch Königin Silvia von Schweden ruft zur Teilnahme auf, der FC Barcelona, das griechische Kultusministerium, Arnold Schwarzenegger, UN-Generalsekretär de Cuellar und der deutsche Judo-Bund. Der Sprinter Carl Lewis eröffnete am 21. April in New York die Fackelstafette mit den Worten: ‹Der Weltfriedenslauf wird einen wichtigen Beitrag dazu leisten, die Hindernisse zu einem dauerhaften Frieden zu überwinden. Aber gleichzeitig müssen wir beten und müssen wir lieben.›»[34]

Beim Kongreß «Geist & Natur» im Mai 1988 in Hannover errichtete ein gewisser Huschmand Sabet aus Papierblumen einen «Kegel des Friedens» mit der Begründung:

«Die Entfaltung des Glaubens beginnt mit archaischen Religionen und führt über Stammesreligionen, Volksreligionen und die wenigen Hochreligionen zu einer universalen Weltreligion der Zukunft, wie seit alters verheißen. [...] Dauerhafter Weltfriede ist die Frucht der Teilhabe der Menschen an Welt-Identität.»[35]

Brahma Kumaris, eine andere Guru-Sekte, veranstaltete 1986 in 58 Ländern einen «Aufruf zum Spenden von Friedensminuten als individueller Beitrag zum Weltfrieden» unter der Überschrift «Millionen Minuten des Friedens».[36] Ausstellungen in Hamburg, Köln, Frankfurt/Main und anderen Städten (insgesamt 55) sollten mit jeweils einem großen Spruchband bestückt sein:

«BRAHMA KUMARIS WORLD SPIRITUAL UNIVERSITY – Wir studieren

den inneren Frieden an der einzigen geistigen Universität der Welt.» Dazu sollten VIPs eingeladen und vor allem eine «Weltkarte mit allen 1500 BK-Centern – durch weiße Fäden verbunden als Friedensnetz» zur Schau gestellt werden.[37]

Solche Veranstaltungen, wie auch eine 1987 weltweit verbreitete «Declaration of World Peace» einer bis dahin völlig unbekannten *Star Alliance Foundation*[38] haben wohl mehr Werbewert, als daß sie wirkliche Beiträge zum Frieden darstellen.

Im Apologetischen Lexikon wird Brahma Kumaris wie folgt dargestellt:

Brahma Kumaris World Spiritual University (kurz: Brahma Kumaris) Gelöbnis der BKs:

«Wir sind die Kinder des Ozeans der Liebe 1. und werden deshalb jeden lieben und erfreuen. 2. Wir werden niemals jemandem abgeneigt sein oder ihm Widerstand entgegensetzen. 3. Wir werden niemals jemanden in Bedrängnis bringen. 4. Wir werden weder streiten noch kämpfen. Und selbst, wenn jemand etwas Falsches sagt, werden wir es hinnehmen und unerwidert lassen. 5. Wir werden niemals das Gesetz in unsere eigene Hand nehmen. 6. Wir werden anderen gegenüber niemals in einer Weise handeln, die Babas Lehren nicht entspricht. 7. Wir werden kein Leid verursachen, nicht einmal in Gedanken. 8. Wir werden rup-basant sein (die Verkörperung von Tugenden – diejenigen, die andere mit Juwelen überhäufen), und wir werden dafür bürgen, daß nur Juwelen über unsere Lippen kommen und keine Steine. Wir werden nur Worte sprechen, die glücklich machen. Wir werden immer BapDada vor Augen haben und uns selbst dieses Versprechen geben. (Sakar Murli 2. 10. 85) Om Shanti.»

Der Name *Brahma Kumaris* bedeutet soviel wie «Töchter des Brahma» oder «Kinder des Schöpfers». Die Bewegung wurde 1950 von dem ehemaligen Juwelenhändler *Lekh Raj* (gestorben 1969), einem Sindhi, auf dem Mount Abu in Rajastan als «The World Spiritual University of Brahma Kumaris» etabliert. 1937 will Lekh Raj in Hyderabad eine Vision gehabt haben, in der er sich als Gott Shiva erkannte. Später wurde daraus der Gott Brahma. Die Anhänger verehren Lekh Raj als *Praja Pita Brahma* und als *«Medium Gottes»*. In der Zentrale findet sich das Bild von Lekh Raj «mitten im Zentrum eines großen Zirkels mit Bildern von Christus, Guru Nanak, Buddha, Tirthankara, dem Propheten Mohammed» (Surya India, 15. 03. 84). Als

Mittel zur Errichtung des «Goldenen Zeitalters» und zur Etablierung des ewigen Friedens propagiert BKs *Raja Yoga*. Örtliche Niederlassungen der BKs werden im Regelfall als *Raja Yoga Center* ausgeschildert. Es gibt (1986) weltweit etwa 1500 solcher Zentren. Die Anhänger grüßen mit «Om Shanti», tragen vorwiegend weiße Kleidung, leben strikt vegetarisch und verzichten auf jede Form der Sexualität (brahmachary), auch wenn sie verheiratet sind. Es wurden in vielen Fällen Eigentumsübereignungen (bis hin zum Gesamtbesitz) an BKs vorgenommen. Man glaubt an Reinkarnation und daran, daß ein Atomkrieg die Erde zerstören und danach eine neue, paradiesische Welt entstehen wird:

«Während die Seelen der Göttlichen Studenten, die sich Brahmanen nennen, fröhlich im Nirwana um die Höchste Seele schwimmen, müssen die anderen irgendwo schmoren und leiden, damit sie sich bessern und beim nächsten Mal gleich ins Raja Yoga Center gehen. Denn auf die Erde kommen sie alle wieder.» (Die Zeit, 25. 6. 82)

In der BKs überwiegt das weibliche Element. Die ersten Anhänger von Lekh Raj waren überwiegend weiblichen Geschlechts. Frauen seien «spiritueller und vertrauenswürdiger», dozierte Lekh Raj. Die als «Murlis» bezeichneten Vorträge werden wörtlich vorgelesen. Es handelt sich um die Reden «Dadas» (Lekh Rajs). Sie haben den Rang von Offenbarungen des göttlichen Willens. Nach dem Tod des Gründers wurde «Schwester G.» zum Medium Dadas, und nach dieser übernahm eine jüngere «Schwester» die Funktion als Medium «Dadas» (der sich so durch Medien seinen Anhängern mitteilt).

In den Murlis finden sich Hinweise wie die folgenden:

Zum *ehelichen Verkehr:* «Ihr sollt ihm (Anm.: dem Ehemann) erklären, ‹Wenn du Laster möchtest, dann geh und nimm dir eine andere Frau. Du kannst ihr Schmuck usw. geben, ich werde auf jeden Fall rein werden› » (Murli vom 11. 3. 82);

Zum *Familienleben:* «Während ihr in der Familie seid, kommt ihr nicht in eine Atmosphäre, oder? [. . .] Bleibt ihr immer jenseits von Weltlichkeit in überweltlichen Beziehungen in der Atmosphäre der Schwingungen? Habt ihr auch die Atmosphäre in eurem Haus so überweltlich gemacht, daß es gar nicht mehr wie ein gewöhnliches Heim wirkt? Die Atmosphäre sollte wie die eines Centers sein. [. . .] Die Kommenden sollten spüren, daß dies kein gewöhnliches Haus ist, sondern ein Tempel » (Murli vom 19. 11. 81);

Über *Sexualität:* «Sex ist der allergrößte Feind» (vom 20. 11. 81);

Über *Götterwerdung und Krieg:* «Baba verwandelt uns Menschen in Gottheiten. Wenn ihr Gottheiten werdet, wird die Dämonenwelt zerstört. In der ganzen Welt wird es Schreie geben. Es wird Naturkatastrophen geben. Die Bomben werden wie Regen vom Himmel fallen. Das Paradies wird erst kommen, wenn diese böse Welt vernichtet worden ist. Die Natur wird gut sein, und die Erde wird reichlich an guten Düngemitteln haben. In diesem Opferungsfeuer wird alles verbrannt werden» (Murli «Essenz», ohne Datum);

Beziehung zu Baba: «Ich bin der einzige Geliebte, Euer ältester Geliebter» (Murli vom 5. 12. 81) und «Die gesamte alte Welt wird zerstört werden. [...] Zerbrecht eure intellektuelle Vereinigung mit allem, während ihr noch hier lebt, und verbindet ihn nur mit Einem. [...] Erinnert euch in jeder freien Minute, die ihr habt, an Baba» (Murli vom 27. 4. 82);

Über *Geld:* «Deswegen muß der Körper für Dienst gegeben werden, der Geist und auch das Geld [...] denn es gibt Zensuren für Geld. Weil ihr auch diese Zensuren verdient, kommt eure Nummer weiter voran» (Murli vom 12. 3. 82).

Kenner weisen auch auf den Unterschied hin, der zwischen der in Indien und der im Westen dargebotenen Selbstdarstellung besteht. In Indien werden die «Elemente des traditionellen Hinduismus» öffentlicher gezeigt, als dies im Westen der Fall ist.

Angehörige von BKs-Anhängern berichten von Persönlichkeitsveränderungen und erheblichen Entfremdungsvorgängen bei ihren Kindern oder Ehepartnern, nachdem diese sich der BKs zugewendet haben.[39]

Daß eine solche Gruppe nicht gerade eine Säule echten Friedens und wirklicher Friedensbemühungen ist, braucht nicht besonders unterstrichen zu werden.

Noch deutlicher wird dieser Mißbrauch des Friedens als Werbewert, wenn die Mun-Bewegung, zu deren Lehren der 3. Weltkrieg gehört, ihre Lehre als «neue Vision für den Weltfrieden» darstellt,[40] eine *Professors World Peace Academy (PWPA)*[41] gründet und ein «International Journal on World Peace»[42] herausgibt.

Die Einstellung der christlichen Sekten und der Jugendreligionen zum Frieden und ihr Umgang mit dem Begriff ist keineswegs einheitlicher Art. Wenn bei diesen Gruppen von Frieden die Rede ist, können nicht die gleichen Vorstellungen vorausgesetzt werden wie in der Allgemeinheit. Oft sind die Friedensvorstellungen bei den christlichen Sekten konkreter und die Erwartungen und der für sie geleistete Einsatz größer als etwa bei den christlichen Traditionskirchen.

Anderseits finden sich Vorstellungen, die eher das Gegenteil von Frieden beinhalten. Dies insbesondere dann, wenn bei den Jugendreligionen ein irdischer Frieden durch Weltrettung mit Hilfe des jeweiligen rettenden Rezepts erzwungen werden soll.

Vielerorts werden Friedensvorstellungen jedoch zu Reklame- beziehungsweise Missionszwecken mißbraucht.

Es ist in allen Fällen notwendig, dem Begriff Frieden nachzugehen und aus der gesamten Lehre und den Praktiken der jeweiligen Gruppe abzuleiten, was wirklich gemeint ist.

In der nachtechnischen Zivilisation wird es von größter Wichtigkeit sein, daß religiöse Gruppen und Bewegungen sich einer Art Friedenskonvention unterstellen. Sie sollten sich darauf einigen, wie sie Frieden verstehen, welche Verhaltensweisen für den Frieden notwendig sind und welche Einschränkungen sie sich auferlegen sollten.

11. «Du mußt ein Baby sein, um in den Himmel zu kommen»

Sekten und Gehorsam

«Es hat überhaupt keinen Wert, wenn ich noch meinen Eigensinn habe. Und dabei habe ich an manchen Tagen mich über zehn Stunden abgeschuftet und ein paar hundert Mark abends mitgebracht», erklärt Heidrun S. nach ihrem eher von den Eltern wegen ihrer Jugendlichkeit erzwungenen als durch eigenen Willen herbeigeführten Austritt aus der kleinen christlichen Fundamentalistensekte. Sie findet den «vollen Gehorsam unter Gottes Wort» auch heute noch gut, ist aber inzwischen zumindest zu der Frage vorgedrungen, ob hier nicht zweierlei verwechselt wird: Gottes Wort und die Leute, die Gottes Wort zu ihren Gunsten auslegen.

Von indischen Gurus hält Heidrun gar nichts. Sie weiß auf Anhieb eine Bewertung, wenn nur das Stichwort «Guru» oder «Hinduismus» fällt: «Das ist eine satanische Sache.» Das wisse sie eben, und es sei doch «auch ganz klar». Als ihr dann der Satz vorgesagt wird: «Lasse dein Ego hier mit deinen Schuhen zurück», findet sie das ganz richtig, wenn sie auch mit dem Schuhe-Ausziehen nichts anfangen kann. Darüber informiert, daß dies ein Satz sei, den man in vielen indischen Guru-Ashrams lesen könne, ist Heidrun irritiert. Sie hat aus ihrer Sektenzeit eine nahezu lückenlose Schwarz-Weiß-Sicht des Lebens zurückbehalten, und es bereitet ihr große Schwierigkeiten, bei etwas «Satanischem» etwas zu finden, was sie gutheißen kann. Erst nach langen Überlegungen findet sie die ersten Zweifel an dem «Guru-Konzept» und ist bereit, zuzugeben, daß auch in Gruppen, die ernsthaft christlich leben wollen, die Führer eine Guru-Stellung einnehmen können.

In der im Westen nur unter Guru-Jüngern bekannten «Sri Guru Gita» wird das Verhältnis des Schülers zu seinem Guru geregelt. Dort heißt es über den Guru:

«Er ist die höchste Gottheit. Es gibt nichts, was höher ist als er [...]

Wenn Shiva zürnt, wird der Guru dich retten; aber wenn der Guru zürnt, wird dich niemand retten [...] Der Guru ist in der Tat das ganze Universum. [...] Es gibt nichts Höheres als den Guru.»[1]

Und in seiner Schrift «Guru Bhakti Yoga» (Yoga der Hingabe an den Guru) rät Swami Sivananda, der Gründer des Sivananda-Ashrams in Rishikesh:

«Guru-Bhakti Yoga ist die totale Selbstauslieferung an den Sat-Guru [...] das einzige unfehlbare Heilmittel gegen die Übel des Lebens. [...]

Zweifel an den Handlungen des Guru ist die größte Sünde. [...]

Gehorsam bedeutet, so zu handeln, wie der Guru wünscht, daß man handelt.»[2]

Wer den Guru nur oder überhaupt als Menschen sieht, ist «ein Tier, Guru ist Gott».

In der *«Divine Light Mission»* des Guru Maharaj Ji, der als Kind Anfang der siebziger Jahre im Westen Furore machte, wird der Guru in einer Weise mit Gott verglichen, bei der Gott überaus schlecht abschneidet:

«Ich kann nicht sehen, wie Gott dem Guru gleich sein könnte, denn Gott gab uns die Geburt in diese Welt, aber der Guru befreit uns von den Banden von Leben und Tod.

Gott gab uns fünf Sinne. Wie fünf Diebe versuchen sie uns ständig zu bestehlen. Aber es ist der Guru, der uns davor bewahrt, ihre hilflosen Opfer zu sein, indem er unsere Sinne kontrolliert.

Gott warf das Netz unserer Verwandten über uns, aber der Guru hat schnellstens die Fesseln unserer Verbindung zerschnitten und uns befreit.»[4]

Guruismus ist die religös begründete totale Unterwerfung unter einen an die Stelle Gottes tretenden absolut über den/die Schüler herrschenden Menschen.

Im christlichen Bereich gibt es mit dem sogenannten «Shepherding» einen ähnlichen Unterwerfungsmechanismus.

Unter Shepherding ist zu verstehen: die lebensumfassende und im Glauben bedingungslos als dem Willen Gottes entsprechend und als Gottes Hilfe für die Betroffenen hingenommene geistliche Leitung durch einen als «Hirten» (shepherd) akzeptierten «älteren geistlichen Bruder».

Der Shepherd[5] hat unbedingte Leitungsfunktion gegenüber den ihm unterstellten «Schafen». Diese gehen weit über den geistlichen Bereich hinaus und gleichen in dieser alle Lebensbereiche umfassenden Leitungsvollmacht der Vollmacht des indischen Diksha-Guru[6] über seine Schüler.

Es muß jedoch auch darauf hingewiesen werden, daß die Ratschläge des Shepherd für die «Schafe» zwar als «Gottes Willen entsprechend» angenommen werden, daß der Shepherd jedoch nicht die volle Gegenwart Gottes verkörpert[7], einige extremere Kleinsekten ausgenommen.

Eine der Shepherding-Gruppierungen ist «*Maranatha Campus Ministries, Inc.* (MCM)», in Deutschland firmierend als «*Evangeliumszentrum Maranatha* (EZM)».

«*The Advisor*», die wichtigste Zeitschrift der US-amerikanischen Elterninitiative[8] «American Family Foundation, Inc.» konstatiert, daß laut einem MCM-Papier MCM «jeden Lebensbereich im Campus infiltrieren und dominieren» will.[9]

The Advisor deckt auch das MCM-«Statement of Covenant» auf, indem es heißt, daß diejenigen, die sich MCM unterstellen, die MCM-Autoritäten als von Gott eingesetzte Leitungspersonen zu finanzieren haben und daß sie sich ihnen in allen Stücken unterstellen, damit ihr Leben «korrigiert und geleitet» werden könne. Man habe alle seine Begabungen und Möglichkeiten MCM zu unterstellen.

Ein ehemaliges MCM-Mitglied stellt fest: «An die Stelle einer hundertprozentigen Hingabe an Jesus Christus war in Wirklichkeit bei Maranatha eine hundertprozentige Hingabe an Bob Weiner (MCMs ‹Apostel Gottes›), an Joe Smith und Bob Nolte (MCMs ‹Propheten Gottes›) getreten.»

Man könne statt von «totaler Hingabe» auch von «totaler Sklaverei» sprechen, denn man übergebe sich inklusive Vermögen und Besitz der Gruppe vollkommen.

Der Ehemalige: «Wir wurden gelehrt, unseren Verstand nicht zu benutzen, denn der Verstand sei ein Stück der alten Natur. Er müsse durch das Bibelwort erneuert werden. Die nicht erneuerten Bereiche könne Satan benutzen.»

Einer der Kritikpunkte gegen MCM ist auch die «alienation of individuals from their families» (Entfremdung der Individuen von ihrer Familie). Trennungen wurden regelrecht befohlen, denn man müsse «alle Brücken zur alten Welt abbrechen».

«Wenn wir nach Hause gehen wollten, dann mußten wir darum beten und es dem Ältesten der Gruppe vortragen [...] Wenn wir den Sommer über nach Hause fahren wollten, dann erinnerten sie (Anm.: die Ältesten beziehungsweise Shepherds) uns daran, Jesus Christus könnte heute nacht wiederkommen, und dann sollten wir nicht arbeiten oder herumhängen, sondern aktiv in der Evangelisation beschäftigt sein.»

Zahlungen der Mitglieder bestehen im sogenannten Zehnten und darüber hinaus in zum Teil beachtlich hohen Gaben.

Was die Verwendung der Gelder betrifft, so hieß es in einem Magazin: «Die Wende kam, als Tillman gewahr wurde, daß Maranatha nichts von dem tat, was behauptet wurde: den Armen, Schwachen und Kranken zu helfen. ‹Alle Hilfe ging nur nach innen›, sagte sie.»[10]

In einer *Kritik aus München* heißt es unter anderem:

«Seitdem (Anm.: seit dem Beitritt des Sohnes zu EZM) wurde das Verhältnis zu uns unter Schwankungen immer liebloser und zum Teil frostiger. [...] Was uns am meisten stört, ist sein religiöser Fanatismus. Man kann mit ihm keine normale Unterhaltung mehr führen. Er spricht nur noch vom Hl. Geist und seinen Wundern. Wenn man ihn über seine Zukunft befragt, kommt stereotyp die Antwort: Wenn der Hl. Geist mir eingibt, ich solle studieren, werde ich studieren, wenn er etwas anderes eingibt, werde ich etwas anderes tun. [...] Wenn man krank ist, wird man nur durch den Glauben wieder gesund. Die Ärzte sind nur für diejenigen da, die nicht glauben.» Und: «Jetzt hat er alles aufgegeben. Seine Plattensammlung und seine Bücher hat er verschenkt, sämtliche Poster und Auszeichnungen (Sport) von den Wänden genommen, da dies alles Schmutz und Schund sei. Jetzt ist er nur noch ‹Christ›, lebt für Gott und die Sekte.»[11]

Eine Erzieherin, die sich mit einem Kind von Maranatha-Eltern zu befassen hatte, stellt fest:

«Die Auswirkungen auf diesen Jungen waren sehr negativ, und auch im Umgang mit anderen Menschen war er dadurch enorm ‹behindert›»

Und im Bericht eines ehemaligen Maranatha-Mitgliedes wird mitgeteilt:

«Sobald man häufiger als zwei- bis fünfmal zu den Gemeindeveranstaltungen kommt, wird einem dieses Bibelstudium überreicht. Wenn man dieses Heft durchgearbeitet hat beziehungsweise zu den

Bibelseminaren gegangen ist, kommt der Tag, wo man ganz unter Wasser im Namen Jesu getauft wird und den Heiligen Geist empfängt. Ausgesprochene Regeln, daß man aufgrund des Bibelstudiums getauft wird, gibt es nicht. Man kann auch eher den Heiligen Geist empfangen. Die Kindertaufe, wie sie in der katholischen und auch der evangelischen Kirche stattfindet, erkennen Maranatha-Leute nicht an. In den Gemeindeversammlungen [...] findet zu Beginn jeder Versammlung ein Lobpreis statt. Meistens wird während des Lobpreises auch das ‹Zungengebet› gesprochen. Anschließend erfolgen Erfahrungsaustausche über den Glauben mit den Versammelten der Gemeinde. Daran schließt sich die Predigt an. Gegen Ende der Versammlung wird noch einmal gesungen und getanzt. In der stillen Phase des Gesangs entscheidet jeder einzelne selber, wieviel Geld er spendet für den Aufbau der Bewegung [...].

Das Austreten fiel mir nicht gerade sehr leicht, da ich von ‹meinen Maranatha-Leuten› als diejenige angesehen wurde, die abfällt beziehungsweise bei der der Teufel die Überhand gewonnen hat. Mit diesem Urteil fertig zu werden war für mich nicht leicht zu verkraften.»

Als erste und vielleicht folgenreichste Gruppe des Shepherding-Systems sind die «Kinder Gottes / Children of God», auch bekannt geworden als «Familie der Liebe / Family of Love», anzusehen.

12. Mose David und die Kinder Gottes (CoG)[1]

1973 erschien in deutscher Sprache ein Heft mit dem Titel «Briefe eines Hirten von Mose David».[2]

Es handelte sich dabei um eine Sammlung sogenannter «MO-Briefe», benannt nach einer der Selbstbezeichnungen des Gründers der Gemeinschaft der «Kinder Gottes», des US-amerikanischen Sektenpredigers David Berg.[3]

Im gleichen Jahr und mit gleicher Herausgeberschaft erschien eine Broschüre:

«Revolution für Jesus! Wie man's tut! Grundlegende Unterweisungen von den Kindern Gottes – Gründer und Anführer der Jesus-Revolution.»[4]

Bei der Gemeinschaft der CoG wurde das Hirten-Modell einer mit absoluter Autorität über das Leben und Handeln der Schafe (bei den CoG redete man oft auch von «Babys») ausgestatteten Herrschaft des Leiters erstmalig in der neueren Religionsgeschichte lehrmäßig begründet und durchgesetzt.

Der «Hirte» steht für die «Schafe» an der Stelle Gottes, sein Wort ist Wort in göttlicher Vollmacht. Ihm darf niemals, auch nicht unter Verweis auf die Zehn Gebote oder die Bibel, widersprochen werden. Sich dem Hirten zu widersetzen hieße, sich Gott zu widersetzen.

Die *Hierarchie der Hirten* wurde von Berg als «Aufbau von Gottes Königreich» beziehungsweise als «Die Kristallpyramide» beschrieben. Die einzelnen Stufen (von oben nach unten):

MO = «Prophet & König» (seine Gefährtin als «Königin»);
Premierminister;
Minister;
Erzbischöfe;
Bischöfe;
Regional-Hirten;
Distrikt-Hirten;
Kolonie-Hirten.

«Im Sommer 1975 begann Berg seine Sekte nach dem Schema ‹Einer-auf-Zweien› neu zu organisieren: ein Distrikt sollte zwei Kolonien umfassen, eine Region vier, ein Bistum acht, ein Erzbistum 16, ein Ministerium 32 und ein Premierministerium 64.

‹Bei unserem neuen Weltdurchschnitt von weniger als 10 Jüngern pro Kolonie bedeutet das, daß jedes Premierministerium nicht mehr als 640 Jünger umfassen sollte.›»[5]

In diesem System ist eine direkte Führung eines jeden «Schafes» durch einen «Hirten» sichergestellt, da der Hirte sich bei einem Schafe-(Untergebenen)-Bestand von höchstens zehn Personen auf jeden Fall jedem jederzeit nahezu vollumfänglich widmen kann. Dies um so leichter, als man in den «Kolonien» ja nahe beieinander lebt, oft in größter räumlicher Enge.

Da die über der einfachen Mitgliedsebene liegenden Ebenen nach dem Prinzip «Einer auf Zweien» (also: ein Hirte – zwei Schafe) aufgebaut sind und auch hier keine allzu großen Entfernungen überwunden werden müssen, funktioniert dieses Hirtensystem auch in den oberen Etagen. David Berg und seine Familie, insbesondere seine Tochter Faithy,[6] fungieren als «Hirten der Hirten» und kontrollieren das ganze System.

In der Schrift «Revolution für Jesus!» regelt der Abschnitt «Den Leitern gehorchen»[7] das Hirte-Schafe-Verhältnis. Der Hirte hat totale Weisungsgewalt. Hier wird als Gegenüber zu den Hirten auch von den Schafen gesprochen, die der Hirte weidet und die ihm unterstehen.

Die Hirten sind Repräsentanten der «wahren Kirche», der absolut zu gehorchen ist, «genau wie ein kleines Baby seiner Mutter gehorcht». Die «geistigen Eltern, Ältesten und Leiter» sind wichtiger als die «leiblichen Eltern, Ältesten und Leiter»:

«Du, als ein Christ, solltest deiner geistigen Mutter, der wahren Kirche, gehorchen (Eph 6,1), genau wie ein kleines Baby seiner leiblichen Mutter gehorcht. [...]

Gott setzte Älteste und Leiter in der Gemeinde ein, durch die Er Seine Familie führt (1. Kor 12,28). Wir müssen ihnen gehorchen (Hebr 13,17) und ihnen folgen (1. Thess 1,6; 1. Kor 11,11; 4,14–16). Es ist wichtiger, deinen geistigen Eltern, Ältesten und Leitern zu gehorchen und zu folgen, als deinen leiblichen Eltern, Ältesten und Leitern (Hos 20,18; Joh 6,63).»[8]

Schlägt man die betreffenden Bibelstellen nach, so merkt man sofort, daß diese Zitate nichts mit dem wirklichen Sinn des betreffenden Bibelwortes zu tun haben, sondern allein der Rechtfertigung der Thesen des Sektengründers dienen sollen. Sie sind zum Teil völlig willkürlich.

Zum besseren Verständnis der Ideologie und des Lebensgefühls der «Kinder Gottes» soll im folgenden etwas umfänglicher aus dem Hirten-Kapitel der Schrift «Revolution für Jesus» zitiert werden, da diese Schrift für die ganze Bewegung programmatischen Charakter hatte und auch in der Folgezeit Auswirkungen gehabt hat, wenn CoG-Beeinflußte in andere Gruppen gingen oder Splittergemeinschaften gründeten.

«GOTTES SCHAFE UND HIRTEN – Eine andere Art, wie der Herr die Kirche beschreibt, ist als Schafe (Ps 100,3). Er selbst ist unser Hirte (Ps 23,1). Das Schaf ist eines der dümmsten Tiere der Welt. Es kann sich nicht selbst versorgen. Es hängt in seinem Leben und seiner Führung völlig vom Hirten ab, und es folgt ihm, wo immer er es hinführt. Andererseits, Ziegenböcke, die nach außen hin den Schafen sehr ähnlich sehen (Joh 7,24) sind einige der stursten, rebellischsten Tiere der Welt. Schafe führt man einfach (Joh 10,27), aber Böcke muß man treiben. Lies Matth 25,31–46! Bist du ein demütiges, fügsames Schaf oder ein alter Ziegenbock? Wir werden es daran erkennen, wie weit du dich deinen Hirten fügst. Ja, Hirten. Lies 1. Petr 5,1–4. Jesus ist der Oberhirte, und die Ältesten (V. 1) sind Sein Personal, eingesetzte Unterhirten. Reg dich nicht auf, wenn dein Hirte (Ältester oder Leiter) alles über dich wissen möchte und es so aussieht, als ob er dich immer beobachtet! Es ist ihnen befohlen (Apg 20,28; Spr 27,23). Laß dich nicht von deinem Stolz, der dein größter Feind ist, hindern (Ps 119,165). Denke daran, Stolz ist ein schlimmerer Feind für dich als der Teufel.»[9]

Im nächsten Abschnitt wird die Behauptung belegt, «GOTT HAT SEIN VOLK IMMER DURCH EINEN MANN GEFÜHRT.»[10]

David Berg hat offensichtlich nicht gewußt, daß das Gleichnis von den Schafen und den Böcken die männlichen und weiblichen Tiere der gleichen Species meint, oder er hat es absichtlich falsch ausgelegt. Schließlich werden die Konsequenzen verdeutlicht. (Der wichtigste Abschnitt, auf den die ganze Argumentation letztlich abzielt, wird drucktechnisch hervorgehoben.)[11]

«GEHORCHEN, SICH FÜGEN UND NACHFOLGEN – Hebr 13,17 – Du kannst gehorchen, ohne dich zu fügen. Gehorchen ist das eigentliche Tun nach außen hin, aber sich fügen heißt, sich im Geist und von Herzen hingeben (1. Sam 16,7). Jes 1,19–20 – Du kannst gehorsam sein und doch nicht willig. Gott möchte, daß wir Dinge willig tun (2. Kor 9,7), vom Herzen (Kol 3,23), zu Gottes Ehre (1. Kor 10,31), nicht weil wir müssen. 1. Tim 5,17 sagt, daß Älteste zweifacher Ehre wert sind. 1. Thess 5,12–13 erklärt dir, wie du deine Ältesten ansehen solltest (sei in Frieden – nicht aufgebracht - Ps 119,165). 1. Sam 16–28 – In seinem Gehorsam gegenüber Gott weigerte sich David, gegen Gottes Gesalbten, König Saul, zu reden, obwohl Saul es total verpatzte und David nach dem Leben trachtete (1. Sam 26,9). Denke daran – ‹Der Leiter hat nicht immer recht, aber er ist immer der Leiter›. FOLGE FREUDIG – 2. Kor 8,5; 1. Thess 1,6! Sogar bis Offb 19,14! Der Apostel Paulus ignoriert die Warnung des Geistes (Apg 21,4, 11), und ignorierte dann göttlichen Rat (Apg 21,12). Trotzdem folgten ihm seine Nachfolger nach Jerusalem (Apg 21,15)!!

Paulus hat gottgegebene AUTORITÄT – Apg 14,23; 1. Kor 11,1–2; 2. Kor 10,8–11; 13,10.

Gehorche deinen Eltern (im HERRN) IN ALLEN DINGEN!! Eph 6,1 und Kol 3,20! *Wenn sie im ‹Unrecht› sind, wird Gott deinen Glauben* in Hebr 13,17 belohnen müssen. Du bist besser dran, einem von Gottes Leitern zu folgen, der einen *‹Fehler› gemacht hat, als auf deine eigene Weisheit zu vertrauen* (Spr 3,5; 23,4), *das ist auf Menschen vertrauen (dich selbst), was einen Fluch mit sich bringt* (Jer 17,5).

Stell dir diese 2 Fragen: Ist dies Gottes Bewegung? Wenn ja, wessen Leiter sind hier, Gottes oder Satans?

‹Ihr Ende schauet an› (welches Tausende von entschlossenen Jüngern sind) – Hebr 14,7.[12] Hättest DU das besser gekonnt? Könntest du diese Arbeit leiten und am Laufen halten? Wenn nicht, dann folge demütig (Röm 12,3), auf daß du nicht als wider Gott streitend erfunden werdest.»[13]

Die Schlußbemerkung des Kapitels unterstreicht Bergs Botschaft, daß allein der Hirte wisse, was recht ist, noch einmal:

«Stell dir diese Frage: ‹Wenn es zu einer Meinungsverschiedenheit zwischen mir und meinen Leitern kommt, über das, was Gottes geoffenbarter Wille ist, welche Gründe habe ich, auf mich selbst eher als auf meine Leiter zu vertrauen?›»

Berg gibt einige «Schlüsselverse» als Anleitung, darunter auch solche, die deutlich auf die leiblichen Eltern zielen (z. B. Kol 3,20).[14]

Genau das gleiche geschieht mit der von Berg vorgenommenen Verwendung von Eph 6,1 («Ihr Kinder, seid gehorsam euren Eltern in dem Herrn; denn das ist recht»). Sie wird zu einer Belegstelle für angeblich von Gott geforderten Ungehorsam gegenüber den Eltern umgefälscht. Der Trick besteht darin, daß Berg die «Eltern im Herrn» zu einer Gattungsbezeichnung macht, die er dann in seine Hirten-Ideologie an hervorragender Stelle einbaut.

Im Januar 1978, als er seiner Organisation den neuen Namen *Familie der Liebe* gibt, zerschlägt Berg seine bisherige Hierarchie und führt die «direkte Diktatur» (wie er es selbst nennt) ein. Es geschieht mit dem Brief «Re-Organization Nationalization Revolution»[15].

«Mit anderen Worten: Der König nimmt die Regierungszügel wieder an sich (wörtl.: zurück), und wir kehren zu einer unmittelbaren Diktatur zurück. Es wird eine sehr gütige, liberale und liebevolle Diktatur sein.»[16]

Es ist nicht bekannt, ob Berg das Shepherding-Modell aus der Gemeinschaft übernommen hat, der er als Prediger diente, bevor es zur Gründung der CoG kam, oder ob die Sekte *«Church of the Open Door»*, die seine Eltern gegründet hatten[17], dieses Modell kannte. Berg kommt aus einem zumindest sektenähnlichen Milieu, und es ist nicht erwiesen, daß sein Shepherding-Modell neu ist. Es ist jedoch anzunehmen, daß Berg derjenige ist, der zum erstenmal ein solches Modell durchstrukturiert in Kraft gesetzt und theologisch begründet hat.

In Bergs CoG ist der Hirte der absolute Weisungsgeber der ihm unterstellten Schafe beziehungsweise Gruppe. Seine Autorität ist «göttliche Autorität». Ihm zuwiderhandeln bedeutet, sich «gegen Gott stellen». Berichte zeigen, daß er es ist, der «Ehen» schließt und, wenn er will, auch wieder trennt. Ihm obliegen Ortsbestimmung und Aufgabenverteilung, ja die gesamte Lebensplanung der «Schafe» beziehungsweise «Babys».

Die extremste Ausprägung nimmt das Leitungs- beziehungsweise «Hirten»-Amt bei den CoG mit der immer stärkeren Verbreitung des «Flirty Fishing» an[18]. Der Hirte wird zum «Flirty Fisher»[19], der dirigiert, wie neue Mitglieder oder finanzielle Mittel an die Angel der CoG gelockt werden. Dabei handelt es sich um eine Art kaum verhüllter Prostitution, die von den Betreibern selbst gelegentlich schönfärbend als «Sexualmission» bezeichnet worden ist. Hier wird die Abhängigkeit der «Schafe» vom «Hirten» zur regelrechten Zuhälterei.[20]

Man könnte mit Leichtigkeit einen regelrechten Gruselbahn-Trip durch die religiös motivierte Sklaverei veranstalten und braucht dabei «Vater» Jim Jones berüchtigtes Guayana-KZ mit seinen letztlich etwa 1000 Todesopfern im Jahre 1978 nur zu erwähnen, um das Elend religiöser Unterdrückung und Abhängigmachung zu beschreiben. Doch man würde damit nicht Verständnis, sondern überwiegend abweisende Reaktionen bewirken. «Das ist halt ein Extremfall», «Entgleisungen gibt es überall einmal», oder – in vielen Variationen die Schnellbewältigungsformel für Leiden, das man nicht lindern kann: «Die Opfer sind doch selber schuld.»

Das ist in gewisser Weise auch immer irgendwie der Fall, jedoch hat menschliches Rechtsempfinden den Betrug und die Notzucht für strafwürdige Unrechtstaten erklärt, obwohl die Opfer es in manchen Fällen an der wünschenswerten Vorsicht fehlen ließen.

Destruktiv ist der Glaube, daß eine Organisation, das heißt, die in der Organisation Machthabenden, absoluten Gehorsam fordern kann. Wer sich auf diesen Glauben einläßt, hat einen wesentlichen Teil seines Menschseins, nämlich seine Entscheidungsfreiheit, abgegeben. Und er wird binnen kurzer Zeit verlernen, Entscheidungen zu fällen, ja dies überhaupt zu wollen.

Wenn die Organisation, das heißt, deren Führung, an die Stelle Gottes tritt, ist überhaupt kein Spielraum für eigene anderslautende Entscheidungen mehr vorhanden.

«Die einzige Form von Wahl, die wir haben, heißt, mit Jehova Gott übereinzustimmen», sagte ein Jehovas Zeuge einmal in einer Diskussion nach einem Vortrag des Autors über diese Sekte. Für ihn war es klar, seine «leitende Körperschaft», in der Sekte auch als «Vertreter der gesalbten Klasse des treuen und verständigen Sklaven» bezeichnet, ist absolute Vermittler-Instanz für den Willen Gottes. «Kanal Gottes» ist eine sekteninterne Bezeichnung für das Führungsgremium. Die sich als «Sklave» (nämlich «Jehova Gottes») bezeichnende Führungsgruppe ist in Wirklichkeit Herr über ein Heer religiöser Sklaven, die auf ein Wort der Leitung sogar ihr Leben willig aufs Spiel setzen. Nur, weil sie glauben, daß die Stimme ihrer leitenden Körperschaft mit der Stimme Gottes identisch ist.

Raymond Franz war selbst Mitglied dieser Führungsgruppe von nicht einmal zwei Dutzend Menschen, die einer nach Millionen zählenden Anhängerschaft gegenüber beansprucht, Gottes Sprachrohr und auch in allerkleinsten Lebensfragen unfehlbare Instanz zu sein. Ob man Geburtstage feiert oder nicht (verboten), ob man Blutwurst essen darf oder nicht (verboten), ob man die Nationalhymne eines Landes singen darf oder nicht (verboten), alles entscheidet der «Kanal Gottes», dem Raymond Franz zugehörte. Ja, selbst in die Wahl des Arbeitsplatzes und des Lesestoffs hat diese Sektenführung sich eingeschaltet. Und Franz ist der Neffe des Präsidenten der Jehovas Zeugen.

Raymond Franz hat sich in einem langen inneren Kampf, in einem Gewissenskonflikt sondergleichen von der Sekte gelöst. In einem unglaublich informativen Buch mit dem Titel «Der Gewissenskonflikt – Menschen gehorchen oder Gott treu bleiben?»[21] hat er diesen Weg beschrieben. Franz spricht von der Leitung,

«von der die Autorität ausgeht und die die Lehren verkündet. Und diese entscheidende Funktion üben ganz allein die Mitglieder der leitenden Körperschaft aus, ob sie das nun zugeben oder lieber verdrängen wollen. Sie allein sind die Organisation. Jegliche andere Autorität, sei es die des Zweigkomitees, der Bezirks- oder Kreisaufseher oder der Ältestenschaften in den Ortsversammlungen, untersteht ihnen vollständig. Sie können ohne vorherige Anhörung von sich aus Änderungen vornehmen, Personen einsetzen und absetzen.»[22]

Franz zeigt in seinem Buch auf, wohin diese absolute Macht der Führung über die Sekte führt. Seine Fragen sind die Grundfragen des Problems geistiger beziehungsweise geistlicher absoluter Autorität überhaupt.

«Doch was für Folgen hat es, wenn geistige Führung zu geistiger Bevormundung oder Tyrannei wird? Was ist, wenn an die Stelle wünschenswerter Einheit erzwungene Einförmigkeit und die Einhaltung kleinlicher Vorschriften tritt? Wozu führt es, wenn der Respekt vor der Autorität in bedingungslosen Gehorsam umgemünzt wird, wenn man seine persönliche Verantwortung gegenüber Gott aufgibt und es individuelle Gewissensentscheidungen gar nicht mehr gibt?»[23]

Franz weiß, daß die Motive der sich Unterwerfenden an und für sich positiv sind, daß sie aber auf einen von ihnen nicht durchschauten Grundirrtum hereinfallen:

«Dabei wird endlos derselbe grundlegende Lehrsatz wiederholt werden, der als Leitbild alles Denken, Schreiben und Handeln durchzieht: Gott **müsse** mit den Menschen durch eine Organisation handeln und sein König Jesus Christus habe hierfür die Watch-Tower-Organisation auserkoren. Genau diese Grundannahme versperrt vielen klar denkenden Menschen den Blick auf das eigentliche Problem. Sie sehen den Wald vor lauter Bäumen nicht. Sie erkennen wohl, wie inkonsequent und ungerecht vieles gehandhabt wird, wie verkehrt zahlreiche Lehren und wie abwegig viele Argumente sind, welch unchristliche Grundhaltung die Herangehensweise so oft prägt. Doch die Summe von dem allen sehen sie nicht. Sie sehen den Teil, nicht das Ganze. Es sind Menschen in verantwortlicher Stelle darunter, denen es so geht. Wie an einen Strohhalm klammern sie sich an die Hoffnung – und bei mir war es nicht anders gewesen –, in Zukunft werde es großartige Neuerungen geben, weil ihr ganzes Denken von diesem Leitbild über die Organisation geprägt ist. Sie meinen, Gott **müsse** einfach etwas tun, um alles wieder in Ordnung zu bringen, da dieses Leitbild als richtig bewiesen werden müsse; Gott müsse doch zeigen, daß er dahintersteht. Dabei ist das Leitbild selbst die Wurzel all des Unrechts, das sie so beklagen.»[24]

Der Glaube, daß die Organisation unfehlbar ist, ist die Quelle des Terrors, den sie ausübt.

Es hat in der Christenheit, das heißt, den sogenannten «großen Kirchen», nicht an Ansätzen zu solcher Irrung gefehlt. Auch hier hat man sich für «Gottes Bewegung» beziehungsweise «Gottes Organisation» gehalten. Auch hier hat man Menschen wegen Widerspruchs gegen den Willen Gottes, der doch de facto nur der Wille der Organisation war, mißhandelt und getötet. Es wäre überaus verhängnisvoll, dies zu übersehen oder gar verbergen zu wollen. Doch von ihrem Grundansatz her hat es dann immer wieder (mehr oder weniger laute) Reformationen gegeben. Wo immer die Gefahr auftauchte und Gestalt gewann, wurde sie von innen heraus (mehr oder weniger erfolgreich) bekämpft.

Es ist jedoch niemals so gewesen, daß ein für allemal das Problem eines sich allmächtig dünkenden und gebenden Autoritätsanspruches beseitigt war. Das Übel liegt im Menschen selbst, der nicht der Hüter, sondern der Herr seines Bruders sein will. Die kirchliche Lehre hat diesbezüglich den Begriff der «Erbsünde» geprägt, der nichts mit Sexualität zu tun hat (wie manche meinen), sondern sehr genau diesen Herrschaftsanspruch des Menschen über den Menschen beschreibt. Und so sind die religiösen Diktatoren und allmächtigen Gottesmänner, «Hirten» und Gurus nach christlicher Sicht nicht etwa Vertreter Gottes, sondern Vertreter Kains, der seinen Bruder erschlug.

In der neuen Religiosität zeigt sich nun, daß dieses historisch überwunden geglaubte Modell der «göttlichen Autorität» wieder erhebliche Marktchancen hat. Es wäre eine besonders böse Folge, wenn sich in den Kirchen ebenfalls solche Tendenzen wieder verstärken würden. Die Gefahr dazu besteht.

13. Der Ego-Bildungstrip ins Jenseits[1]

An einer Volkshochschule[2] wird ein Kurs über «Astrologische Psychologie» angeboten. Eine Diplom-Astrologin soll ihn abhalten. Als sich der Ortspfarrer deswegen bei der VHS-Leitung rührt, erhält er zur Antwort, daß «in einer demokratisch-pluralistischen Gesellschaftsordnung» es durchaus legitim sei, «vielleicht sogar verpflichtend, daß die Volkshochschule [...] als überparteilicher und überkonfessioneller Verein bisweilen Randgebiete der Erwachsenenbildung in ihr Programm aufnimmt.» Sehr gut und sicher auch richtig gesagt. Nur: Eine «Diplom-Astrologin» als akademischen Titel gibt es nicht. An den Rändern muß man vorsichtig laufen, vor allem dann, wenn man Grenzen überschreiten will.

Das zeigt auch ein weiterer Fall[3]: «Ich gehe jede Woche (insgesamt 10 Abende) zu einem Jogakurs an der Volkshochschule. Für diese Woche kündigte unser ‹Lehrer› eine erfahrene ‹Jogilehrerin› an. Es war eine Amerikanerin, angezogen wie eine Nonne [...] Im Einzelgespräch fragte sie unter anderem, wer ich sei, was ich täte und warum ich Joga betreibe. [...] Dann erklärte sie mir dieses Zeichen mit dem Hakenkreuz und der Sonne. Dann erfolgte eine Meditation. Ich war noch gar nicht richtig wieder wach, als sie mir sagte, daß ich genau zwei Finger jeder Hand auf dieses Kärtchen mit dem Zeichen legen und ihre Worte nachsprechen solle [...].» Die VHS-Jogakurs-Besucherin wurde so in die recht radikale Hindu-Sekte Ananda Marga initiiert, ohne sich dieses Vorganges bewußt geworden zu sein.

Im Nürnberger Bereich ist es der Schamanismus, in München Hexenkunde, in Bad Salzuflen bei einem Bhagwan-Anhänger Hypnose und Selbstverwirklichung, in Osnabrück Tibetanischer Buddhismus als «Kum-Nye-Entspannungssystem» oder «Meditation» durch Anhänger der «Transzendentalen Meditation» oder «Hexengeflüster»: Alles hat offensichtlich die Qualität, zum ernstgemeinten VHS-Lehrstoff erhoben zu werden.

Da wird in Stuttgart «Erfolgreiches Selbstmanagement» von einer Dozentin angeboten, deren Ausbildungsnachweise von einer Gruppe stammen, die von den Fachleuten schlicht als «Psychokult» gehandelt wird, usw. usw. Es scheint, als habe der (religiös überaus einseitig orientierte) Pressedienst «Topic» recht, wenn er fragt: «Die Volkshochschulen – Stätten okkulter Lehren?» und von einer «sanften Infiltration» spricht.[4]

Und auch im «Haller Kreisblatt»vom 21. 2. 85 sorgte ein Leserbrief mit der Überschrift «VHS fördert obskure Heilslehren» für Verunsicherung. In Göttingen läßt sich ein «Anlaß banger Anfragen: Yoga-Kurs von Bhagwan-Jüngern in der VHS» ausmachen, weil sich auch dort «Ganz entspannt im Hier und Jetzt mit Zuschuß von der Krankenkasse» (so die Überschriften)[5] ein Rajneesh-Anhänger als Dozent tummeln darf. Freilich beschwichtigen VHS-Leiter und Dozent, es ginge alles recht neutral zu. Als ob das bei religiös besetzten Themen und Techniken je wirklich machbar wäre. Auf der gleichen Seite des Programmheftes zeigt sich dann die «Ausgewogenheit des Programms» mit einem Angebot: «Gurus, Gauner und Propheten – Neuer religiöser Aufbruch oder miese Geschäftemacherei? Protest oder Flucht vor der Wirklichkeit, Selbsttäuschung und psychische Abhängigkeit?» Wer jedoch glaubt, durch ein bißchen Kritikastersalz eine schlecht verdauliche Suppe genießbar zu machen, der hat wohl selber den falschen Kurs besucht.

Mancherorts kam es in der Tat zu erheblichen Pressereaktionen.[6] Doch unstrittig ist das große Interesse an spirituellen und religiös alternativen Themen, mag man sie nun als Aberglauben, Sektentum oder Guruwerbung kritisieren. In München heißt es «‹Hexenkurs› als erster ausverkauft».[7] Nur noch die Anfängerkurse für bayerischen Dialekt können da (beinahe) mithalten.

Tatsächlich sind die Volkshochschulen ein ideales Werbefeld für Sekten, Jugendreligionen, Okkult-Therapeuten, Hexen und Schamanen und so weiter und so fort. Eine Mutter klagt, daß ihre älteste Tochter bei einem VHS-Vortrag in Göttingen für die recht radikale indische Hindusekte «Brahma Kumaris» gewonnen wurde.[8] Und in München hatte der Schreiber dieser Zeilen im Mai 1982 eine Warnung bezüglich eines VHS-Wochenendseminars zu geben, das sich als Missionsmöglichkeit der eher berüchtigten Scientology-Sekte entpuppte. Thema: Kommunikation. Der Tagungsleiter ließ sich schon am zweiten Tage von allen Teilnehmern ein Referenzschreiben ausstellen, um – wie er erklärte – «in Zukunft schneller Gelegenheit zu erhalten, an der Volkshochschule weiter solche Seminare abzuhalten». Als Mitarbeiter wurde von dem Kursleiter eine dritte Person eingeführt, die dann in einem Münchner Musikstudio sogenannte «Persönliche Programme» durchführte.[9]

Daß die Verantwortlichen zwischen der Szylla der Neutralität und der Freiheit nach Artikel 4 Grundgesetz und der Charybdis der Unterstützung von Okkult- oder Sektenmission wandeln, ist deutlich.

Wenn ein Bürgermeister einem Bhagwan-Anhänger kurzerhand die Haustür verschließt, um ihn am Französischunterricht und der vermuteten Sektenmission zu hindern,[10] so kann man zwar für dessen Sorge Verständnis haben, muß aber doch den Bedenken gegen solches Vorgehen beipflichten[11] und wird zustimmend ein Rechtsgutachten des Landratsamtes zur Kenntnis nehmen, das dieses Vorgehen als rechtswidrig und kompetenzüberschreitend bezeichnet.[12] Der Pfad zwischen verantwortlichem Tun und unrechtem Handeln ist gerade hinsichtlich des schutzwürdigen Gutes der Religionsfreiheit vergleichsweise schmal und führt über Abgründe.

Etwa den, daß die betroffenen Gruppen selbst bei normaler Kritik «Religionsverfolgung!» schreien und sich den Juden im Dritten Reich gleichbehandelt fühlen.[13]

Dazu kommt, daß auch bei nichtorganisierter Religion, wie etwa in den Bereichen New Age, Spiritismus, Esoterik und hier insbesondere den mantischen oder sonstig «zukunftserhellenden» Systemen, Kritik leicht als Bedrohung mißverstanden und behandelt wird. Zudem wird oftmals der/die jeweilige Dozent(in) zwar über allgemeine und wohl oft auch neutral erscheinende Themen vortragen. Wenn er/sie jedoch zu einer der Gruppen gehören, selbst Anhänger(in) dieser oder jener speziellen Richtung (etwa des Spiritismus, eines Guru usw.) sind, sind sie doch schon bei der Auswahl und der Art der Darbietung ihres Themas von ihrem Glauben her bestimmt. Und wer vermag wirklich zu entscheiden, ob nicht durch einen solchen Vortrag die «negative Religionsfreiheit» der Teilnehmer berührt wird. Nämlich die Freiheit, nicht ohne Zustimmung missioniert oder indoktriniert zu werden. Wenn eine Kursteilnehmerin sich beschwert: «Wenn ich gewußt hätte, daß mir dort Guru-Theorien verkauft werden, hätte ich diesen Kurs nie besucht,»[14] dann ist hier doch festzustellen, daß die «negative Religionsfreiheit» der betreffenden Kursteilnehmerin verletzt worden war.

Am undurchsichtigsten ist das Gebiet, das unter dem Begriff «Okkultismus» kategorisiert werden kann. War der Begriff zu Beginn des Jahrhunderts von den Okkultisten eine mit Stolz getragene Selbstbezeichnung, so sind heute eher Begriffe wie «Esoterik» oder gar «New Age» im Schwange.[15]

Okkultismus ist die «Lehre von den verborgenen Dingen, Methoden und Begebenheiten». Der Okkultist meint und behauptet, mit einer anderen Welt, der «geistigen Welt», ja manchmal (wie beim Satanismus) mit dem «Reich der Finsternis» in Verbindung zu stehen.

Im Unterschied zur Religion wird im Okkultismus der Mensch verfügungsmächtiger Partner der anderen Wirklichkeit, sofern er nur die notwendigen Methoden und Praktiken (Rituale, Beschwörungen usw.) kennt und ihrer Anwendung mächtig ist.

Es kann also auch einen okkultistischen Gebrauch von Religion beziehungsweise Versatzstücken der Religion geben. Dann allerdings kann vom christlichen Glauben nicht mehr die Rede sein, wenn etwa im Namen des Dreieinigen Gottes Zaubersprüche aufgesagt oder angeblich wunderwirkende Gebete gesprochen werden.

In diesem Zusammenhang ist auch von Magie zu reden. Sie ist, wenn man so will, eine Sondersparte des Okkultismus. Magie ist der Versuch, außerhalb der nachprüfbaren Zusammenhänge von Ursache und Wirkung durch bestimmte Formeln oder Handlungen (Beschwörungen, Rituale usw.) Wirkungen zu erzielen. Die Magie ist also eine Machweise des Okkultismus, sie ist eine Form des angewandten oder ausgeübten Okkultismus.

Zum Okkultismus gehört auch die angebliche «Geistheilung». «Dabei kommt ebenso das Heilen durch ‹geheimes Wissen› wie die angebliche Enthexung, wie die angebliche mediale Heilung in Betracht, bei der sich der Heiler nur als Medium eines ‹Arztes im Jenseits› versteht.»[16]

Eine weitere Form des Okkultismus ist der Spiritismus. Spiritismus ist der Versuch, mit als bewußt und kommunikationsfähig gedachten Wesen einer nichtimmanenten (also nicht unserer dreidimensionalen Welt zugehörigen) Art und Kategorie in Kontakt zu treten. Als Mittler zwischen unserer Welt und der «Welt der Geister» treten sogenannte «Medien» (Mittler) in Erscheinung.

Es gibt Medien, die in einer Art unbewußten Zustandes (Trance) als Vermittler der angeblichen Geisterbotschaften und -handlungen wirken, wie auch solche, die bei völligem Wachbewußtsein agieren. Die «Geister-Handlungen» treten vor allem bei sogenannten «Geistheilern» und von ihnen durchgeführten «Operationen» auf (siehe unten). Zum Okkultismus sind auch die Versuche einer Zukunftsvorhersage wie zum Beispiel in der Astrologie, im Wahrsagen mit Karten oder Kaffeesatz zu rechnen. Hellseherei, oft verbunden mit Heilungsbetrügereien, Dämonenbeschwörungen und Hexenglauben sind hier «zu Hause» sowie auch der moderne Hexenwahn, bei dem sich Menschen selbst als Hexen bezeichnen und ihre Dienste anbieten, als wenn es um soziales Engagement oder Lebenshilfe ginge (was sie übrigens von sich selbst behaupten).

Neuerdings findet sich immer wieder der Versuch, okkultistische Ideen und Systeme unter dem allgemeine Anerkennung und weitgehende Zustimmung sichernden Oberbegriff der «Wissenschaft» anzubieten. Doch wissenschaftliches und okkultistisches Denken und Handeln unterscheiden sich ebenso im Anspruch wie auch in den Handhabungsformen. Im Unterschied zum Okkultismus will wissenschaftliches Denken nie letztgültige Wahrheiten oder Techniken vermitteln. Im Unterschied zum wissenschaftlichen Tun setzt angewandter Okkultismus nicht den Zweifel, sondern den Glauben (an die Methode, den Guru, die Einweihung) voraus. Werden beispielsweise die «Wissenschaft der kreativen Intelligenz» oder die «Wissenschaft der Dianetik» angeboten, so werden damit «letztgültige Wahrheiten und Techniken» vermarktet. In beiden Fällen muß man einen okkultistischen Einweihungsweg konstatieren, wenn man nicht von «Neureligion» sprechen will. Unbeachtet der Nomenklatur ist eines mit Sicherheit feststellbar: Wissenschaften im Sinne des derzeit gültigen Wissenschaftsbegriffes sind beide nicht. Wenn sich eine solche Sache dann als «Wissenschaft der Zukunft» bezeichnet, so ist auch das eher eine religiöse oder ideologische Selbstaussage als ein lexikalisch gewichtiger Hinweis.

Werden in einer Volkshochschule Programme angeboten, die diesem Bereich zuzurechnen sind, muß das deutlich ausgewiesen sein. Weltanschauliche und religiöse Neutralität eines Bildungswerkes kann in Frage gestellt sein, wenn sich für den unvoreingenommenen Betrachter der Anbieter (zum Beispiel die VHS) und das Angebot ohne ausgewiesene Distanz des einen zum anderen zu vermischen scheinen. Es muß selbstverständlich möglich sein, über die Volkshochschule auch unkonventionelle Denk- oder Glaubenssysteme kennenzulernen. Der Kursteilnehmer darf damit nur nicht unwissentlich überfallen werden.

So ist an und für sich nichts gegen einen Vortrag beziehungsweise einen Kurs über Spiritismus einzuwenden. Er muß nur klar als das ausgeschildert sein, was er de facto ist. Ein kritischer Vortrag darf nicht so annonciert werden, als handle es sich um einen Einführungskurs in den Spiritismus. Und ein pro-spiritistischer Kurs beziehungsweise Vortrag darf nicht dergestalt angekündigt werden, als handle es sich um eine kritische oder neutrale Information. Neuerdings gewinnt zum Beispiel das sogenannte «Channeling» an Boden. Es handelt sich um den Glauben, daß jeder Mensch sich als «Kanal (Channel)» für «geistige Wesenheiten» anbieten kann, wenn er nur präpariert ist. Es ist einsichtig, daß ein Vortrag über Channeling (kritisch und distanziert) sich von einem Vortrag über Channeling (Anlernen, wie man es macht) deutlich unterscheidet. Das aber muß auch im Programm deutlich werden. Der Vorwurf: «Ich habe meinen Sohn in einen Vortrag über Meditation geschickt und gedacht, daß er dort lernt, die Spreu vom Weizen zu unterscheiden. Er kam aber zurück und war ganz begeistert von der Transzendentalen Meditation, die ja wohl eine Jugendsekte ist», darf keinen sachlichen Grund haben (sonst wäre etwas falsch gelaufen). Tatsächlich wird ja die Transzendentale Meditation von den meisten Fachleuten als Jugendreligion bewertet.

Dabei wäre durchaus vorstellbar, daß in einer Reihe «Neue Religiosität in Selbstdarstellungen» auch die «Transzendentale Meditation» ihren Vorstellungsabend haben kann. Aber es wäre dann jedermann deutlich, worum es geht, und niemand wäre durch Unkenntnis der Indoktrination einer Jugendreligion (eben der Transzendentalen Meditation) ausgesetzt (die von den Sektenfachleuten eben nicht als «Wissenschaft», sondern als religiöse Technologie bewertet wird).

Auch eine spiritistische Veranstaltung wäre denkbar. Wenn sie jedoch unter der Überschrift «Parapsychologie» oder «Tod und ewiges Leben» dargeboten würde, wäre das eine Irreführung der Hörer(innen). Immer wieder reist (vor allem in Süddeutschland) ein Parapsychologe mit Vorträgen über den Tod und was danach kommt unter der Hauptüberschrift «Parapsychologie» durch Volkshochschulen und kirchliche Bildungswerke. Der Herr ist jedoch Vertreter einer ganz bestimmten spiritistischen (und rassistischen) Richtung. Er verbreitet unter der Hand das Geistesgut des wegen seiner Überspitzungen sogar aus der NSDAP ausgeschlossenen Rassisten und ehemaligen Thüringer Gauleiters Arthur Dinter. Dinter hatte seinerzeit die rassistischen Romane «Die Sünde wider das Blut» und «Die Sünde wider den Geist» geschrieben und eine «Deutsche Volkskirche zur Vollendung der Reformation durch Wiederherstellung und Ausbreitung der einen, von allen jüdischen und judenchristlichen Fälschungen befreiten arisch-heldnischen Lehre Jesu» gegründet. Niemand will Herrn P. seine Honorare und seine Dienste streitig machen. Sie sollten beziehungsweise müßten nur sachlich richtig ausgewiesen sein. So wie auch Vorträge über das leidige Thema «Reinkarnation» («Wiederverkörperung» und nicht «Wiedergeburt») den Standort des Vortragenden im Programm ausweisen sollten.

Bei Kursen über «Astrologie», «Wünschelrute und Pendeln» oder «Tarot» sollte andererseits angenommen werden, daß es sich nicht um neutrale Information oder distanzierende Aufklärung handelt, sondern um die Vermittlung okkulter Praktiken. Das dürfte bei Vorträgen über «Hexenglauben» und «Schamanismus» ähnlich sein. Aber es sollte im Programm deutlich gemacht werden, so daß niemand «aus Versehen» in einen solchen Kurs geraten kann, wenn er sich derartige Indoktrination vom Leibe halten möchte.

Mancherorts wird nun alledem entgegengehalten, daß die Besucherzahlen und die (selbstfinanzierenden) Einnahmen eine deutliche und handlungsdirigierende Sprache sprächen. «Es ist doch gefragt, also muß man es auch anbieten.» Wirklich? Was ist, wenn wie in Le Pens Frankreich auch rassistische Parolen «gefragt sind»? Muß man mit den Wölfen heulen? Und seien es die esoterischen? Volkshochschulen sind keine kirchlichen Bildungswerke. Aber sie haben sich im Laufe der Nachkriegsjahrzehnte einen guten Ruf und einen gewissen Standard erworben. «Esoterische Welle», «New Age» und was immer an «Bedürfnissen» angeführt werden möchte, kann letztlich nicht der Maßstab für die VHS-Arbeit sein. Sonst müßten (analog zu einem französischen Schlüssel bei entsprechenden Verhältnissen) mindestens 15 Prozent rassistischer Programme im Fernsehen vorgeführt werden. Ein Segen, daß es nicht so ist!

Es wäre mißlich, sich dem Diktat dessen, «was ankommt», zu unterstellen. Überall, wo zum Beispiel die Politiker diesen Weg gegangen sind, wurde nicht mehr Demokratie, sondern mehr Abhängigkeit und Druck auf Andersdenkende erzielt. Noch mißlicher wäre es, selbstdefinierte Trends ausmachen und ihnen sozusagen im voraus folgen beziehungsweise den Weg öffnen zu wollen. Wer dies will, muß ein bißchen Prophet spielen. Und es könnte sein, daß er zwar guten Willens, aber geringen Durchblickes ist und damit einer Sache den Weg bahnt, die dem widerspricht, was Volkshochschule per definitionem eigentlich will.

Zur selben Zeit, da diese Zeilen geschrieben wurden, ging die Klage eines verärgerten Bürgers über den Schreibtisch des Autors, daß im heimatlichen Bildungswerk (diesmal nicht die VHS) ein Programm über «Sterbehilfe» angeboten wurde, bei dem sich der Vortragende als Mitglied einer deutschvölkisch-religiösen Vereinigung entpuppte, der eine Art Ahnenkult als Trauerhilfe anbot und so ganz nebenbei die Reinerhaltung der Art als «Verpflichtung gegenüber denen, die vor uns gewesen sind, und als Verantwortung denen gegenüber, die nach uns sein werden», preist. Auch ein Volk sei ein Biotop. Biotope müßten erhalten werden (also: Türken ab in die Türkei!).

Bleibt die Frage der Lebenshilfe: Muß eine VHS nicht alle Formen der Lebenshilfe anbieten, die heute «auf dem Markt» sind? Ein unumwundenes «Ja!» würde sich der Frage nach der Wertung dieser Programme und Techniken entziehen. Alle okkultistischen Techniken können hinsichtlich ihrer tatsächlichen Lebenshilfe-Qualitäten bezweifelt werden. Astrologie und Pendeln, Tarot und Geisterbefragung können individuell betrachtet sicher dem einen oder anderen Trost oder Hilfe vermitteln. Allerdings um den Preis der Wahrhaftigkeit und mit der Last der Gefährdung von Menschen. Jener nämlich, die dann ihre Entscheidungen nicht mehr von einem klaren und auf überprüfbaren Informationen aufbauenden Denken leiten lassen, sondern sich dem Diktat «kosmischer Mächte», «jenseitiger Kräfte» und angeblich «unanzweifelbarer Wahrheiten» unterwerfen. Und auch der Psychologe, der am Tarot den Menschen «Deutemuster ihres Schicksals» zeigen möchte, ist ja de facto ein Guru, dem gegenüber die Hörer abhängig sind.

Jedwede unüberprüfbare Fremdbestimmung führt jedoch zu Einbildungen, nicht zur Bildung.

Die Volkshochschulen stellen neben der allgemeinen, durch Schulpflicht und Berufsausbildungskonzepte abgesicherten Schule das umfangreichste und wirkungsvollste Bildungsprogramm und neben den kirchlichen Bildungswerken das bedeutendste Erwachsenenbildungsprogramm dar. Sie sind einer der wesentlichen Träger der sogenannten Erwachsenenbildung. Anders als die kirchlichen Bildungswerke, die ihrem jeweiligen religiösen Standpunkt (zumindst in gewisser Weise) verpflichtet sind, gelten sie als unabhängig und als sachbezogene und nicht ideologieorientierte Institutionen.

Ein gutes Kapital würde verspielt, wenn (man verzeihe das der heutigen Realität sicher nicht angemessene Buchstabenspiel) das Kürzel VHS für «Vermischter Humbug & Spiritismus» stehen würde. Viele Menschen verlassen sich auf die Qualität des Gebotenen. Und nicht wenige sind in gewisser Weise auch davon abhängig, daß Programm und Lehrer integer sind und nicht für eine Sache werben, die dem widerspricht, was Volkshochschule eigentlich soll und will. Der Kommunikationskurs, hinter dem sich dann eine Werbemasche der schlecht beleumdeten Sekte «Scientology» verbirgt, das Kreativitäts-Training, das zur Missionsgelegenheit für den indischen Gott-Guru «Bhagwan» (später «Osho») Shree Rajneesh[17] wird, und jede andere Form von weltanschaulicher (zum Beispiel okkultistischer) und religiöser versteckter Mission sollten im VHS-Programm keinen Platz finden. Es ist jeder Religion, jeder Okkultgemeinde, jedem Guru unbenommen, für die eigene Sicht der Dinge beziehungsweise den von ihm vertretenen Glauben zu werben. Das gilt auch für jede noch so verschrobene Okkultlehre oder -technik. Doch die Volkshochschule ist dafür nicht der Ort.

Die Begriffe «Aufklärung» und «Religionskritik» mögen in unserer Zeit von manchen als «zu verkopft» diffamiert werden. Es gibt jedoch weder Bildung noch Freiheit ohne Aufklärung und Kritik. Hier sind die Volkshochschulen gefordert, und hier ist ein zunehmend reicher werdendes Feld für volksbildnerischen Einsatz. Das ist sicher mühsamer, als wenn man okkultistische Einlull-Programme anbieten würde. Es mag sogar – vorerst – einmal weniger attraktiv aussehen. Auf lange Sicht aber ist dieser Aufklärungsauftrag zukunftsweisend.

14. Die Verantwortung der christlichen Kirchen

Die christlichen Traditionskirchen waren Geburtshelfer der christlichen Zivilisation. Sie sind auch heute noch die Paten für das unsere Zivilisation, vielleicht muß man sagen «noch», bestimmende Menschenbild.

Sie können sich nicht davon freimachen. Selbst dann nicht, wenn sich dieses Patenkind von ihnen mehr und mehr ab- und anderen Nahrungsquellen zuwendet. Sie haben so etwas wie eine historische Erblast zu tragen.

Wenn die christlichen Traditionskirchen heute «Beauftragte für Sekten- und Weltanschauungsfragen» ernennen, so wäre es verfehlt, wenn sie diese Institution lediglich als Verbandsschutz oder als eine Art bestandserhaltender Notfalltruppe betrachten würden.

Das Törichteste wäre der Alibi-Beauftragte, mit dessen Berufung man dem beunruhigten Kirchenvolk zeigen will, daß man die Probleme erkannt und «voll im Griff» habe.

Doch auch das muß gesagt werden: Diese Motivation ist oft mit Händen greifbar, wenn es zu solchen Beauftragungen kommt. Entsprechend sind die Stellen dann personell und materiell ausstaffiert, und entsprechend ist ihr innerkirchliches Gewicht.

Besonders kasperlartig ist die Balance zwischen Wissenschaftler- und Volkstribunengehabe, die sich infolgedessen bei manchen Amtsinhabern breitmacht.

Derartiges findet sich leider auch bei überregionalen kirchlichen Stellen, die dann – weder Fisch noch Fleisch, weder Hochschule noch Gemeindeinstitution – den Bereich Sekten- und Weltanschauungsfragen beackern.

Die internen Querelen dieser Feigenblatt-Institutionen, die sich ihre unverzichtbare Wichtigkeit oft selbst zusingen, wie Kinder in einem dunklen Keller und der apologetische Streetworker, gehören in den Diözesen und Landeskirchen zu den verzichtbarsten Randerscheinungen kirchlicher Kulturpräsenz.

Das ist nicht böswillige Karikierung, sondern die Schilderung einer realen Möglichkeit. Daß es unter den derzeitigen Bedingungen dann vor Ort doch etwas besser aussieht, liegt am Engagement derjenigen, die dieses Feigenblatt vor der Kirchenblöße festhalten sollen.

Nicht selten fallen auch noch diejenigen, die ihren Dienst ernst nehmen und sich auch innerkirchlich zu bedenklichen Entwicklungen kritisch äußern, den Selbsterhaltungsbestrebungen dieser, oft kirchenpolitisch mächtigen, Kontrahenten zum Opfer. So wurde in der katholischen Landeskirche des Kantons Luzern die dortige florierende und sich deutlich äußernde Sektenberatungsstelle unter fadenscheinigen Begründungen aufgelöst. Angeblich war kein Bedarf mehr. Kurz darauf wurde die Stelle jedoch wieder kirchenschonend besetzt. In anderen Fällen wurden angebliche Eheprobleme oder gar «Überbelastung» des Beauftragten als Gründe herangezogen, um ihn zumindest in die Schranken zu weisen.[1]

Die Kirchenleitungen wären gut beraten, wenn sie sich und ihre Kirchen für den geistigen und geistlichen Kampf besser ausrüsten würden. Das gilt sowohl hinsichtlich der personellen als auch der materiellen Ausstattung. Viel wichtiger jedoch wäre es für die Kirchenleitungen, ihr Leitungsgeschäft unter Berücksichtigung des Know-hows zu betreiben, das sich durch diese Arbeit nun einmal ansammelt.

Vorläufig gleichen die christlichen Traditionskirchen Landwirten, die sich eine Alibikuh halten, aber Milch nur in kleinen Tropfen verteilen und auch dies ohne jedes Konzept, und die sich weigern, in Durstsituationen selber zu trinken. Der Vergleich hinkt, denn es scheint so, als wisse man über die Möglichkeit des persönlichen Milchkonsums für den Kuhhalter gar nichts.

Dabei wird den christlichen Traditionskirchen in den neunziger Jahren böse mitgespielt werden.

Folgende Trends zeichnen sich nämlich ab:

- Zunehmende Zersplitterung der religiös-weltanschaulichen Landschaft mit zunehmender Turbulenz der religiös-weltanschaulichen Landschaft auch in der Kirche, die zunehmend unter Parteiungen zu leiden haben wird.
- Zunehmende Aggressivität der religiös-weltanschaulichen Konstrukte.

- Verwischung der Grenzen zwischen Religion und Politik mit der Folge einer Religiosierung der Politik und der Politisierung der Religion.
- Zerstörung der allgemeinen Lebensvorstellungen und der darauf basierenden Wertehierarchien.
- Radikalisierung bei der Durchsetzung religiös oder weltanschaulich begründeter Ansprüche in allen Lebensbereichen, mit der Folge einer zunehmenden Polarisierung der öffentlichen Meinung, die sich zunehmend in scharfer Kritik an den Positionen der christlichen Traditionskirchen äußern wird.
- Zusammenbruch einer verbindlichen Ethik mit der Folge, daß die ethischen Vorstellungen der christlichen Traditionskirchen zunehmend partikularisiert und zum Gegenstand innerkirchlicher Parteien- und Interessenkämpfe werden.
- Ideologisierung und ideologische Nutzbarmachung der Teilbereiche des sozialen Lebens wie Sport, Pädagogik, Kunst, Gesundheits- und Militärwesen, mit der Folge der Verdrängung der christlichen Traditionskirchen aus diesen Feldern.

Es wäre ratsam, wenn sich die christlichen Traditionskirchen kultur- und zivilisationsapologetisch orientieren und engagieren würden. Doch droht die Verstärkung des Trends geistiger Selbstisolation, der in den Kirchen unter dem Stichwort «Besinnung auf das Ureigentliche der Kirche» gepflegt wird. Was dieses «Ureigentliche» denn jeweils ist, wechselt mit den Jahren. Mal ist Südafrika angesagt, mal ein kräftiger Öko-Trip, mal das «reine Evangelium». Tatsächlich sind alle diese Ureigentlichkeiten nur deutliche Anzeichen dafür, daß die oben dargelegten Trends nicht Dichtung, sondern bedrohliche Realität sind.

Es ist, dies nur als ein Beispiel für kommende «religiös/weltanschaulich» mögliche Entwicklungen, durchaus möglich, daß in nicht allzu ferner Zukunft fanatische Kreise entstehen, die etwa unter Berufung auf irgendwelche Bibelstellen, Prophetien oder ökologische Befürchtungen sich als Feind beispielsweise das Auto aussuchen und einen regelrechten Vernichtungsfeldzug gegen Autos und andere Erzeugnisse der modernen Technik führen. Dann könnten leicht fanatische Zerstörungstaten als heilige Handlungen erlebt werden. Und es ist nicht ausgemacht, daß eine solche Wahn-Religiosität oder Ideologie vor Kernkraftwerken oder anderen Bauwerken haltmachen würde, deren Zerstörung Tod und Elend für Millionen bedeuten würde.

Es zeigen sich bereits kleine Ansätze dazu in politischen Diskussionen und Handlungsansätzen, bei denen Technik und Industrie nahezu als etwas grundsätzlich Böses betrachtet und behandelt werden.

Man täusche sich nicht, das wahnhaft Zerstörerische ist schon immer im Gewand der guten Absichten und des «Wahren und der wahren Gerechtigkeit» aufgetreten.

Denkspiel Zivilreligion

Als «Zivilreligion» (civic religion) bezeichnet man die von keinem Religionsgründer geschaffene, nirgends formulierte und doch unübersehbar präsente öffentliche Religiosität einer Gesellschaft, einer Nation usw. Fahnenkult, öffentliches Festverhalten, Rituale des Lebenskreislaufes (Feiern aus Anlaß besonderer Lebensabschnitte) und politische Feiertage und Rituale bilden diese Zivilreligion.

Sie kann der erklärten Religion nahestehen, ihr verwandt sein, ja mit ihr identisch sein. Dann nämlich, wenn die religiösen Feste auch die Staatsfeste sind und die Religion Staatsreligion ist. Das alte Ägypten der Pharaonen, die christlichen Gottesgnadenkönigtümer und Bhutan mit seinen Staatsdämonen tibetisch-buddhistischer Couleur sind über die Jahrtausende verstreute Beispiele.

In der ehemals abendländischen Welt sind historische Religion und Zivilreligion weit auseinandergetreten.

In den letzten Jahrzehnten hat eine rasante Entkirchlichung eingesetzt. Die christlichen Feste haben weithin den Charakter von Frei-Tagen und Reisegelegenheiten angenommen. Karfreitag, Pfingsten und Ostern sind, wo sie nicht Brauchtumsanlässe (möglichst mit touristischer Auswertung) sind, aus dem öffentlichen Bewußtsein, mit Ausnahme der Schokoladenindustrie, verschwunden. Und Weihnachten nimmt immer mehr den Charakter eines Allgemein-Geburtstages an. In fast allen Familien wird ein schönes Fest gefeiert, der Weihnachtsbaum schön dekoriert, und dann wird gut gegessen.

Der Anlaß könnte auch die Erfindung des ersten Haustieres sein oder die Hoffnung, daß es jetzt mit dem Wetter wieder bergauf und auf Neujahr zu geht. Sylvester läuft dabei Weihnachten immer mehr den Rang ab, weil dieses Fest wenigstens keine altreligiösen Anforderungen stellt. An die Stelle der christlichen Religion tritt immer mehr eine Allerweltsfeierlichkeit und Fühl-dich-erhaben-Frömmigkeit.

Das ist dort auch kein Wunder, wo die offizielle Religion immer verwaschener wird. Und wo der Geistliche zum Zeitgeistlichen wird, gewinnt die Zivilreligion die Oberhand auch über den christlichen Glauben.

Ein Beispiel: Gottesdienst zur Todesstunde Jesu, Karfreitag 1990 in München. In der Gemeindekirche eines belebten Stadtteiles läuft vor etwa 50 Teilnehmern eine eher als Empfindungsgottesdienst zu beschreibende Veranstaltung ab. Feierlich und «dem Ereignis angemessen» verzichtet man auf Glocken und Orgel. Den Hauptteil der Feier nimmt eine Chor- und Solisten-Musikalität ein. Nicht jedermanns Sache, doch gut gemeint.

Anstelle der Predigt liest der Pfarrer ein Gedicht einer brasilianischen «Schwester» vor. Theologie der Unterdrückten anhand des Gottesknechtsliedes aus Jesaja 53. Gut gemeint und nicht jedermanns Sache. Das Abendmahl wird in einer «besonderen» Form (so ein Extrahinweis zur Verdeutlichung für die Gemeinde) gefeiert. Keine Liturgie, dafür ein – vermutlich zum Gedicht passen sollendes – Gebet und die Einsetzungsworte in freier Gestaltung nach dem (gutgemeinten) Verständnis des Geistlichen. Statt zur Vergebung der Sünden wird das Herrenmahl «zu eurer Befreiung» eingesetzt, aus den Jüngern werden «die Freunde». Gut gemeint, aber etwa ein Dutzend Anwesende verlassen die Kirche, ohne an der Befreiungsfeier teilzunehmen.

Gutgemeinte Zeitgeistlichkeit. Welchen geistlichen Wert diese Kreation auch immer haben sollte, es bleibt alles unklar, außer daß es zeitgemäß sein soll.

Verständlich, daß einige es nicht verstanden. Ein junger Besucher anschließend: «Kasperei. So viele Sakramente haben wir doch gar nicht, daß man so was damit machen kann.» Das war nun einer von denen, für die das wohl gedacht war.

Was dabei an angeblicher Zeitnähe gewonnen wird, steht in keinem Verhältnis zu dem, was verlorengeht. Der Glaube, daß die persönliche Sicht eines mehr oder weniger gebildeten, sich als Friedenskämpfer oder sozial engagiert verstehenden Pfarrers die angebliche

Unzeitgemäßheit jahrhundertealter Formulierungen ersetzen kann und daß dadurch Besserung (für wen?) geschaffen wird, ist wohl irrig.

Auch ist nicht jedes Ärgernis ein Zeichen der Wirksamkeit des Evangeliums. Auch Privatgestricktes kann als ärgerlich empfunden werden.

Man sollte beileibe nicht den guten Willen geistlicher Animateure unterschätzen oder gar außer acht lassen. Und schon gar nicht ihre Wirkungen. Ihre Botschaft, und die kommt an, ist das, «was man heute braucht». Das heißt, sie predigen, was sie für zeitnotwenig halten, und verkünden damit de facto den homo faber, den alles zum Rechten und Guten führenden Menschen.

Sie sind tatsächlich Gottesmänner, nur ist fraglich, ob sie Männer des Gottes von Zion sind, dessen Sohn der Lehre zufolge, der sie verpflichtet sind und für deren Erhaltung und Verbreitung sie bezahlt werden, am Kreuz starb und «am ersten Tag der Woche» auferstand von den Toten.

Übrigens haben sie längst den ersten Wochentag, den Sonntag, an dem die Kirche die Auferstehung «am ersten Tag der Woche» als eine Art ständiger Erinnerung an Ostern feierte, mit dem siebenten Wochentag vertauscht. Bei ihnen steht der Sonntag nun am Ende der Woche, den Bahnverwaltungen zu besserer Fahrplangestaltung.[2] Begann die christliche Woche einstmals mit der Feier des Herrn, so hat man jetzt den Arbeits- und Unterrichtsbeginn am Montag früh auf den Thron gehoben. Auch dies ist ein kleines, aber deutliches Signal. Man denkt sich nichts mehr dabei und möchte halt nicht altmodisch sein.

Sie sind gegen alles Böse, gegen Unterdrückung, Leiden, Krieg und überhaupt alles, was den Menschen beeinträchtigt und was sie mit diesen Negativ-Tugenden assoziieren. Sie meinen es wirklich gut und sind voll tiefen Ernstes im Kampf für das von ihnen erkannte Gute: Gesundheit, Frieden, Glück, Freude und Gerechtigkeit.

Sie sind Ideologen des Guten.

Ihre Religion ist letztlich das «Gute, Schöne und Wahre», das sie eben im Eintreten gegen alle von ihnen ausgemachten Formen des Bösen sehen.

Sie sind, wo es sich um ihre Wunschbereiche dreht, symbolgläubig. Es kann passieren, daß sie aufgrund ihres Einsatzes «für den Frieden» die Trauung eines Uniformierten verweigern. Doch wer sich für ihr «Gutes» einsetzt, ist rundherum gut, und nichts Böses kann an ihm gefunden werden.[3]

Zivilreligion ist keineswegs nur banale Feierlichkeit. Das sollte man ja nicht glauben. Sie kann ideologisieren, hohen Einsatz verlangen. Sie kann germanische Rasse, Arbeiterklasse, Friedensdienst usw. auf ihre Fahnen setzen. Und ihr Jesus wird arisch, ein Unterdrückter, Antimilitarist oder sonst etwas sein.

Doch die Zivilreligion ist niemals Erlösungsreligion. Hier muß die Erlösungsreligion Platz machen für etwas anderes. Zivilreligion ist ihrem Wesen nach auf Feierlichkeit orientiert. Sie ist voll tiefen Ernstes und voller Entrüstung gegen «Törichte» oder «Böswillige», das heißt solche, die nicht an ihr partizipieren. Doch da, wo sie sich abgelehnt sieht, wird sie am ehesten ihr Gesicht und sich selbst verändern.

Die heute herrschende Zivilreligion ist jedoch nicht selber die «Religion der Zukunft». Sie ist ihr Wegbereiter. Sie wird den Boden für einen Nachfolger bilden beziehungsweise bereitet haben, dessen Schwert sie als erste gnadenlos führt.

Es ist nicht ganz abwegig, beispielsweise den Nationalsozialismus als legitimes Kind einer Zivilreligion aus katholisch-augenfroher Feierlichkeit und protestantisch-selbstzerstörerischer Bekennerwut zu sehen.

Es wäre übrigens nicht verwunderlich, wenn diese neue Religion, die auf dem Boden der Zivilreligion der nachtechnischen Zivilisation wächst, ein Patchwork unterschiedlichster religiöser Versatzstücke würde. Sie kann Bischofsgewand und Talar mühelos integrieren, nicht jedoch zulassen, daß sie von Frauen nicht getragen werden sollen. Eine Päpstin wäre akzeptabler als ein Papst, der als Symbol der «patriarchalischen Herrschaftsansprüche in der Kirche» verteufelt wird. Nur sollte es möglichst eine Farbige sein, um so deutlich zu machen, daß die alten Zeiten der Unterdrückung vergangen seien. Weibliche Einfühlsamkeit würde das Prädikat «friedenstiftend» erhalten, dem Manne leicht «aggressive Patriarchalität» zugewiesen.

Die neue Religion wird mühelos die Gebote übernehmen, um sie neu zu definieren und für die neue Zeit verständlich zu machen.

Auch die Bibel kann durchaus bleiben. Nur kommt noch einiges dazu: die heiligen Bücher anderer Religionen. Und letztlich alles, was jemand für «heilig» hält. Damit jedoch tritt an die Stelle der Verbindlichkeit einer Botschaft die jeweils herrschende Meinung als verbindliche und absoluten Gehorsam fordernde Botschaft.

Man wird das Friedensdienst der Religionen nennen, wenn sie sich zustimmend integrieren lassen. Einen besseren Weg, sie alle außer Kraft zu setzen, gibt es nicht. Jesus wird einen Platz als ein Erlöser neben vielen anderen erhalten, vielleicht sogar als primus inter pares (für die, die das dann noch wollen und brauchen).

Der Glaube an Wiederverkörperungen wird ein Thema, mit dem sich gut leben läßt. Er wird kein Dogma, denn außer dem, was jeweils gerade «dran» beziehungsweise «in» ist, darf es überhaupt keine Dogmen geben.

Alle Religionen bekommen ihre Anbetungsnische oder ihren Gebetsplatz an allen möglichen heiligen Orten. Das Pantheon der neuen Religion wird am ehesten Probleme bekommen, wenn der Islam sich gegen Buddha in der Hagia Sophia oder neben der Kaaba in Mekka wehrt.

Gesundheit und Wohlbefinden werden die Hauptlehre der neuen Religion sein. Ihr Heilsgut wird das Überleben und ihre Theologie: «Setze dich durch, so zeigst du Gott in dir.»

Hier «Buh!» zu rufen ist leicht. Es ist zwar mit Sicherheit ein gangbarer Weg, aber eben nur ein Ausweg, über all dies nicht weiter nachdenken zu müssen (und es für Unsinn zu erklären).

Wie aber, wenn das alles jetzt positiv und ernst gemeint wäre? Das ist es in der Tat nicht. Es ist nicht als Hoffnungsbild gedacht.

Aber es kann leicht dazu umfunktioniert werden!

Sollte der Erlöser, den die christliche Religion feiert, wirklich der Erlöser aller Menschen sein?

Werden die anderen dadurch nicht abqualifiziert? Und ist nicht jeder Mensch ein Erlöser beziehungsweise könnte es sein?

Sollte es wirklich Unterschiede in Hautfarbe, Geschlecht, Kenntnissen, Glück usw. geben?

Ist nicht überall allen das gleiche zuzugestehen?

Sind Krankheit, sind Leid und Not nicht einfach nur Aufforderungen, diese abzuschaffen?

Dürfen sie überhaupt einen Sinn in sich tragen?

Wer hier Ja und Nein an der richtigen Stelle setzt, das werden der biblisch-christliche Glaube und die neue Religion unterschiedlich bewerten.

Und noch einen Unterschied wird es geben:

In der neuen Religion sind Sünde, Schuld und Vergebung abgeschafft. Man wird an ihrer Stelle von Fehlern reden, die zwar gutgemacht, nicht aber vergeben werden können.

Wer es anders sieht, gilt bestenfalls als psychisch krank. Kinder dürfen dann einem solchen, nach der dann herrschenden Meinung «antisozialen Unbelehrbaren» nicht ausgeliefert werden. Mit der Entrüstung zugunsten der angeblich unschuldigen Kleinen läßt sich dann trefflich gegen die «Verführer» kämpfen.

Schon die Ideologie-Religionen des Faschismus und des Marxismus-Leninismus haben das demonstriert.

Dieses Kapitel will nicht als makabre Prophetie verstanden sein. Es ist lediglich ein Spiel mit den sich abzeichnenden Möglichkeiten.

Eine neue Religion wird gegen die alte antreten. Man könnte sie den «westlichen» oder «kybernetischen Hinduismus» nennen. Nicht Rom und Mekka sind die Leitburgen dieses Kampfes. Jerusalem und Varansi stehen einander gegenüber. Frontlinien gibt es nicht, nur Kampfterrain.

Hier kann eine uralte Entscheidung korrigiert werden, die für unsere Kultur und unser Menschenbild entscheidend und bestimmend war.

Zwei große religiöse Ziele beherrschen seit Anbeginn unserer Geschichte die Menschheit und streiten miteinander um die Herrschaft über die Menschen: die Vergottung des Menschen, seine Veredelung bis hin zur Gottwerdung und seine Vermenschung, die in der Gottesbeziehung zum Dienen, zur Hingabe wird. Vielleicht ist Ur in Chaldäa auf geheimnisvolle Weise die Ideenscheide gewesen. Die Menschen dort wollten die Vergottung des Menschen. Der Turm zu Babel ist biblisches Bildsymbol. Abraham aber zog weg von Ur in Chaldäa, nicht um Gott gleich oder ähnlich zu werden, sondern um ihm zu dienen. Und seine Kinder unter dem Davidstern, dem Kreuz und dem Halbmond haben dieses religiöse Grundziel in ihren Glaubenssystemen zur Grundlage gemacht.

Vor Abrahams Gott waren alle Menschen gleich, und nur nach der Maßgabe ihrer Rechtschaffenheit konnten sie Ansehen gewinnen. Nicht dadurch, daß sie Gott gleich zu werden versuchten. Das wurde sogar als die Ursünde definiert.

In westlichen «abrahamitischen» Ohren klang «Vergottung des

Menschen» bis in die Moderne wie ein Frevel. Hier hatte der Glaube die Klangfarbe eingebracht.

Für den Hindu war es immer jedoch Inhalt und Ziel seines ganzen Strebens, seines Rechtsverhaltens und seiner oft übermenschlichen asketischen Anstrengungen, Gott gleich zu werden, sein Ich aufzulösen und in die Gottesrealität einzugehen und ganz in ihr Teil zu werden.

Kami werden, Gott werden ist auch in Japans Shinto eine so normale Vorstellung wie der Schulbesuch.

Das Bild des Menschen als Diener Gottes und das Bild des Menschen als «Gott im Entwicklungszustand» sind letztlich unvereinbar.

Beide Vorstellungen sind jedoch auch immer wieder in Mischformen aufgetreten. So beispielsweise in der christlichen Gnosis. Aber wo diese Vermischung stattfand, siegte nie die Habenseite des Dienens und der Menschwerdung Gottes, sondern stets gewann die Vergottung des Menschen die Oberhand und wurde bestimmend und folgeträchtig.

Immer wieder hat dieser Kampf der Gottesbilder in der Menschheits- und Geistesgeschichte stattgefunden. Und immer wieder war es im judäo-christlichen Kulturbereich der Okkultglaube, unter dessen Tarngestalt das andere Gottesbild sich Platz zu verschaffen suchte. Häufig war das erste Opfer das der unvergleichlichen Individualität eines jeden Menschen und seine Kategorisierung in ein paar «Typen». Von da ist es ein leichter Weg, in allen Typen nur die Verdunkelung der Gotteshaftigkeit des «wahren Menschen» oder des «wahren Wesens des Menschen» zu sehen.

Auch «Europas neue Religion» wird hier ansetzen.

Ein bedenklicher Zug zeigt sich in den christlichen Kirchen schon jetzt. Man ist dabei, das positive Erbe der Aufklärung zu verspielen. Versuche, die Astrologie als «Hilfe für die Seelsorge» durch die Hintertür wieder kirchengenehm zu machen, korrespondieren mit anderen Bemühungen, okkulte Denkmodelle per «Seelsorgehilfe» zu heiligen. Der Glaube, daß Gott eine bestimmte Anzahl von Seelentypen zur Hilfe für die etwas Einfältigeren bei seinem Bodenpersonal geschaffen habe, daß man nur einige Sündertypen erkennen muß, um ihnen besser zu helfen, hat im Zeitalter der kybernetischen Zivilisation durchaus seinen Markt.

War die technische Zivilisation vielleicht noch eine Geheimwaffe des Gottes von Zion, so kann die kybernetische leicht die einer neuen Trimurti aus «dem wahren Menschen» (der in jedem Menschen verborgen, aber noch nicht voll entwickelt ist), der «wahren Sicht des Lebens» (die zu dieser Entwicklung verhilft) und einem «echten Leben» werden (das dann der führt, der in sich durch die «wahre Sicht» den «wahren Menschen» «verwirklicht» hat).

Es ist nicht ausgemacht, wie dieser Kampf verlaufen wird. An die Stelle der Kampfhörner und Streitwagen-Phalanxen können leicht Schalmeien und Festumzüge treten.

Feuer und Schwert können Glücksdrogen weichen. Schlachtfelder werden durch Konferenzen ersetzt.

Nichts ist eindeutig für den, der nicht eindeutig ist.

Selbsttäuschung wird großgeschrieben. Mit «heiligem Geist» und «biblischer Wortwörtlichkeit», mit dem Einsatz für die «wahre Zeitgestalt der Botschaft des Christus» oder «an der Seite Jesu für die Unterdrückten der Welt» kann man tatsächlich auf der anderen Seite stehen, zum Glaubensveränderer und Menschenverführer werden. Im Namen der Gleichheit der Geschlechter kann ein neuer Sexismus zum Sieg gelangen. Und im Namen einer Zukunft für die ganze Menschheit kann eben diese Zukunft nachhaltiger geschädigt werden, als dies die Vergewaltigung der Natur in der kybernetischen Zivilisation ohnehin schon tut. Und niemand weiß wirklich, wie das enden wird.

Es sei denn, die jeweils Gläubigen. Deren gibt es jeweils nur eine kleine Schar. Vom Rest wird nur Mitmachen verlangt.

Ende des Spiels.

Anmerkungen

1. Europas neue Religionen

1 Otto Karl Düpow, Macht und Mystik – Gedichte, Roleber b. Bonn 1967, S. 30f.
2 Rashtriya Swayamsevak Sangh, eine nahezu eine Million «Volunteers» umfassende militante Hindu-Organisation, die die «kulturelle Einheit» Indiens auf der Basis eines fundamentalistischen Hinduismus wiederherstellen will.
3 Vgl. Friedrich-W. Haack, Guruismus und Guru-Bewegungen, München 1982, S. 72f.
4 Laut Proutist Universal, sechsseitige deutschsprachige Flugschrift, o.O., o.J., erstellt von PROUT Ulm.
5 Bertelsmann-Lexikon, Gütersloh 1984, Bd. 8, S. 397.
6 a.a.O.

2. Was bedeutet Ethik in unserer Gesellschaft?

1 Bertelsmann-Lexikon, Band 4, Gütersloh 1984.
2 T. Rendtorff in: Taschenlexikon Religion und Theologie, Göttingen 1971, S. 260.
3 L. Ron Hubbard, Fachwortsammlung für Dianetics und Scientology, Kopenhagen 1983.
4 L. Ron Hubbard, Das Handbuch für den Ehrenamtlichen Geistlichen, Kopenhagen 1980.
5 Org Board = Organisations-Bord, auf dem Namen und Aufgaben nachzulesen sind, Comm Basket = Kommunikations-Korb für die Hauspost des Mitarbeiters.
6 Zitiert nach: Wulf Metz, Die Religion des Erhabenen – Eine kurze Einführung in den Buddhismus, Bonn 1989, S. 86f.
7 a.a.O., S. 89.
8 Nach Metz, a.a.O., S. 90.
9 a.a.O., S. 91.
10 Gerd Gerken, Neue Wege für Manager – Die Trends für ein anderes Business, Düsseldorf 1989.
11 Zwischenüberschrift S. 91.
12 Zwischenüberschrift S. 196.
13 Reüssieren = aus dem Französischen: «Erfolg haben».
14 Kapitelüberschrift, S. 201.
15 Überschrift, S. 202.
16 a.a.O., S. 203.
17 So heißt «Roma» (Selbstbezeichnung des früher als «Zigeuner» bezeichneten Volkes) schlicht «Mensch». Der Stammesangehörige ist das Urbild des Menschen, der Nichtstammesangehörige weicht vom Menschsein ab.
18 Anhänger des als «Bhagwan Shree Rajneesh», später «Osho» genannten und verehrten Rajneesh Chandra Mohan (1931–1990).

3. Flucht ins Geheimnisvolle

1 Hilde Schmölzer, Die Hexen kommen, in: Die Presse, Wien, 28.2./1.3.88.
2 Deutsch: Ursprung und Wirklichkeit der Hexen, Weilheim 1965.
3 So besteht der Kultkreis der Gardnerians aus 13 Eingeweihten («sechs Paaren und einem Führer»). Weitere anwesende Eingeweihte müssen sich «außerhalb mit den nicht Eingeweihten» aufhalten und sind lediglich als Beobachter präsent, während bei den Alexandrians Nichteingeweihte nicht teilnehmen, dafür alle Eingeweihten am Kultkreis partizipieren dürfen.
4 Der Witch-Queen von Kensington.

5 Ebermut Rudolph, Die geheimnisvollen Ärzte – Von Gesundbetern und Spruchheilern, Olten 1972.
6 Die letzten drei Abschnitte sind aus der Schrift: Annette Haack / Friedrich-W. Haack, Jugendspiritismus und -satanismus, Begriffe – Informationen – Überlegungen, München 1988 S. 23 übernommen und hier an einigen wenigen Stellen redigiert.
7 Unicorn IX/84.
8 1821–1867.
9 1835–1907, Pseudonym: Enotrio Romano, Nobelpreis für Literatur 1906.
10 Ozzy Osborne, Black Sabbath.
11 Iron Maiden.
12 Witchfinder General.
13 Mötley Crüe.
14 Beide: Venom.
15 Zitiert nach F.-W. Haack, Von Gott und der Welt verlassen – der religiöse Untergrund in unserer Welt, Düsseldorf-Wien 1974, S. 114f.
16 Als Literatur empfehlen sich u. a. die vergriffene Publikation «Von Gott und der Welt verlassen – der religiöse Untergrund in unserer Welt», sowie: F. W. Lehmberg (Hrsg.), Magische Sonderdrucke und Interna der Fraternitas Saturni, München 1980, sowie: F.-W. Haack, Die Fraternitas Saturni (FS) als Beispiel für einen arkan-mystogenen Geheimorden des 20. Jahrhunderts, München 1980[2]. (Beide: ARW, Postf. 107, 8000 München 50).
17 Vgl. F.-W. Haack, Scientology – Magie des 20. Jahrhunderts, München 1982, S. 34ff.
18 Haack, Von Gott und der Welt verlassen, S. 124f.
19 Häufige Begründung bei der Nachfrage nach Adressen, grundsätzlich abgeschlagen.
20 F.-W. Haack, Satan – Teufel – Lucifer, München 1987[6]; John Rockwell, Trommelfeuer – Rocktexte und ihre Wirkungen, Aßlar 1984[2]. Gewarnt wird vor anderen «Enthüllungsschriften» über den «Satanismus im Hard Rock».
21 Insbesondere in: F. S. Banol, Die okkulte Seite des Rock, München 1987 (F. Hirthammer Verlag), einem durch und durch demagogischen Machwerk.
22 Friedrich-W. Haack, Von Gott und der Welt verlassen – der religiöse Untergrund in unserer Welt, Düsseldorf-Wien 1974, S. 125.
23 Martin Luther sagte einmal, man müsse dem Volk aufs Maul schauen. Heute lohnt es sich, daß das Kirchenvolk seinen Führern in gleicher Weise begegnet. Anders ist die notwendige innerkirchliche Komponente der Gabe der Unterscheidung der Geister nämlich nicht auszuüben. Sie wird aber immer dringlicher.
24 Von seinen Anhängern als «Maitreya Buddha und Kalki Avatar der neuen Wassermannszeit» verehrt.
25 V. M. Samael Aun Weor, Die geheime Lehre des Anahuac – Aztekischer Okkultismus, Kopie einer schreibmaschinengefertigten Übersetzung von Alex Kimano, o. O., o. J., S. 7.
26 Weor 8. Dies ist am leichtesten zu verstehen, wenn man weiß, daß Weor auch die Kundalini-Symbolik in sein gnostisches System mit einbezieht.
27 Weor 8/9; die Übersetzung scheint nicht von einem deutschen Übersetzer, sondern nur von einem deutschsprechenden vorgenommen worden zu sein. Gemeint ist bei dem letzten Satz, daß «die Unduldsamen», identisch mit «gewissen Glaubensvereinigungen» (deutlich den christlichen Kirchen), hier den «Geist, welcher belebt» verstoßen haben beziehungsweise angeklagt werden müssen.
28 Weor 10.
29 Some common signs of deviant pagan and satanic practices. «Denver Magazine», Bd. 2, Febr. 1985.
30 Bryant James, «Occult Crimes», Police Marksman, May–June 1987.
31 Some signs of deviant Pagan and Satanic practice, Denver Magazine, Bd. 2, Febr. 1985.
32 a. a. O.
33 Norris, Joel, Patter and Jerry Allen. «The Devil Made Me Do It». Penthouse, Jan. 1986, S. 50.
34 Das gesamte Informationsmaterial samt Bibliographie ist erhältlich bei: CAN NY/NJ Tel. 001–212–777–7137.

4. New Age – neue Religiosität und alte Gnosis

1 München 1987.
2 Schiwy, S. 109.
3 Schiwy, S. 17.
4 Die nach dem aristotelischen Ansatz als Idee vorgegeben unwandelbar alles Folgende bestimmt, das sich aus ihr und ihrzufolge entwickelt.
5 Bern-München-Wien 1984[8], engl.: «The Turning Point», 1982.
6 Bern-München-Wien 1978[2], engl.: «The Tao of Physics», 1975.
7 Reigen, S. 286.
8 Reigen, S. 287, Wendezeit, S. 98 u. 99.
9 Reigen, S. 287.
10 Wendezeit, S. 98.
11 Wendezeit, S. 102.
12 Wendezeit, S. 315.
13 Wendezeit, S. 314.
14 Neuhausen-Stuttgart 1987[3].
15 Gehirnwäsche, S. 100.
16 a. a. O.
17 Aßlar 1987, 1987[4].
18 Benjamine Creme's Share-Movement um den angeblichen «Maitreya-Christus».
19 So soll die «Forschungs- und Lehrgemeinschaft Ahnenerbe» «Teil der offiziellen Regierung» gewesen sein, a. a. O. S. 127; Hitler sei in einer Klosterschule «mit den komplexen Geheimnissen des Okkultismus in Berührung» gekommen, a. a. O. S. 114. Hitler sei Spiritist gewesen, a. a. O. S. 288f. Das alles ist purer Unsinn.
20 Cumbey, S. 65.
21 Kurzbezeichnung für «*A*ußer*p*arlamentarische *O*pposition».
22 George Trevelyan, «Eine Vision des Wassermann-Zeitalters – Gesetze und Hintergründe des ›New Age‹», München 1984.
23 Rajneesh Newsletter, Deutsche Ausgabe 8, S. 11/12, (1980).
24 Karuna Rajneesh Sannyas Ashram, Programm, Neusäß o. J., Abschnitt «Die Aufgabe».

5. Geistheilung

1 Freiburg/Brsg., 1986.
2 Dieser Veröffentlichung wird von den Kahuneros wohl in Zukunft die Schuld für die erwiesene Wirkungslosigkeit des Wunderrituals zugeschrieben werden.
3 Der Herausgeber der deutschsprachigen White-Eagle-Literatur, Walter Ohr, CH-8125 Zollikerberg im Jahre 1985.
4 Es handelt sich dabei um den Autor dieser Schrift, dem Frau Bertschinger diese Vorwürfe schriftlich unterbreitete. Sie sind aufgrund der psychischen Sonderlage der Schreiben rechtlich auch in der Weise irrelevant, daß dagegen vorzugehen sich von selbst verbietet.
5 So eine Reiki-Werbung, Nürnberg 1986.

6. Das Geschäft mit dem Jenseits

1 Michael Hesemann. UFOs: Die Kontakte – Das Buch zum Film, München 1990; ders.: UFOs: Die Beweise – Eine Dokumentation, München 1989; u. a. m.
2 Jemand, der angeblich Kontakte mit Raumschiffwesen hatte.

7. Kunstreligionen, Heilslehren und Propheten

1 F.-W. Haack, Guruismus und Gurubewegungen, München 1982.
2 F.-W. Haack, Wotans Wiederkehr – Blut-, Boden- und Rassereligion, München 1981.
3 Roswitha Sieper, Psychokulte – Erfahrungsberichte Betroffener, München 1986.
4 F.-W. Haack, Das Heimholungswerk der Gabriele Wittek und die Neuoffenbarungsbewegungen, München 1982.

5 A. Haack/F.-W. Haack, Jugendspiritismus und -satanismus, Begriffe, Informationen, Überlegungen; München 1989².

6 H.-J. Ruppert, New Age Endzeit oder Wendezeit?, Wiesbaden 1985.

7 F.-W. Haack, die «neuen jugendreligionen», München 1974.

8 Eberhard Fuchs, Jugendsekten, München 1979; Rüdiger Hauth, Die nach der Seele greifen – Psychokult und Jugendsekten, Gütersloh 1979 u. a.

9 So vor allem seitens der «Aktion für geistige und psychische Freiheit – Dachverband der Elterninitiativen» (Bonn) und der Kritiker, die insbesondere die zerstörerischen Qualitäten dieser Bewegungen hervorheben wollten.

10 Diese «Elterninitiative», bei der dieser Begriff auch erstmalig zur Anwendung kam, wurde im September 1975 als erste deutsche Elterninitiative nach dem Vorbild der französischen «Association de Défense des Familles et de l'Individu – ADFI» in München gegründet, als der Sektenbeauftragte der katholischen Erzdiözese und der evangelisch-lutherischen Landeskirche zusammen mit Eltern, die sie in Sachen Jugendreligionen beraten hatten, den Verein gründeten. In der Folge entstanden, meist von Mitgliedern dieser Elterninitiative gegründet, eine Reihe weiterer Elterninitiativen.

11 Friedrich-Wilhelm Haack, Jugendreligionen, Gurubewegungen, Psychokulte und ihre Tarn- und Unterorganisationen – Hinweise zu Begriffen und Gruppen, München 1985.

12 a. a. O., S. 25 f.

13 Die 1. Auflage von F.-W. Haack, die «neuen jugendreligionen», München 1974, nennt: 1) die «Internationale Gesellschaft für KRSNA-Bewußtsein (ISKCON)», 2) die «Gesellschaft zur Vereinigung des Weltchristentums», 3) die «Scientology Sea-Org», 4) die «Divine Light Mission» und 5) die «Kinder Gottes».

14 In der 17. Auflage der genannten Schrift, Dezember 1978, haben sich die Namen von dreien der fünf Gruppen geändert: Aus der «Gesellschaft zur Vereinigung des Weltchristentums» wurde die «Vereinigungskirche», aus der «Divine Light Mission» die «Divine United Organizations» und aus den «Kindern Gottes» die «Familie der Liebe». Auch diese Namen wurden später teilweise wieder geändert.

15 Friedrich-W. Haack, Jugendreligionen – Ursachen, Trends, Reaktionen, München 1979, 2. Aufl. 1980, 435 S.

16 Reimar Lenz, «Jugendreligionen»: Notwehr oder Hexenjagd, in: esotera – Die Wunderwelt an den Grenzen unseres Wissens, Teil I: Nr. 11, November 1978, S. 996–1005; Teil II: Nr. 12, Dezember 1978, S. 1123–1128, S. 996 f.

17 a. a. O., S. 997.

18 Landesregierung Rheinland-Pfalz, Ministerium für Soziales, Gesundheit und Sport, Jugendliche in destruktiven religiösen Gruppen – Bericht der Landesregierung Rheinland-Pfalz über die sogenannten neuen Jugendreligionen, o. O., o. J., 51 S. plus 10 S. Anhang, DIN-A4-Format.

19 Der Bundesminister für Jugend, Familie und Gesundheit, Jugendreligionen in der Bundesrepublik Deutschland – Bericht der Bundesregierung an den Petitionsausschuß des Deutschen Bundestages, Bonn 1980, 2. Aufl. Bonn, Juni 1983.

20 Es handelt sich um die gleichen Gruppen und Organisationen wie in «Jugendreligionen – Ursache, Trends, Reaktionen».

21 Nordrhein-Westfalen, Sogenannte Jugendreligionen in Nordrhein-Westfalen – Sachstandsbericht des Ministers für Arbeit, Gesundheit und Soziales des Landes Nordrhein-Westfalen, Düsseldorf 1979; Der Minister für Arbeit, Gesundheit u. Soziales des Landes NRW, Jugendreligionen – 2. Sachstandsbericht der Landesregierung, Düsseldorf, September 1983.

22 Der Senator für Schulwesen, Jugend und Sport, «Jugendsekten» und Psychokulte, Berlin, November 1983, 11 S. Verhandelt werden: Scientology, Munbewegung/Vereinigungskirche, Ananda Marga, Krishna, Transzendentale Meditation, Bhagwan Shree Rajneesh Movement, Divine Light Mission, Kinder Gottes / Familie der Liebe, Aktionsanalytische Organisation (AAO) sowie «pseudotherapeutische Psychogruppen», bei denen neben der Rajneesh-Bewegung genannt werden: Rebirthing, Bioenergetik, Centering, Hypnotherapie u. a. sowie das «I-Care-Ranette»-Programm.

23 Elterninitiative zur Hilfe gegen seelische Abhängigkeit und religiösen Extremismus e. V., Jugendreligiöse Institutionen und deren Co-Organisationen, Guruistische Bewegungen und Psychokulte, München 1985, 88 S.

24 Friedrich-Wilhelm Haack/Elterninitiative zur Hilfe gegen seelische Abhängigkeit und religiösen Extremismus e. V., Jugendreligionen, Gurubewegungen, Psychokulte und ihre Tarn- und Unterorganisationen – Hinweise zu Begriffen und Gruppen, München 1985, 54 S.

25 Elterninitiative zur Hilfe gegen seelische Abhängigkeit und religiösen Extremismus e. V./Fried-

rich-W. Haack, Jugendreligiöse Institutionen und deren Co-Organisationen, Guruistische Bewegungen und Psychokulte – Eine Findungshilfe, München, Mai 1986, 2. erweiterte und auf den neuesten Stand gebrachte Auflage, 150 S.; diese Auflage ist eine Kombination der beiden zuvor genannten Informationsschriften, die aber um Erhebliches erweitert wurde. Im Unterschied zur Erstauflage wurde jeder Gruppierung der in den «Hinweisen» enthaltene erklärende Text beigegeben. Neue Gruppierungen, insbesondere aus dem Bereich der Psychokulte, wurden mit erklärenden Hinweisen aufgenommen.

26 Friedrich-Wilhelm Haack/Elterninitiative zur Hilfe gegen seelische Abhängigkeit und religiösen Extremismus e. V., die neuen jugendreligionen – Psychomutation, Erzwungene Persönlichkeitsverwandlung – Lichtbild-Information, München o. J. (1986), 24 S. mit acht Dias.

27 Inzwischen ist an die Stelle der Findungshilfe eine auf den gesamtreligiösen Bereich erweiterte «Findungshilfe Religion 2000 – Apologetisches Lexikon» getreten, die 1990 im Verlag der «Arbeitsgemeinschaft für Religions- und Weltanschauungsfragen», Postf. 107, D-8000 München 50 erschien.

28 Findungshilfe, 2. Auflage, S. 3.

29 München 1990, zu beziehen bei ARW, Postf. 107, D-8000 München 50 (DM 36,–).

30 a. a. O.

31 Entnommen einer Information der «Vereinigungskirche»: «Europa-Parlament verabschiedet Entschließung über neue religiöse Bewegungen – Stellungnahme der Vereinigungskirche», Frankfurt, o. J., Anhang.

32 F.-W. Haack, Unification Church Connections, München 1989.

33 F.-W. Haack, die neuen jugendreligionen – teil 3 – analysen und informationen, München 1985.

34 Kai Hermann, Barbie organisiert den Staatsstreich – Eine Killer-Karriere (5), in: Der Stern Nr. 24/1984, S. 94.

35 Jean-François Boyer, L'Empire Moon, Paris 1986.

36 Gesellschaft zur Vereinigung des Weltchristentums, San Myung Mun, Frankfurt o. J., S. 3.

37 a. a. O.

38 Als Kläger treten auf:
1. IMS Internationale Meditationsgesellschaft Deutscher Verband e. V., Am Berg 2, 4516 Bissendorf 2, vertreten durch den 1. Vors. Dipl.-Ing. Hans Peter Ritterstaedt;
2. Vereinigung deutscher Ärzte zur Förderung der Gesundheit durch Transzendentale Meditation e. V., vertreten durch die Vors. Dr. Dieter Kroener und Dr. Ulrich Messner, Am Berg 2, 4516 Bissendorf 2;
3. Dipl.-Ing. Hans Peter Ritterstaedt, Johberg 68B, 4711 Walhorn, Belgien;
4. Dr. rer. nat. Heinrich Röder, Parkstr. 24, 5231 Weyerbusch;
5. Dr.-Ing. Lothar Uhlenbusch, Viersbacherstr. 20, 5231 Hirz-Maulbach;
6. Dr. med. Dietrich Wachsmuth, Neue Str. 16, 4516 Bissendorf 2;
7. Dipl.-Psych. Charlotte Röder, Adr.: wie Nr. 4;
8. Vors. Richter Dr. jur. Claus Godbersen, Stampfershof 7, 2407 Bad Schwartau;
9. Richter am LG Dorothee Osterhagen-Zalles, F., Wilhelm-Levison-Str. 3, 5300 Bonn 1;
10. Prof. Dr. rer. nat. Gerd Unruh, Bergstr. 27, 7809 Simonswald-Ober;
11. St.-Dir. a. D. Dieter Junk, Libanonstr. 4, 7000 Stuttgart;
12. Elektromstr. H.-J. Wohlers, Südenderstr. 48, 2902 Rastede.

39 Aktenzeichen: 5 A 1125/84; 10 K 2269/80 VG Köln.

40 a. a. O., S. 31.

41 a. a. O., S. 36.

42 a. a. O., S. 39.

43 a. a. O., S. 20: «Der Kläger zu 1. ist eine Weltanschauungsgemeinschaft – der Kläger zu 2. eine Unterorganisation mit speziellem – ärztlichem – Auftrag zur Verbesserung der Persönlichkeitsentwickung und der Volksgesundheit.» Es wird auf die Quellen «der Veden und der Bhagavad-Gita» und die Yoga-Sutras des Patanjali hingewiesen.

44 IMS-Pressesprecher Malte Hozzel, Bissendorf, o. J.

45 So der Arbeitskreis für Sekten- und Weltanschauungsfragen der hessischen Kirche u. a.

46 Siehe Neue Westfälische v. 11. 7. 86 «Anja (15) starb für den Teufel» über den satanistischen Mord an einer 15jährigen in Lüdinghausen/Westf.; WAZ 10. 6. 86: «Zwei Mädchen sollten dem Satan auf dem Friedhof geopfert werden» über den in letzter Minute von der Polizei verhinderten satanistischen «Opfertod» in Dortmund u. a. m.

47 Das Esalen-Institut, Big Sur/Kalifornien, 1962 von Michael Murphy und Richard Price als Experimentierfeld für Psychologen gegründet, wurde zum Mekka der Human-Growth-Bewegung und der sogenannten Humanistischen Psychologie. «Unter seinem Dach laufen parallel mindestens

ein halbes Dutzend Kurse: Gestalttherapie, transpersonale Psychologie, Meditation, Hatha Yoga, Atemtraining, Tanz, Selbsthypnose, Ganzheitsmedizin, Massagekurse...» (Cosmopolitan, 4/1984, 249).

48 Francis FitzGerald, A Reporter at Large, in: The New Yorker, Sept. 22, 1986, 71.

49 Brief v. 23. Februar 1978 an Krishna Prem, Director of Publicity. Er beginnt mit den Worten: «As you probably know, I have rejected ‹sannyas› in protest of the systematic senseless violence that characterizes some of your ‹therapies›. So have Chris, Janet, and Fred.» Und er endet mit dem Hinweis: «If you change your policy or violence, if you decide whether you are running a growth center or a concentration camp, please let me know. Until then I will do my best to make it clear that the ashram ‹therapies› and Esalen are two *very* different things.» (Unterstreichung im Original).

50 The New Yorker, a. a. O., S. 52.

51 Sannyas 13, Purvodaya, Margarethenried, 1980, 68.

52 The New Yorker, a. a. O., S. 110.

53 The New Yorker, a. a. O., S. 120.

54 Später legte er diesen Titel ab und nannte sich «Osho», wodurch er seine Lichtmenschenqualität unterstreichen wollte.

55 San Myung Mun, The Age of Judgement and Ourselves, New York, Nov. 21, 1978, 8.

56 Verfügung Nr. Ord E 126-09630 35 410 Berlin.

57 Brief v. September 1985.

58 Mose David, Revolution für Jesus, London-Essen-Dallas/Texas, 1973, 48. Das Original enthält eine Reihe von hier nicht wiedergegebenen (und auch von David Berg mißbrauchten) Bibelstellen-Verweisen.

59 Dharma-Verlag, Sadvipra – Ananda Marga Zeitung für den deutschsprachigen Raum, 2/1986, 8.

60 Am 8. 2. 1978 vor der Gedächtniskirche in Berlin.

61 Der Begriff Kirche ist nicht geschützt und kann daher auch von Organisationen benützt werden, die mit Kirche im herkömmlich-christlichen Sinne gar nichts zu tun haben, ja nach ihrer Struktur und ihren Verhaltensweisen dem sogar entgegenstehen.

62 Ruth Minshull, Auf und Ab, Wiesbaden 1977, S. 29.

63 a. a. O., S. 38.

64 a. a. O., S. 27.

65 Handbuch für den Ehrenamtlichen Geistlichen, S. 298.

66 L. Ron Hubbard in: The Auditor Eu/Af 127, Dez. 1976.

67 L. Ron Hubbard, HCO Policy Letter «Condition Orders Executive Ethic», January 5, 1968.

68 AOSH EU&AF-Flugblatt 1981, zitiert nach: F.-W. Haack, Scientology – Magie des 20. Jahrhunderts, München 1982, S. 195.

69 L. Ron Hubbard, Flag-Order 232.

70 Roswitha Sieper (Hrsg.), Psychokulte – Erfahrungsberichte Betroffener, München 1986, S. 65.

71 F.-W. Haack, die neuen jugendreligionen, München 1983, 22. Aufl., S. 55.

72 F.-W. Haack, Ratschläge – Jugendreligionen, -bewegungen und Sekten – Was können Betroffene und Verantwortliche tun? München 1983, 5. Aufl., S. 65 f.

73 Der folgende Abschnitt ist übernommen aus: F.-W. Haack, Jugendreligionen, Gurubewegungen, Psychokulte und ihre Tarn- und Unterorganisationen – Hinweise zu Begriffen und Gruppen, München 1985, S. 31–33.

74 F.-W. Haack, Psychomutation – Erzwungene Persönlichkeitsverwandlung – Jugendreligionen, Ideologien, Sekten – Identitätsaustausch durch Lehre und Organisation, Folien f. d. Tageslichtprojektion, EPV München, 1978.

75 Die «Aktion Bildungsinformation (ABI)» Stuttgart ließ der Scientology-Kirche die öffentliche Straßenwerbung wegen Verstoßes gegen das UWG untersagen. «Die ABI hat gegen die beiden Scientologen-Vereine in Stuttgart und München insgesamt 7 Prozesse mit einem Streitwert von zusammen 310 000 DM geführt. Die Kosten für sämtliche Prozesse wurden den Scientology-Vereinen auferlegt.» (ABI-INFO 59 v. 20. 12. 76) Im einzelnen werden aufgeführt:
LG Stuttgart 17 O 337/75 und OLG Stuttgart 4 U 132/75,
LG Stuttgart 17 O 271/75 und OLG Stuttgart 2 U 171/75,
LG Stuttgart 17 O 285/75; 17 O 304/75; 17 O 302/75;
17 O 321/75; 17 O 385/75;
Dabei ging es um die Verwendung eines Berichts des Bundeskriminalamtes, um Äußerungen der ABI und um die besagte Straßenwerbung.

76 Center des Zeitalters der Erleuchtung, Einladung zur ersten deutschen Ayurvedakonferenz, Bonn, 24. 5. 1985.

77 SOCO c/o Ziel e. V., Bergstr. 11, 8000 München 90, Neuigkeiten – Einige Gewinne und Neuigkeiten bei der Anwendung der Methoden von L. Ron Hubbard in der Gesellschaft, München, o. J.
78 Amsterdam, 7.–13. 9. 1986.
79 «In the realm of action, however, claims of religious liberty should not normally provide a defense for the violation of criminal law, such as the perpetration of violence upon others, but exceptions to civil law on the basis of religious commitment should be permitted by governments, even if modifications of law may be necessary, unless such actions can be shown to be harmful to others.» (WCC/LWF Consultation on New Religious Movements, Amsterdam, 7.–13. Sept. 1986, Summary Statement and Recommendations, S. 4).
80 Haack, Jugendreligionen – Ursachen, Trends, Reaktionen, S. 48.

8. Midgards reines Reich – Traumland deutsch-völkisches Glaubens

1 Otto Karl Düpow, Macht und Mystik, 1967.

9. Religion und Politik

1 Martin Luther, Von weltlicher Obrigkeit, WA 11.
2 Martin Heckel, Staat und Kirche nach den Lehren der evangelischen Juristen Deutschlands in der ersten Hälfte des 17. Jahrhunderts, Jus Ecclesiasticum Band 6, München 1968, 22.
3 Confessio Augustana v. 1530, Artikel XVI.
4 König.
5 Z. B. New York Times, Aug. 21, 1983; Der Spiegel 35/83.
6 So auch der «Nationale Leiter» für Deutschland, Hanspeter Ritterstaedt, in einem Schreiben an die Gouverneure, Sidhas und Centerleiter der TM, Bad Urach, 12. 9. 1983.
7 Stuttgarter Nachrichten vom 24. 11. 1979.
8 Maharishi Mahesh Yogi laut «The Western TM Reporter», Sommer 1974, S. 12.
9 Maharishi Mahesh Yogi in: «Inauguration of the Dawn of the Age of Enlightenment», MIU-Press, 1975, S. 47.
10 Rev. San Myung Moon Speaks, True Parents' Mission, Belvedere, April 20, 1980, S. 3.
11 R. Hauth, Vereinigungskirche ‹Tong-Il Kyo› im Angriff, München 1981, 6. Aufl., bringt auf S. 12 die Transkription: SEGE KIDOK-KYO TONG-IL SHIN RYONG HYOP-WHE.
12 Hauth, S. 13.
13 HSA-UWC, The Way of Tradition, New York N. Y. 1979.
14 «With the deepest heart of thanksgiving, let us wholeheartedly receive this collection of Father's words as the pillar of our life of faith. By following these words, let us establish the eternal tradition of shedding sweat and tears for mankind with the heart of appreciation to God and to our True Parents. Let us truly create the Way of Tradition.»
15 The Way of Tradition, S. 1. Tatsächlich läßt sich in den Unterlagen zu Muns Lebenslauf nichts finden, das diese These bestätigen würde (mit Ausnahme seiner eigenen, teilweise recht überzogen klingenden Selbstschilderungen).
16 «On the MFT you can meet God. When you go out to the streets with a sincere and earnest heart the God will spell to you», a. a. O., S. 2.
17 «What you are suffering in a miserable way today, shall be shining out like the sun in the future history of America and the world. The more you suffer today the more shining you will be in the future.», a. a. O., S. 50.
18 Gesellschaft zur Vereinigung des Weltchristentums (Hrsg.), Die Göttlichen Prinzipien, Essen 1972, S. 18.
19 «a) [...] Government authorities are in the position to support our movement; security, police, etc. for national interest. We already laid the foundation for this, Government and Church goals should run parallel. b) Training of Government members. VOC-lectures of Government employees. Especially in Germany we want that connection. c) Training of city and state Officials. Also armed forces to be educated. Military strength is the backbone of nations security.»
20 David G. Racer Jr., Not For Sale – The Rev. Sun Myung Moon and One American's Freedom, St. Paul, MN, 1989, S. 75.
21 a. a. O., S. 58.
22 a. a. O., S. 73.

23 a. a. O., S. 74.
24 Ernst Spari, Isoldestr. 3, W-1000 Berlin 41.
25 Der Stern, 24/1984, S. 89 ff.
26 «America is not the goal; the world is the goal (...) Our goal is Moscow, the symbol of communism. Even just the name ‹Moscow› sounds formidable, doesn't it? (...) If the communists come to destroy the Unification Church with guns we will have to fight with guns too. (...) Nothing can stop this movement.»
27 San Myung Moon, To the Mobile Fundraising Team, 2. 1. 1980.
28 «The democratic world has no direction and we must guide it.»
29 Das Großkreuz des Commanders mit Gold-Plakette erhielt Politbüro- und Präsidialratsmitglied Juri Jakolev, Commander des Ordens wurden Präsidialratsmitglied und Vizepräsident der sowjetischen Akademie der Wissenschaften Juri Andrejewitsch Osipyan und der Sekretär des ZK der KPdSU und Prawda-Herausgeber Iwan Frolow.
30 Antonio Betancourt, Report on Moscow Rally. Bei Betancourt handelt es sich um einen Mun-Funktionär, Vizepräsident des The Summit Council for World Peace und der Association for the Unity of Latin America (AULA).
31 Muns Söhne.
32 «To culminate all the historical events, the coup de grace occured on April 13, Good Friday, with the ‹March into Red Square›. Rev. & Mrs. Moon, Hye Jin Nim, Hyo Jin Nim and his wife, Hyun Jin Nim and his wife, along with Dr. and Mrs. Bo Hi Pak, Rev. Chung Hwan Kwak and Peter Kim. (...)

Finally, the entourage crossed the bridge and entered the Kremlin. There were many Red Army soldiers watching. No one is permitted to enter without permission. There was an electric atmosphere permeating the environment. Rev. Moon knew exactly what to do. Off to one side, in a very out-of-the-way corner stands an ancient church. The group quietly entered the ornate Russian Orthodox Church of the Ascension, and precisely 3:55 p.m., everyone gathered around Rev. Moon. He prayed, thanked God for His guidance and love in the fulfillment of providential history. He acknowledged God's work in the previous events that built up toward this moment of East and west, Jacob and Esau reconciliation; the presence of 500 Journalists and more than 41 former heads of state representing all of humanity. He gave special thanks for the historic encounter and embrace with President and Mrs. Mikhail Gorbachev and sealed the Moscow event. **It was the liberation of God, and the fulfillment of the prophesized Moscow Rally!**»
33 Wiesbadener Kurier, 8. 4. 88.
34 Siehe Bonner Rundschau, 22. 5. 84.
35 Gläubige.
36 Wie es ist, Sept./Okt. 1984, 35.
37 Varnasrama – Manifest der sozialen Vernunft, New York – Los Angeles – London – Vaduz – Bombay 1981.
38 V. T. R. Sheddy, Brahmanism, Bangalore 1981, S. 16.
39 Varnasrama, S. 81.
40 Varnasrama, S. 82 f.
41 Varnasrama, S. 73.
42 Varnasrama, S. 83.
43 Varnasrama, S. 181 f.
44 Varnasrama, S. 217.
45 Varnasrama, S. 227.
46 HCO PL vom 2. Febr. 1965, wieder herausgegeben am 15. Juni 1970, wieder herausgegeben am 28. 1. 1973: Die Funktionsfähigkeit der Scientology erhalten, S. 3 f.
47 Proutist Univeral, 6seitige Schrift, verteilt in Ulm 1978.
48 Prema – Berlin Regional Newsletter, No. 8, Okt. 1978, S. 11.
49 F.-W. Haack, Findungshilfe 2000 – Apologetisches Lexikon, München 1990.
50 Inzwischen ist die Liste umfänglicher geworden.
51 Urteil des Landgerichts München, Nr. 21 O 47982/82 S. 9.
52 Als eigentlicher Gründungstermin wird der 4. Mai 1969 angegeben. An diesem Tag hielt der Gründer eine Rede, die in der Bewegung als Gegenstück zur Bergpredigt gefeiert wird.
53 AG Sekten beim Allgemeinen Studentenausschuß der FU Berlin (Hrsg.), Führerkult als Parteiprogramm – «Grüne Zukunft» und «Humanistische Partei»; Lockvögel des siloistischen Okkultismus, Berlin 1990, S. 5.
54 a. a. O., S. 6

55 a. a. O.
56 a. a. O.
57 Schönberger Stichel, Nr. 44, Juli/August 1988, abgedruckt in «Führerkult als Parteiprogramm», S. 13.
58 a. a. O., S. 27.
59 Abgedruckt in «Führerkult als Parteiprogramm», S. 28f.
60 Humanistische Partei, Informationen zur Humanistischen Partei, Berlin-West, Mai 1988. Zitiert: a. a. O.
61 «La Secta Orange» in: Rouge et Noir, Paris, Jan./Feb. 1987, Hinweis in «Führerkult als Parteiprogramm», S. 29.
62 Vgl. F.-W. Haack, Wotans Wiederkehr, München 1981.

10. «Frieden» – ein besonderes Thema

1 Dem folgenden Abschnitt liegt zum Teil ein Referat für ein Universitätssymposion im März 1990 in Graz zugrunde mit dem Titel: «Friedensfördernde und friedenshemmende Faktoren in den heutigen Sekten und Jugendreligionen».
2 Erschienen im Verlag der Arbeitsgemeinschaft für Religions- und Weltanschauungsfragen, München 1990.
3 München o. J. (Vorwort 1984).
4 a. a. O., S. 2.
5 «Gott ist das, was existiert. [. . .] Wir selbst. Wir selber und alles um uns herum, sind Gott.» a. a. O., S. 5.
6 a. a. O., S. 9.
7 a. a. O., S. 14.
8 a. a. O., S. 24.
9 a. a. O., S. 25.
10 a. a. O., S. 40ff.
11 L. Ron Hubbard, Das Handbuch für den Ehrenamtlichen Geistlichen, Kopenhagen 1980, S. 355.
12 a. a. O., S. 356.
13 L. Ron Hubbard, Die Kritiker der Scientology, in: Freiheit – unabhängige Zeitung für Menschenrechte, herausgegeben v. d. Scientology Kirche Deutschland, Nr. 14, 7. Jg., München 1979, S. 4.
14 Handbuch, S. 298.
15 Handbuch, a. a. O.
16 Ruth Minshull, Auf und Ab, Wiesbaden 1977, S. 34 und S. 40.
17 Vgl. Friedrich-W. Haack, Unification Church Connection, München 1989.
18 San Myung Mun Speaks, Nov. 21, 1971, S. 8.
19 Bija-Ananda Purnima Special Edition, Ananda Marga Berlin, Mai 1975, S. 16.
20 Shrii Shrii Anandamurti, Die Anandavaniis 1956–1976, Mainz 1976.
21 Proutist Universal, sechsseitige Flugschrift, o. O., o. J., verteilt in Ulm 1976.
22 a. a. O.
23 Bericht einer ehemaligen Zeugin Jehovas, München, 1990.
24 Julius Fischer, Wahrheitskunde, Berlin (1920), S. 308, zitiert nach: Helmut Obst, Apostel und Propheten der Neuzeit, Berlin 1981^{2}, S. 112.
25 Julius Fischer, a. a. O., S. 328f., zitiert nach Obst, S. 119.
26 1951, S. 52.
27 Kurt Hutten, Seher, Grübler, Enthusiasten – Das Buch der traditionellen Sekten und religiösen Sonderbewegungen, Stuttgart 1982^{12}, S. 168.
28 Back to Godhead, Bd. 17, Nr. 9, Sept. 1982, S. 6–9.
29 So 1987 in Bonn und Berlin.
30 Harikesa Swami Visnupada, Varnasrama-Manifest der sozialen Vernunft, New York – Los Angeles – London – Vaduz – Bombay 1981, S. 160.
31 a. a. O., S. 163.
32 a. a. O., S. 180.
33 a. a. O., S. 181.
34 Süddeutsche Zeitung, Nr. 129 vom 8. 6. 1989.
35 Flugschrift «Der Kegel des Friedens – The Cone of Peace», o. O., o. J.
36 Flugblatt der Brahma Kumaris World Spiritual University.
37 BKWSU-Konzept für Deutschland, 1986.

38 San Francisco/Kalifornien.

39 Friedrich-W. Haack, Findungshilfe Religion 2000 – Apologetisches Lexikon, München 1990, S. 31 ff.

40 Vortragsreihe 1989.

41 Auszug aus Friedrich-W. Haack, «Unification Church Connections», München 1989:
Professors World Peace Academy (PWPA), GPO Box 1311, New York, N.Y. 10116; «initially formed in Seoul, Korea on May 6, 1973, was founded in Tokyo on September 28, 1974, with the attendance of 134 Japanese professors and scholars» (ICF-Leaflet). In the resolution of the 1st International Congress of PWPA (Dec 18, 1983, Seoul/Korea) the professors signed that:
«We applaud the bold, daring, and innovate mission of the Rev. Sun Myung Moon to inspire men and women in every part of the globe to meet the crisis. His teachings, known as Unification Thought, offering a powerful new vision of a God-centered world, are already motivating conscientious men and women in all lands to devote their lives to the quest for world peace and a redeemed humanity. We are grateful to him for what he has already done and for his continuing efforts on behalf all humanity.
On this auspicious occasion, we proclaim our resolve to work with the Rev. Moon towards the establishment of a God-centered world of universal fellowship and harmony in which the terrible wounds of the past arising from differences of history, culture, nationality and race will be bound up and healed. Towards this noble end, we the representatives of the PWPA's of the countries attending this First International Congress hereby affirm the following ideals:
1. The universal reign under God of justice and good will.
2. The brotherhood of all humanity under God.
3. A world united under God in peace.
4. A new, religiously-inspired humanity.
5. A new God-centered world civilization founded upon love and heart.
We solemnly proclaim before God and all of humanity that we will strive towards the achievement of theses ideals.
Professors World Peace Adademy in Europe (PWPA – E)-Satzung: Salzburg, den 1. Mai 1981. Sitz: Düsseldorf. «Zweck: (1) Zweck der Akademie ist es, die Wissenschaft zu fördern, insbesondere – das interdisziplinäre Studium der zeitgenössischen Welt – die internationale wissenschaftliche Verständigung – die akademische Zusammenarbeit zwischen den Ländern. Der Satzungszweck wird verwirklicht, insbesondere durch – die Organisation internationaler Wissenschaftler-Konferenzen und interdisziplinärer Forschungsprojekte im europäischen Rahmen – die Publikation der Forschungsergebnisse der Akademie und die Zusammenarbeit mit anderen Einrichtungen des intellektuellen, politischen und ökonomischen Lebens in Europa.»

42 Organ der PWPA, vierteljährlich seit 1984.

11. «Du mußt ein Baby sein, um in den Himmel zu kommen»

1 Shree Gurudev Ashram, Sri Guru Gita – Transliteration and English Translation, Ganeeshpuri, 1976³, S. 34f.

2 Swami Sivananda, Guru-Tattwa, Sivanandanagar (Rishikesh), 1976³, S. 60ff.

3 a.a.O., S. 4.

4 Yogiraj Satgurudev Shri Hans Ji Maharaj, The Draft Translation of Hans Yoga Prakash, o.O., o.J., vervielfältigtes Schreibmaschinenmanuskript; zitiert nach: F.-W. Haack, Guruismus und Gurubewegungen, München 1982, S. 23.

5 Die englischsprachige Bezeichnung in deutschsprachiger Großschreibweise wird in dieser Arbeit deswegen benutzt, weil 1. das hier beschriebene Phänomen aus dem angelsächsischen Kulturkreis kommt und weil 2. der deutsche Begriff «Hirte» ein durch seine Verwendung andersartig geprägter Begriff ist (vgl. «Hirtenamt»!).

6 F.-W. Haack, Guruismus und Gurubewegungen, München 1982, S. 21 ff.

7 Wie es beim Diksha-Guru der Fall ist.

8 Als Elterninitiativen werden die Gruppierungen bezeichnet, die meistens von Eltern der Angehörigen von Kulten, Sekten, Jugendreligionen, Gurubewegungen usw. begründet wurden und die als «kritische Begleiter» versuchen, die Bäume der Gurus und Messiasse nicht in den Himmel wachsen zu lassen.

9 The Advisor, Bd. 5, Nr. 3. Artikel «MCM in Action at Kansas State University».

10 US-Magazin «Nutshell», Herbst 1983: «Hard Sell Religion».

11 Übernommen aus: Friedrich-W. Haack, Persönlicher Informationsbrief IV/85: «Evangeliumszentrum Maranatha e.V., München».

12. Mose David und die Kinder Gottes

1 David Berg, alias «MO», alias «Vater David»; CoG = Children of God, Family of Love – Familie der Liebe, Missionare für die Welt, Johannes do it Community usw. Die als Jugendreligion klassifizierte Bewegung verbirgt sich wegen der gegen sie gerichteten Kritik hinter immer neuen Namen beziehungsweise ständig wechselnden Bezeichnungen, die zum Teil ad hoc angenommen und danach wieder aufgegeben werden.

2 Children of God Publications, London-Essen-Dallas/Texas, o. J.

3 Geboren 1919, Sohn eines Predigers und einer «Prophetin», die später als «Grandma Virginia» in der Sekte ihres Sohnes durch ihre «Offenbarungen» eine nicht unerhebliche Rolle spielte.

4 Das gleiche Heft, jedoch o. O., o. J. und ohne Herausgeberhinweis existiert mit der Überschrift «Revolution für Jesus! Wie man's tut! Grundlegende Unterweisungen von der Familie Jesus», als Nachdruck durch eine in Altdorf bei Nürnberg von den «Kindern-Gottes» beeinflußten Gruppe, die auch andere MO-Briefe nachdrucken ließ. Verändert wurde in der Schrift die letzte Seite, die man mit Bibelzitaten (anstelle Nachrichten aus der Kinder Gottes-Ausgabe) anfüllte. Es darf angenommen werden, daß eine derartige Ideenverbreitung durch Übernahme auch andernorts stattgefunden hat.

5 Rüdiger Hauth, Die Kinder Gottes oder «Familie der Liebe», München 1979^5, S. 16. Hauth zitiert an dieser Stelle den MO-Brief mit der Klassifikation «LTO 336-A» vom 25. 6. 1975.

6 Faith Dietrich, geb. Berg, war in jungen Jahren kurzfristig mit einem Deutschen verheiratet. Sie ist auch 1988 noch als «Reisender Aufseher» der Sekte tätig, als der Autor sie in Coloane/Macau persönlich trifft.

7 Revolution, S. 46 ff.

8 Revolution, S. 46, Abschnitt «Gottes Familie».

9 Revolution, S. 46 f.

10 Revolution, S. 47.

11 Diese Hervorhebung durch Fettdruck findet sich nicht im Original.

12 Diese Bibelstelle wird durch Bergs «Auslegung» völlig verfälscht, da der Text auf das Sterben und nicht auf die Erfolgsmeldungen der «Lehrer, die euch das Wort Gottes gesagt haben, bezogen ist».

13 Revolution, S. 48.

14 Es empfiehlt sich überhaupt, die Bibelstellen und ihren Kontext mit dem zu vergleichen, wofür sie bei Berg als Beleg herhalten sollen.

15 «Diszples Only» – Brief Nr. 650 engl., Januar 1978.

16 Zitiert nach: F.-W. Haack, Jugendreligionen – Ursachen, Trends, Reaktionen, München 1980^2, S. 286.

17 a. a. O., S. 273.

18 «Sexualmission», Hereinholen von Geld und/oder neuen Mitgliedern durch sexuelle Hingabe; die dabei gezeugten Kinder werden «Jesus-Babys» genannt.

19 Das heißt, zum Zuhälter des «Flirtigen Fisches».

20 Diese extreme Variante soll hier nicht weiter diskutiert werden, da es sich mit Sicherheit um eine Eigenentwicklung der CoG und ihres vermutlich psychisch kranken Leiters handelt.

21 München 1988, zu beziehen über: Arbeitsgemeinschaft für Religions- und Weltanschauungsfragen, Postf. 107, D-8000 München 50, DM 35,–.

22 a. a. O., S. 284.

23 a. a. O., S. 14.

24 a. a. O., S. 331.

13. Der Ego-Bildungstrip ins Jenseits

1 Diesem Abschnitt liegt ein überarbeiteter Bericht für den Verband der Bayerischen Volkshochschulen 1988 zugrunde.

2 Forchheim 1987.

3 Schwandorf 1987.

4 Topic 10/87, S. 6.

5 Göttinger Tageblatt, 2. 3. 85.

6 Neue Osnabrücker Zeitung 13. 9. 85, 4. 10. 85, 7./8. 12. 85; Nürnberger Nachrichten 19./20. 7. 86, 26./27. 7. 86, 2./3. 8. 86, Haller Kreisblatt 14. 2. 85, 21. 2. 85, 28. 2. 85; u. a. m.

7 Süddeutsche Zeitung, Nr. 211 vom 15. 9. 86.

8 1985.

9 Pressemeldung vom 27. 5. 82.
10 Main-Echo, Würzburg, 29. 9. 84
11 Main-Echo, Würzburg, 11. 10. 84: «Auseinandersetzung mit Sekte nicht auf dem Rücken der VHS austragen».
12 Main-Echo, Würzburg, 17. 1. 85: «Hausverbot des Bürgermeisters gegen einen Bhagwan-Jünger war rechtswidrig. Rechtsgutachten des Landratsamtes: Gemeindeoberhaupt hat seine Kompetenzen überschritten».
13 So das «Universelle Leben» und die «Scientology» laut und öffentlich anläßlich kritischer Veranstaltungen in Bildungswerken.
14 Yoga-Kurs, der von einer Anhängerin des Gurus Satya Sai Baba abgehalten wurde.
15 Der folgende Abschnitt ist ein leicht überarbeitetes Zitat aus der Schrift: Annette Haack/Friedrich-Wilhelm Haack, Jugendspiritismus und -satanismus / Begriffe – Informationen – Überlegungen, München 1988.
16 F.-W. Haack, Aberglaube – Magie – Zaubereien, München 1990[5], S. 42.
17 Nach dem Tode Rajneeshs im Januar 1990 floriert der Rajneeshismus weiter. Man behauptet jetzt, der Tote würde seine Sekte seitdem per Medium aus dem Jenseits lenken. Diesen Trick hatte man bei der «Brahma Kumaris» abgeschaut.

14. Die Verantwortung der christlichen Kirchen

1 Mir persönlich widerfuhr aus Anlaß kritischer Äußerungen zu innerkirchlich-charismatischen Bestrebungen einmal ähnliches. Man versuchte, aufgrund (falscher) Pressemeldungen «reglementierend» zu wirken. Ich bin heute der Meinung: 1. kann es sich wirklich um eine Art von kirchenleitender Fürsorge (gemischt mit Verärgerung) gehandelt haben, 2. hätte ich dies damals zum Anlaß für den Absprung in eine fränkische Dorfpfarrei nehmen sollen. Das Leben wäre dann seit 1985 ruhiger verlaufen.
2 Diese Umnumerierung der Wochentage geschah still und heimlich aus «allgemeinen Gründen» unter Zustimmung der Kirchen nach dem 2. Weltkrieg.
3 So haben Friedenskämpfer jede Kritik an der Swapo für unchristlich gehalten und sich vehement dagegen eingesetzt, bis hin – in einigen Fällen – zur Verteufelung der Kritiker. An ihren «Kämpfern für das Gute» zu zweifeln schien ihnen nahezu blasphemisch. Leider hatten aber die Kritiker recht. Doch man sah keine Schuld bei sich, da man es doch gut gemeint hatte.

Register